Paul Cézanne · Stilleben

Friederike Kitschen

Cézanne

STILLEBEN

Verlag Gerd Hatje

INHALT

Einleitung 7

›Tempérament‹ als Provokation – Stilleben um 1866 11
Akademienorm und Gattungshierarchie 11
Der realistische Gegenstand – Das *Stilleben mit Lammhaxe* 16
Der Stil, genannt ›couillarde‹ 23
Stilleben und Manifest im *Portrait Louis-Auguste Cézanne* 26

Stilleben statt Portrait – Werke um 1870 und 1877 31
Das *Stilleben mit grünem Topf und Zinnkanne* 32
Apfel und Eros? 32
Die persönlichen Dinge der Stillebenmalerei 36
Ein Bild für Zola – Das *Stilleben mit Muschel und schwarzer Uhr* 44
Hommage an den Maler impressionistischer Landschaften – Das *Stilleben mit Suppenterrine* 53

Experiment: Malerei – Stilleben 1873–1879/81 61
Stilleben nach Landschaftersart – Blumenstücke um 1874 62
Systematische Innovation – Apfelstudien um 1877 68
Kontinuität der Entwicklung – Die *Compotier-Stilleben* 82
Farbe 83
Duktus 95
Die Tapetenhintergründe 96

Kopien, Reihen, Versionen, Variationen – ›La Formule infinie‹ 99

Konzeption: ›Optique‹ – Stilleben der achtziger und neunziger Jahre 104
Störung der Perspektive – Das *Stilleben mit Kommode* 104
Wahrnehmungsphysiologie und Cézannes analytische ›optique‹ 110
Subjektive ›optique‹ statt geometrischer ›perspective‹ – Das *Stilleben mit Ingwertopf und Korb* 115
Bilder, die eine Lehre sind – Stilleben und Konzeption 120
Arrangement und Komposition 124

Construction – Décoration – Späte Stilleben 134
Die Logik der Konstruktion – Das *Stilleben mit Amor* 134
Die dekorativen Meister 138
Das Dekorative 148
Ornament und Harmonie – Das *Stilleben mit Pfefferminzlikörflasche* 150
Cézannes Definition im *Stilleben mit Amor* – Dekorative Plastizität 153
Expression – Die Ausdrucksfunktion des Dekorativen 156
Der Blick zurück – *Drei Totenschädel auf einem Teppich* 160

Schluß 168

Anmerkungen 172
Abgekürzt zitierte Literatur 193
Verzeichnis der Abbildungen 197

DANK

Das Manuskript für diese Publikation wurde im Frühjahr 1994 als Dissertation von den philosophischen Fakultäten der Ludwig Maximilians Universität zu München angenommen.
Mein Dank gilt allen, die die Fertigstellung dieser Arbeit ermöglicht haben, vor allem Prof. Dr. Uwe M. Schneede, der sie befürwortet und ihre Entstehung als Doktorvater betreut hat, dem Koreferenten Prof. Dr. Hans Belting und Prof. Dr. Renate von Heydebrand für ihr Interesse und ihre Unterstützung.
John Rewald, William Rubin und Sylvie Patin vermittelten Kontakte zu Privatsammlern, die mir ihre Werke zugänglich gemacht haben; die Mitarbeiterinnen und Mitarbeiter vieler Museen, Sammlungen und Galerien gewährten Einblick in ihre Dokumentationen.
Der Deutsche Akademische Auslandsdienst ermöglichte mir durch ein Stipendium einen dreimonatigen Studienaufenthalt in Paris.
Ein ganz besonderer Dank richtet sich an die Gerda Henkel Stiftung, Düsseldorf. Sie hat die Arbeit mit einem Promotionsstipendium gefördert und mir bei der Drucklegung die Kosten für Photographie und Abbildungsrechte großzügig abgenommen.
Ohne den substantiellen Druckkostenzuschuß der VG Wort wäre die Publikation in dieser Form nicht möglich gewesen.
Dem Verlag Gerd Hatje danke ich für das Interesse an diesem Buch und die gute Zusammenarbeit.
Mein persönlicher Dank gilt meinen Eltern, Leonhard und Beate Kitschen, für ihre Unterstützung, Martina Fuchs und vor allem Michael Roth für Gespräche, Kritik und Anregungen.

EINLEITUNG

Von Paul Cézanne sind über 170 Stilleben bekannt. Sie bilden eine zentrale Werkgruppe und erlauben uns wesentliche Einblicke in seine Kunst. So steht das Stilleben in seiner Quantität, aber vor allem in seiner malerischen Qualität und komplexen inhaltlichen Aussage bei Cézanne gleichwertig neben Figurenbild und Landschaft. Der historische Bedeutungswandel, den das Genre in der zweiten Hälfte des 19. Jahrhunderts erfährt, ist eng mit Cézannes Stilleben verbunden; auf sie berufen sich, in Werken und Worten, immer wieder die Maler des beginnenden 20. Jahrhunderts.

Eine umfassende, gattungsspezifische Darstellung der Stilleben ist aufschlußreich, da Cézanne bewußt in verschiedenen Gattungen arbeitete. Er teilte sein Werk zwar keineswegs in verschiedene ›Aufgabenbereiche‹, setzte jedoch in jeder Gattung unterschiedliche Schwerpunkte. In der Landschaft dominiert die Auseinandersetzung mit der Natur, in den Figurenbildern die mit künstlerischen Vorbildern und persönlichen Themen. Im Stilleben liegt ein deutliches Gewicht auf der Reflexion und Thematisierung konzeptioneller Inhalte. Hier ist bereits das Arrangement vom Künstler willentlich gestaltet und durch ihn veränderbar – weit stärker als beispielsweise ein Landschaftsausschnitt.

Die ›Kunst-Welt‹ des Ateliers, nicht eine Gesetzmäßigkeit der Natur, bildet somit den wesentlichen Bezugs- und Ausgangspunkt der Bilder. Zentrale Themen der Kunst Cézannes betreffen damit das Stilleben in besonderer Weise: das Verhältnis zwischen Vorbild und Bildidee, die Herausbildung der künstlerischen Konzeption im Spannungsfeld von schöpferischem Subjekt, seiner Wahrnehmungsweise und den objektiven Gegebenheiten von Realität und Malerei.

Ebenso wie Cézannes Stilleben die Kunst seiner Nachfolger maßgeblich beeinflußt haben, stehen auch seine eigenen Bilder in einer langen Tradition. Er hat, wie bereits Meyer Schapiro schlicht feststellte, das Stilleben als Gattung nicht geschaffen, sondern vorgefunden und auf seine Weise umgestaltet.[1] Eine gattungsspezifische Untersuchung muß daher die Werke in ihren historischen Kontext stellen und sie so ›zum Sprechen‹ bringen. Auf diese Weise kann sie das Bild von Cézannes Kunst ergänzen und differenzieren, aber darüber hinaus auch frühere Positionen der Cézanne-Forschung relativieren.

Denn der allgemein hohen Wertschätzung steht in der kaum überschaubaren Literaturfülle zum Gesamtwerk Cézannes überraschenderweise nur eine äußerst geringe Zahl an Publikationen zu den Stilleben gegenüber. Diese meist kurzen Aufsätze behandeln zudem kaum mehr als Einzelaspekte.[2] Die zahlreichen generalisierenden Deutungen seiner Kunst erweisen sich jedoch vor den Stilleben oft als wenig überzeugend, ebenso jene Erkenntnisse, die anhand anderer Gattungen gefunden und auf die Stilleben übertragen wurden.

In Cézannes Stilleben dominieren abstrakte Formelemente weit weniger als in den späten Landschaftsdarstellungen. Deshalb kann die von manchen Autoren an jenen Bildern entwickelte Interpretation einer zunächst vollkommen gegenstandsfreien, begriffsblinden Wahrnehmung Cézannes in ›Sehdaten‹, die sich, umgesetzt als farbige Flecken, im Bild zu Gegenstandsformen zusammenschließen, vor den Stilleben gleich welcher Werkphase nicht wiedererkannt werden. Die auf dieser Grundlage vertretene Auffassung, Cézannes Werk zeige die künstlerische Bewältigung seiner Naturdeutung, als zugleich werdende und seiende Natur, als natura naturata und natura naturans, wird so vor den Stilleben nicht anschaulich.[3]
Ebenso ist es schwierig, die vor allem am Beispiel der Landschaftsaquarelle gefundene Deutung eines metaphysischen Naturverständnisses Cézannes, als »das unwandelbar sich erhaltende Sein«[4], und das daraufhin auch in den Stillleben gesehene »Gleichnis des Bleibenden«[5], vor den Bildern nachzuvollziehen. Das Disparate und Spannungsreiche vieler Stilleben wird bei dieser Sichtweise ebenso vernachlässigt wie der in zahlreichen anderen Bildern Cézannes manifeste Prozeß des Malens und Sehens. Die Skepsis gegenüber einer solchen Deutung verstärkt sich vor allem dann, wenn die Betrachtungen nicht mehr im großen Zusammenhang eines weltanschaulichen Entwurfs stehen, wie bei Kurt Badt, sondern isoliert an die Bilder herangetragen werden – sei es, daß in den Stilleben nun Cézannes Suche nach »Grundstrukturen der Gegenstände«[6] oder seine Erkenntnis ihres »unwandelbaren Wesenskerns«[7] gedeutet werden, sei es, daß die Motivwiederholung in manchen Werkreihen pauschal als Ergründung und Darstellung des »Ewigkeitscharakters« der Natur erklärt wird.[8]
Umgekehrt kann aber auch die nun meist von einer Betrachtung der Stilleben ausgehend formulierte und verallgemeinerte Interpretation einer allein formalen Fragen verpflichteten Malerei, der die Gegenstände als »Meerschweinchen zum Experimentieren«[9] dienen, weder für das Stilleben noch das Werk als Ganzes akzeptiert werden. Sowohl jene Arbeiten, die mit Bildern-im-Bild oder Atelierrequisiten ganz deutlich eine inhaltliche Reflexions- und Kommentarebene öffnen, als auch die Beständigkeit in der Wahl der Motive, die zu Recht als »persönliches, unverwechselbares Ensemble«[10] bezeichnet wurden, sprechen gegen den Topos von der Bedeutungslosigkeit oder Gleichgültigkeit des Sujets. Letzterer wird zwar selten explizit geäußert, jedoch häufig durch die Ausklammerung der Frage nach der Gegenstandsbedeutung zum Ausdruck gebracht – nicht nur in der älteren Literatur, sondern auch in neueren Publikationen.[11]
Die hauptsächlich psychoanalytisch geprägte Interpretation einzelner Stilllebenmotive ging ursprünglich von Untersuchungen zu Cézannes Figurenmalerei aus. Sie war vor allem als pointierte Gegenposition zu einer Betrachtung unter rein formalen Gesichtspunkten sinnvoll.[12] Beschränkt sie sich jedoch auf oberflächliche Analogien, deren Ziel allein die Enttarnung des persönlichsten, unbewußten Seelenlebens Cézannes ist, bleibt sie unfruchtbar. Das in neueren Publikationen beschworene Bild eines unbewußt Symbole in seine Arbeiten hineinmalenden Künstlers ist nicht zuletzt aufgrund seiner unhistorischen Betrachtungsweise ohne weitergehenden Erkenntniswert.[13] Meyer Schapiros Essay über Cézannes Stilleben darf man hingegen nicht auf seine Analyse psychologisch-symbolischer Bedeutungsinhalte des

Apfels reduzieren.[14] Er skizziert vielmehr einen ganzen Katalog von Fragen und Hinweisen, die sich auf das Verhältnis der Cézanneschen Stilleben zu historischen und zeitgenössischen Bildbeispielen beziehen.

In der vorliegenden Untersuchung bildet die Analyse prägnanter Einzelwerke und Werkgruppen den Ausgangspunkt aller Fragestellungen unter formalen ebenso wie motivischen Gesichtspunkten. Basis dieser Analyse ist dabei zunächst die Betrachtung des Bildes, die Beachtung seiner Wirkung. Da jedoch die Interpretation einer von allem Wissen absehenden Wahrnehmung des Malers durch die Stilleben selbst nicht bestätigt wird, kann auch bei einer Untersuchung der Bilder nicht allein auf die Gültigkeit von rein aus der Anschauung gewonnenen Ergebnissen, zeitübergreifend erfahrbaren Korrespondenzen von Form und Realitätsverständnis vertraut werden. Legt man, aufgrund der Gegenständlichkeit der Malerei, nicht eine Wahrnehmung von ›Sehdaten‹, sondern von erkannten Dingen zugrunde, muß zudem nach deren möglichen Bedeutungsinhalten und den Gründen ihrer Wahl gefragt werden.

Die Untersuchung der Motive fragt nicht mit psychoanalytischen Methoden nach einer selbst dem Maler unbekannten Bedeutungsebene. Auch wenn man vor Cézannes Stilleben immer wieder feststellen muß, daß es eine visuell erfahrbare, persönliche, in einzelnen Fällen vielleicht sogar affektive Bindung des Malers an seine Dinge gibt, so kann diese mit psychoanalytischen Rastern nicht erfaßt und terminologisch kaum vermittelt werden. Grundsätzlich dient für die vorliegende Untersuchung, statt der in der Forschung oft gepflegten Antinomie von romantisch-irrationalem Frühwerk und klassisch-rationalem Hauptwerk, für das Gesamtœuvre eine Einschätzung Emile Bernards als Grundlage, der über Cézanne sagte: »Was er getan hat, hat er gewußt und gewollt.«[15]

Die Konzentration auf die Gattung Stilleben ermöglicht eine im doppelten Sinne historisch orientierte Vorgehensweise, deren Leitfaden zum einen die werkimmanente Geschichte, die Entwicklung der Stilleben Cézannes ist, und die zum anderen den äußeren geschichtlichen Kontext der Bildentstehung heranzieht. Eine solche Betrachtung im historischen Kontext, bei anderen Malern der Epoche keineswegs mehr neu, wurde bei Cézanne bisher weitgehend vernachlässigt.

Die chronologisch vorgehende Untersuchung bietet sich bei Cézanne durch die auffällige Kontinuität der Motivwahl an, in der letztlich Entwicklung nicht nur sichtbar, sondern auch thematisiert wird. Sie kann sich daher nicht auf eine Evolution des Stils beschränken, sondern muß die vielfältigen Bedeutungsinhalte von Motivwiederholungen berücksichtigen, einem im 19. Jahrhundert verbreiteten Phänomen. Anstelle einer Betrachtung, die anhand des Spätwerks oder der sogenannten ›klassischen Periode‹ der achtziger und neunziger Jahre rückblickend argumentiert und auf die Ermittlung von Quintessenzen zielt, wird hier Cézannes Werk als Prozeß aufgefaßt. Cézanne selbst sah sich auch in seinen letzten Jahren noch nicht am Ziel, und das ›Unvollendete‹ vieler Werke weist, ebenso wie die Existenz von Bildreihen, eher auf eine Konzeption permanenter Suche und Skepsis am Endgültigen, denn auf Unfertigkeiten hin.

Cézanne war, das zeigen seine Äußerungen und vor allem seine Werke, als Künstler kein »Fremder in seiner Zeit«[16]. Er war sich, als Zeitgenosse, seiner

Ausnahmeposition vollkommen bewußt, gestaltete sie zunächst offensiv, nahm sie später in souveräner und eigenständiger Weise ein und grenzte sie am Ende in Bildern und theoretischen Äußerungen gegen Vereinnahmung ab. Daher sollen hier Funktion und Bedeutungsinhalte seiner Arbeiten durch den Einbezug des gattungs- und zeitgeschichtlichen Kontextes genauer erfaßt werden. Die zu Werkgruppen zusammengefaßten Stilleben werden sowohl in ihren Bezügen untereinander und zu Werken anderer Gattungen betrachtet, als auch mit Bezugsfeldern außerhalb des Œuvres in Verbindung gebracht. Diese Bezugsfelder erweitern sich dabei, vom ganz konkreten, auch bei Cézanne durchaus befragbaren Bereich des Adressaten oder des spezifischen Anlasses der Bildentstehung, über einen gattungshistorischen zu einem allgemeineren geschichtlichen Kontext. Diese Erweiterung geschieht nicht zuletzt in dem Maße, in dem das Stilleben bei Cézanne an innovativer Kraft gewinnt und seine Malerei die traditionellen Gattungsnormen auflöst. So können Beispiele historischer und zeitgenössischer Stillebenmalerei und die unüberhörbar rege kunsttheoretische Debatte um das ›genre mineur‹ als Ausgangsbasis dienen, von der aus sich vor allem Cézannes bewußte Durchbrechung akademischer Normen und letztlich auch anti-akademischer Erwartungshaltungen verfolgen läßt. Dieser Kontext war auch Cézanne genau bekannt; seine Arbeiten sind kein Reflex auf die Geschichte, sondern bewußte Gestaltung im Dialog mit ihr. Einige seiner formal wie inhaltlich komplexesten Stilleben entstanden nicht zufällig in engem zeitlichen Zusammenhang zu wichtigen Ausstellungsereignissen oder kunstkritischen Publikationen, die auch auf Cézanne Bezug nahmen.

Der über die gattungsgeschichtlichen Zusammenhänge hinausgehende, allgemeinere historische Kontext, etwa der Milieutheorie oder der naturwissenschaftlichen Forschung, vor allem der Optik, wird nicht als bloß zeitlich parallele Hintergrundfolie eingesetzt, sondern dort erfaßt, wo er im Bereich der Kunst und Kunsttheorie seinen konkreten Niederschlag gefunden hat und vor allem, wo er auch in den theoretischen Äußerungen Cézannes faßbar wird.

Neben zeitgenössischen, auf ihre Zugänglichkeit und Verbreitung hin überprüften Texten und Kritiken, werden dabei Cézannes Briefe als aufschlußreichste Quelle herangezogen, sowie, im Rahmen der bereits erfolgten Prüfung ihrer Authentizität, seine von Dritten überlieferten Aussagen zur Kunst.[17] Sie wurden vor allem in den Jahren nach 1895 verfaßt, können jedoch zum Teil bereits bei der Untersuchung von Arbeiten ab Mitte der achtziger Jahre herangezogen werden, da die in ihnen formulierte Konzeption auf in der Malerei gewonnenen Erfahrungen beruht. Erst in diesem Zusammenhang, in einer von den Bildern ausgehenden Analyse, läßt sich die Bedeutung der Theorien Cézannes ermitteln. Gerade in ihrer gerne als »elliptisch«[18] bezeichneten Diktion zeigen sie die sprachliche Bewältigung komplexester Zusammenhänge, die zwar visuell erfahrbar sind, sich jedoch jeder Beschreibung in oft erheblichem Maße widersetzen. Schon 1907 schrieb Maurice Denis: »Ich habe hier das Werk des Malers nur *definieren* wollen: ich habe nicht versucht, seine Poesie auszudrücken. Die ganze Magie der Worte würde nicht ausreichen, den unvergeßlichen Eindruck, den ein schöner Cézanne macht, demjenigen zu vermitteln, der ihn nicht gesehen hat.«[19]

›TEMPÉRAMENT‹ ALS PROVOKATION – STILLEBEN UM 1866

»Le grand épouvantail, croyez-le, ce n'est pas le réalisme, c'est le tempérament.« (Emile Zola, 1866)[1]

Paul Cézanne, keine dreißig Jahre alt, als Maler Autodidakt[2], malt um das Jahr 1866 eine Gruppe von Bildern, die sich durch ihre spezifische Technik, den Auftrag der Farbe mit dem Palettmesser, von den übrigen Arbeiten des Frühwerks unterscheiden.[3] Portraits und Landschaften bilden, neben einem Selbstportrait und drei Stilleben, den Hauptteil dieser Gruppe; die für Cézannes Werk nach 1866 charakteristischen imaginierten, oft erotischen Figurenszenen fehlen.[4] Die ausnahmslos von Cézanne nicht datierten und nur in zwei Fällen signierten Arbeiten werden durch Hinweise in Briefen und stilkritische Vergleiche auf etwa 1866 datiert.[5]

Das *Stilleben mit Lammhaxe* (Abb. 2) zeigt als dominierendes Motiv in der Bildmitte eine rohe Lammkeule, auf deren aufgeschnittene Seite der Betrachter blickt. Links im Hintergrund liegt ein Stück Brot. Die Gegenstände befinden sich auf einer grünlich-braunen Tischplatte, die nur nach vorne, dicht über dem unteren Bildrand, begrenzt ist und hinten in den schwarzen Hintergrund übergeht. Im gesamten Bild, auch im schmutzigen Weiß-Rot der Haxe und dem Ockergelb des Brotes, dominieren braune Farbtöne, die mehrfach mit dunklem Grün vermischt sind.

Auch im *Stilleben mit blauer Tasse und Birnen* (Abb. 6) stehen die Gegenstände in einem engen Bildausschnitt vor einem nicht näher definierten, schwarzen Hintergrund. Das Bild zeigt eine preußischblaue Tasse im Stil der ersten Jahrhunderthälfte, eine Zuckerdose aus blau-rot bemalter Fayence und rot-gelb-grüne Birnen auf einem Teller.[6] Die braune Standfläche ist weder vorne noch seitlich und hinten nur vage durch den dunklen Grund begrenzt; die Gegenstände sind nach vorne, nahe an den unteren Bildrand gerückt. Beide Stilleben sind exemplarische Werke für Cézannes Komposition, Gegenstandswahl und Technik im Jahr 1866. In Sujet und Malweise widersprechen sie deutlich dem in der Mitte des 19. Jahrhunderts von der Académie des Beaux-Arts vertretenen, vom Großteil der Kunstkritik und Öffentlichkeit geteilten Kunstideal.

Akademienorm und Gattungshierarchie

Die Académie des Beaux-Arts entstand 1695 aus dem Zusammenschluß der Académie Royal de Peinture et de Sculpture (gegründet 1648) und der Académie d'Architecture.[7] Bis ins 19. Jahrhundert beeinflußte sie durch die Formulierung einer normativen Kunstlehre und die weitgehende Kontrolle von Ausbildungs- und Ausstellungsmöglichkeiten das Kunstleben in Frankreich.

Dem Klassizismus Jacques-Louis Davids und Jean-Dominique Ingres' verpflichtet, wahrten Académie und École des Beaux-Arts auch im 19. Jahrhundert die Vorstellung idealer, an den antiken Vorbildern und Raphael geschulter Schönheit und verteidigten das Primat der Linie über die Farbe als ästhetische Grundlage.[8]
Die École des Beaux-Arts, offiziell eine eigenständige Einrichtung, blieb durch die Berufungspraxis ihrer Professoren auch im 19. Jahrhundert unter dem Einfluß der Académie.[9] Im Zentrum der Ausbildung stand das Zeichnen nach Stichen und Gipsabgüssen, später nach lebenden Modellen. Ihre im eigentlichen Sinne malerische Ausbildung erhielten die Schüler daneben in den Ateliers bekannter Künstler, die meist der Académie angehörten oder im offiziellen Salon mit Medaillen ausgezeichnet worden waren.[10] In diesen Ateliers wurde ebenfalls, wenn auch in unterschiedlichen Spielarten, die akademische Norm vertreten.[11]
Das wichtigste öffentliche Forum, der meist jährlich stattfindende *Salon*, war vor allem im 19. Jahrhundert, nach dem Rückgang staatlicher und kirchlicher Aufträge, für viele Künstler die Grundlage der materiellen Existenz. Hier konnten sie ihre Arbeit einer breiten Öffentlichkeit zeigen, Reaktionen der Kritik hervorrufen und damit den Kontakt zur neuen, bürgerlichen Käuferschicht herstellen.[12] Der *Salon*, eine ursprünglich Akademiemitgliedern vorbehaltene Ausstellung, stand zwar nach 1789 allen Künstlern offen, der Zugang wurde jedoch durch eine Jury beschränkt. Diese setzte sich vorwiegend aus bereits ausgezeichneten, den Maximen der Académie des Beaux-Arts verpflichteten Malern zusammen und wies Arbeiten, die von diesen Maximen abwichen, regelmäßig zurück.[13]
Die Kunstkritik, der im Zusammenspiel von Maler, Markt und Sammler die zentrale Vermittlerrolle zukam, war meist Salonkritik. Ein großer Teil der Kritiker orientierte sich dabei grundsätzlich an akademischen Vorstellungen und prägte den Publikumsgeschmack durch Favorisierung glatt gemalter Bilder, die meist pittoreske, sentimentale oder dezent erotische Sujets behandelten.[14]
Neben der geschriebenen Kritik war die Karikatur das wichtigste, für die zweite Hälfte des 19. Jahrhunderts typische Medium der Kunstkritik. Ihre Hochblüte erlebte sie in den fünfziger und sechziger Jahren, als eine rigide Pressezensur die Möglichkeiten der freien Meinungsäußerung beschnitt. Die bekanntesten Kunstkarikaturisten, Cham, Nadar, Bertall und Daumier, veröffentlichten ab 1850 regelmäßig ihre *Salons caricaturaux* oder *Salons pour rire* im *Charivari*, im *Journal amusant* oder in einer anderen der zahlreichen Karikaturzeitungen.[15]
Von entscheidender Bedeutung für Funktion und Entwicklung der Gattung Stilleben sind die im 17. Jahrhundert formulierten und bis zum Ende des 19. Jahrhunderts konservierten Normvorstellungen einer Gattungs- und Gegenstandshierarchie.[16] Da die Académie die Darstellung des Menschen im Historienbild als die würdigste und anspruchsvollste Aufgabe der Malerei betrachtete, galt ihr das Stilleben als niederste aller Gattungen, als geistlose Kopie toter und bedeutungsloser Gegenstände. Die Erfüllung des klassizistischen Ideals der moralischen Erziehung und geistigen Erbauung durch die Kunst sprach die Académie der Stillebenmalerei ab. Lediglich die Sinne ansprechend, sah man sie vor allem als Dekoration geeignet.[17]

1 *Stilleben mit Brot und Eiern*
1865

Mit der Gattungshierarchie korrespondierte eine Geringschätzung des Stillebenmalers gegenüber dem Figurenmaler.[18] Durch einen ihm zugeschriebenen Mangel an Imaginationskraft – »die sich weder durch das Studium, noch die Arbeit erlernen läßt«[19] – sah sich der Stillebenmaler in den Grenzen seines Genres gebunden. Lediglich handwerkliche Fähigkeiten gestand man ihm zu.

Auch innerhalb der Stillebenmalerei galt der Académie seit dem 17. Jahrhundert eine genau definierte Hierarchie der Gegenstände, die sich ebenfalls an den Kriterien des Lebendigen und Wohlgefälligen orientierte. Blumen standen an oberster Stelle in der Liste der »angenehmen Mannigfaltigkeiten«[20], gefolgt von Obst, edlen Stoffen, Silberwaren, Waffen und Kunstgegenständen. Als abstoßend hingegen galten jene Dinge, die in der als antithetisch zum französischen Akademieideal empfundenen, niederländischen Stillebenmalerei dargestellt waren: »... eine Flasche, ein Nagel, eine Feder, eine Zwiebel, ein Messer, ein Schuh, gut imitiert.«[21]

Die Normen einer Gattungs- und Gegenstandshierarchie verteidigten Vertreter der Académie und konservative Kritiker noch im 19. Jahrhundert. Charles Blanc, Herausgeber der *Gazette des Beaux-Arts* und Académie-Mitglied, schreibt 1867:

»Die Kunst, ist sie nicht ein Bild des Lebens? Also kann nichts interessanter sein als die menschliche Gestalt, da doch der Mensch das lebendigste aller Wesen ist. Die Kunst, ist sie nicht die Offenbarung des Schönen? Die menschliche Gestalt ist auch ihr edelstes Studienobjekt... Wie auch immer die Definition von Kunst sein mag, es gibt in ihren Werken niedere Formen und höhere, je nachdem, ob die dargestellten Motive mehr oder weniger mit Leben erfüllt sind.«[22]

Auch der Vorschlag eines Kritikers aus dem Jahr 1866, ein begabter Stillebenmaler solle sich durchaus einmal am Figurenbild versuchen, zeigt implizit die unveränderte Gültigkeit der Gattungshierarchie.[23] Nach wie vor hielt sich der Vorwurf, Stillebenmalerei sei bloße Nachahmung, während sie andererseits noch immer ihre Daseinsberechtigung vor allem in einer handwerklich präzisen, mimetischen Schilderung finden konnte.[24]

Zwar wurde die Gattungsspezialisierung im 19. Jahrhundert institutionell aufgehoben[25], in der Praxis wurde sie jedoch oft durch eine Spezialisierung aus ökonomischen Gründen ersetzt. Die Nachfrage der bürgerlichen Käuferschicht nach kleinformatigen Bildern mit vertrauten Sujets führte zu einer Zunahme von Portraits, Genreszenen, Landschaftsdarstellungen und Stilleben.[26] Häufig spezialisierten sich Maler daher eine Zeitlang auf die Stillebenmalerei, während sie im Salon mit Genrebildern nach Erfolgen streben.

Die Norm vom schicklichen Gegenstand im Stilleben blieb im 19. Jahrhundert ebenfalls erhalten. Salonjury, konservative Kritiker und weite Teile des Publikums schätzten prächtige, mit Akribie gemalte Blumenstilleben – »das heißt, die Blumen sollen nicht gewöhnlich, klein und wild, sondern groß, schön und selten sein«[27] – sowie Prunkstilleben mit historisierendem Repertoire in der Art des als ›Raphael des Stillebens‹ titulierten Blaise Desgoffe.[28] Ein solcher Beiname kann jedoch nicht darüber hinwegtäuschen, daß die Etablierung des abwertenden Begriffs ›nature morte‹ zu Beginn des 19. Jahrhunderts in Frankreich die unveränderte Geringschätzung der Gattung Stilleben

bezeichnet.[29] Lediglich der Blumenmaler wurde eigens mit ›peintre des fleurs‹ tituliert und damit geringfügig herausgehoben.[30]
Professoren der École des Beaux-Arts, Jurymitglieder und konservative Kritiker mußten ihre Ansichten gegen eine immer stärker und selbstbewußter auftretende Opposition von Künstlern und Kritikern verteidigen. Die Kontroverse zwischen akademiekonformen und anti-akademischen Richtungen, das heißt zunächst romantischer, dann realistischer und impressionistischer Malerei und Kunsttheorie, prägt das Kunstleben des gesamten 19. Jahrhunderts in Frankreich. Auch der andauernden Geringschätzung der Stillebenmalerei seitens École und Kritik steht im 19. Jahrhundert eine schrittweise Aufwertung der Gattung durch Vertreter anti-akademischer Strömungen gegenüber. Der romantischen Kunst nahestehende Kritiker wenden sich seit den dreißiger Jahren des 19. Jahrhunderts gegen den Begriff ›nature morte‹ und die damit verbundene Abwertung der Stillebenmalerei. Die Vorstellung einer ›unteilbaren‹ Schöpfung auf der einen, die des ›unteilbaren‹ Genies auf der anderen Seite liegen in dieser Zeit der Aufwertung des Stillebens, der »nature morte«, als »nature vivante, aimante...« (lebendige, liebenswerte Natur) zugrunde.[31] In der romantischen Malerei selbst jedoch spielt das Stillleben keine wesentliche Rolle. Eugène Delacroix etwa malte nur wenige Blumenstilleben, die er aufgrund ihrer freien malerischen Ausführung als anti-akademisch begriff.[32] Andere, wie der bereits erwähnte Blaise Desgoffe, die von zeitgenössischen Kritikern der romantischen Schule zugerechnet wurden, befriedigten den Publikumsgeschmack hingegen lediglich mit einer ›romantischen‹ Gegenstandswahl: Altertümer, Waffen, Silbergerät – ›bric-à-brac‹, Plunder in den Augen der Realisten.[33]
Seit den späten vierziger Jahren entwickelte sich eine im weitesten Sinne realistische Stillebenmalerei. Sie war jedoch, anders als Courbets Realismus dieser Jahre, kaum politisch motiviert, sondern eher von allgemeinen Ideen des Sittenbildlichen und der Schilderung eines einfachen Milieus geprägt. Unter diesen Aspekten wurden auch die Arbeiten Jean-Baptiste-Siméon Chardins und die niederländische Stillebentradition wiederentdeckt und zum motivischen wie stilistischen Vorbild genommen.[34] Die Wertschätzung der Realisten für Chardin ging so weit, diesen Maler des ›genre mineur‹ in einer Genealogie französischer, realistischer Kunst zwischen die Brüder Le Nain und Gustave Courbet einzuordnen.[35] Bei den niederländischen Malern nahm man nicht die Blumenstücke des allgemein gerühmten Jan van Huysum, sondern vor allem Küchenstücke und schlicht gedeckte Tische zum Vorbild.
Ankäufe von Stilleben Chardins 1852[36] und von Rembrandts Bild *Geschlachteter Ochse* 1857[37] durch den Louvre sowie Aufträge von staatlicher Seite an realistische Stillebenmaler[38] zeigen, daß die zunehmende Beliebtheit dieses Genres in Teilen der Öffentlichkeit auch die Administration des Beaux-Arts beeinflußte. Die unterschiedlichen Preise, 700 Francs für einen Chardin, 5000 Francs 1857 für den Rembrandt, 6500 Francs im selben Jahr für ein *Blumenbouquet* Jan van Huysums[39], 40 000 Francs 1863 für die erotisch-gefällige *Venus Anadyomède* des Modemalers und Académie-Mitglieds Alexandre Cabanel[40], spiegeln jedoch deutlich die grundsätzliche Hierarchie der Wertschätzung.

Der realistische Gegenstand – Das *Stilleben mit Lammhaxe*

Cézannes erstes Stilleben von etwa 1862 zeigt einige Pfirsiche auf einem Teller. Es ist die Ausschnittskopie eines Bildes aus dem Musée Granet in Aix, das im 19. Jahrhundert dem niederländischen Maler Aelbert Cuyp zugeschrieben wurde.[41] Cézannes erstes eigenständig komponiertes Stilleben, das 1865 datierte *Stilleben mit Brot und Eiern*[42] (Abb. 1), zeigt hingegen weniger den Einfluß historischer Vorbilder, sondern ist in der Wahl einfacher Gegenstände aus dem Bereich der Küche, in der brauntonigen Farbigkeit und der Darstellung der Dinge vor schwarzem Hintergrund an zeitgenössischen Stillleben der realistischen Richtung orientiert.[43] Ein weißes, umgeschlagenes Tuch mit braunem Zierstreifen und ein schrägliegendes Messer sind Motive, die ähnlich in Stilleben realistischer Maler erscheinen und letztlich auf das Vorbild Chardins zurückgehen. Zahlreiche Arbeiten der bekanntesten realistischen Stillebenmaler, François Bonvin, Antoine Vollon, Théodule Ribot[44] und Eugène Boudin[45], aus den fünfziger und sechziger Jahren zeigen gedeckte Tische mit einfachen Speisen und Geschirr, orientiert an Stilleben Chardins, oder auf Küchentischen ausgebreitete Lebensmittel und Gerätschaften in der Tradition niederländischer Küchenstücke. 1863 wurden viele Stilleben von der Salonjury, die ein Exempel gegen den Realismus statuieren wollte, zurückgewiesen.[46] Im daraufhin parallel zum offiziellen Salon stattfindenden Salon des Refusés, der aufgrund massiver Proteste seitens der allzu zahlreich ausjurierten Künstler und einer vordergründig generösen Intervention Kaiser Napoleons III. in diesem Jahr stattfand, hatte Cézanne spätestens Gelegenheit, realistische Stillebenmalerei kennenzulernen.[47]

Formal wie inhaltlich geht Cézanne jedoch bereits in den Stilleben des Jahres 1866 über die Bilder der realistischen Stillebenmaler hinaus. Sein *Stilleben mit blauer Tasse und Birnen* (Abb. 6) zeigt eine reduzierte Zahl von Gegenständen, die nicht, wie noch im *Stilleben mit Brot und Eiern*, dem Bereich der Küche zugehören, sondern dem gedeckten Tisch mit Obst, einer anderen, gängigen Spielart des Stillebens. Doch durch die Darstellung unterschiedlicher Geschirrteile – einer Tasse im Stil des Premier Empire und einer Fayencezuckerdose aus einer provençalischen Manufaktur – wird der funktionale Zusammenhang der Dinge und damit der Eindruck eines ›Desserts‹ oder ›Frühstücks‹ zurückgenommen. Die nahsichtige Darstellung weniger Gegenstände in einer räumlich kaum definierten Umgebung scheint direkt auf das Vorbild der kleinformatigen Stilleben Chardins aus dessen letzter Schaffensperiode zurückzugehen. Doch ist nicht sicher, daß Cézanne solche Arbeiten um 1866 bereits kannte, da erst 1867 und 1869 einige späte Werke Chardins aus einer Pariser Privatsammlung in den Louvre gelangten. Dort waren bis zu diesem Zeitpunkt vor allem größere, repräsentativere Stilleben Chardins wie *Das Buffet*, *Der Rochen* und die Pendants *Menu de maigre* und *Menu de gras* zu sehen.[48] Möglicherweise aber kannte Cézanne Stiche nach Stilleben Chardins, wie jenen, der 1863 in einem Artikel der Brüder Goncourt veröffentlicht worden war.[49]

Die Darstellung eines rohen Fleischstücks, wie in Cézannes *Stilleben mit Lammhaxe* (Abb. 2), findet sich mehrfach in Werken realistischer Maler.[50] Das Motiv geht auf Chardins *Menu de gras* und niederländische Küchenstücke zurück, etwa das im Louvre ausgestellte Stilleben *Schlachtfleisch mit Hund und*

2 *Stilleben mit Lammhaxe*
Um 1866

Katze von Pieter van Boucle aus dem 17. Jahrhundert.[51] Im Gegensatz zu Cézannes Lammhaxe aber bleibt in den Bildern der Realisten oder der Niederländer stets ein narrativer Zusammenhang zwischen den Gegenständen gewahrt, indem ein Stück Fleisch beispielsweise zusammen mit weiteren Zutaten eines ›Pot-au-Feu‹, Kupferkesseln, Kannen und Gemüse gezeigt wird. So wird der Eindruck vermittelt, es handle sich um den Ausschnitt eines Küchen- oder Speisekammerinterieurs und zugleich eine Vorstellung der künftigen Speise erweckt.[52] Cézanne hingegen stellt seine Lammhaxe nahsichtig ins Zentrum des Bildes und richtet durch den engen Bildausschnitt die Aufmerksamkeit direkt auf das zentrale Motiv. Er zeigt kein Milieu, sondern ein nacktes Stück Fleisch, das keinerlei kulinarisches Interesse weckt.
In der Wahl der niederen Gattung und eines ›niederländischen‹ oder ›degoutanten‹ Sujets widersprechen Cézannes Stilleben von 1866 deutlich den akademiekonformen Vorstellungen von guter Malerei. Niederländische Genremaler des 17. Jahrhunderts galten Mitte des 19. Jahrhunderts noch immer als »peintres du laid«[53], als Maler des Häßlichen. Doch vor allem mit dem rohen Fleischstück wählt Cézanne ein in der Hierarchie der Stillebengegenstände zuunterst stehendes Motiv. Und er macht es, im Gegensatz zur realistischen Stillebenmalerei, exemplarisch in seiner Vereinzelung.
Cézannes Gründe für die Darstellung dieses einzelnen, betont häßlichen Gegenstandes liegen in der vor allem auf der Ebene von Kritik und Karikatur geführten Auseinandersetzung zwischen Gegnern und Befürwortern des Realismus. In dieser hochpolemischen Kontroverse diffamierten die Verteidiger akademischer Konventionen den Realismus durch die abbreviative Gleichsetzung mit der Malerei einiger weniger, betont degoutanter Gegenstände. Dabei richteten sich die Angriffe nicht so sehr auf die realistische Stillebenmalerei, als vielmehr auf das realistische Konzept Courbets, der Mitte der sechziger Jahre bezeichnenderweise kaum als Stillebenmaler an die Öffentlichkeit trat.[54] Honoré Daumier reflektiert die allgemeine Meinung bereits 1859 in der Karikatur *Le refusé*, später *Le réaliste* betitelt, und zeichnet einen zerlumpten Maler, verständnislos auf sein zurückgewiesenes Bild deutend. Dieses zeigt nichts als eine Kerze und eine Pfeife.[55] 1866 versinnbildlicht der Karikaturist André Gill das Konzept Courbets und Champfleurys in *Le flambeau du réalisme* vermittels eines Klistiers, einer Kerze, einer Pfeife und alter Schuhe.[56] Bestimmte Stillebengegenstände aus dem ›niederländischen‹ Gegenstandsbereich – Schuhe, Kerzen, Pfeifen – werden so zu Synonymen realistischer, das heißt anti-akademischer, folglich schlechter und zum Mißerfolg verurteilter Malerei.[57]
Auf diese Stereotypen der Diffamierung reagierten die Angegriffenen in Schriften und Zeichnungen mit dem selbstbewußt-ironischen Zitat von Dingen aus eben diesem Gegenstandsbereich. 1859 beschreibt Champfleury, Freund und Verteidiger Courbets, in seinem Buch *Les amis de la nature* ein fiktives Stilleben Courbets, das von der Salonjury als Beweis proletarischer, das heißt revolutionär-anarchistischer Gesinnung angesehen und abgelehnt wurde. Es zeigte lediglich ein Messer und Käse.[58] Auf dem von Courbet entworfenen Frontispiz dieses Buches ist das Portrait Champfleurys von insgesamt fünf Stilleben umgeben[59], eines davon mit Käse und Messer. Courbet, der sich schon auf dem Selbstbildnis von 1849 mit dem Attribut des Bohèmien, der Pfeife, zeigt[60], soll später allein diese Pfeife gemalt und mit dem

3 *Stilleben mit Totenkopf und Kerze*
Um 1866

4 Thomas Couture
Der Realist
1865

5 *Ofen im Atelier*
1865–68

Zusatz: »Courbet, sans idéal et sans religion« (Courbet, ohne Ideal und ohne Religion) selbstbewußt zum emblematischen Zeichen gemacht haben.[61]
Auch das rohe Fleischstück ist ein solcher zum abwertenden Synonym des Realismus gewordener Stillebengegenstand. Thomas Couture, Atelierleiter und Salonstar, verunglimpft 1865 den Realismus in einem *Der Realist* betitelten Bild, das einen Künstler beim Abmalen eines Schweinekopfes zeigt (Abb. 4).[62] Als 1867 zwei Figurenbilder Cézannes von der Salonjury zurückgewiesen werden, schmückt ein Kritiker seinen Kommentar mit dem unrichtigen Hinweis, derselbe Maler habe 1863 im Salon des Refusés die Darstellung zweier Schweinsfüße in Kreuzform ausgestellt.[63] Ende des Jahrhunderts wird, nun mehr oder weniger positiv, Courbets Auftreten in der Kunstwelt als der Einzug eines Stücks Schlächterladen in die anämisch gewordene französische Malerei definiert.[64]
Cézanne war, wie seine Briefe der sechziger Jahre zeigen, Leser des Oppositionsblatts *La Lanterne de Marseille*, in dem regelmäßig Karikaturen veröffentlicht wurden.[65] Er kopierte in seinem Skizzenbuch karikaturistische Zeichnungen und äußerte noch 1906 gegenüber Maurice Denis seine Vorliebe für die großen Karikaturisten des 19. Jahrhunderts.[66] Pissarro zeigt ihn 1874 in einem Portrait vor dem Hintergrund einer populären Karikatur Courbets und spielt damit möglicherweise nicht nur auf Cézannes Bewunderung für den Maler an.
In seiner fast karikaturistischen Gegenstandsreduktion kann Cézannes *Stilleben mit Lammhaxe* vor dem Hintergrund der Pariser Kunstdiskussion um 1866 als programmatische Umwertung des negativ besetzten Topos in ein selbstbewußtes Zeichen anti-akademischer Haltung gesehen werden.
Ein weiteres Stilleben Cézannes jener Jahre, der *Ofen im Atelier* (Abb. 5)[67], zeigt deutlich, daß Cézanne die Bedeutungsinhalte bestimmter häßlicher Gegenstände genau kannte und gezielt einsetzte. Fast das gesamte Bild wird von einem Ofen eingenommen, hinter dem eine umgedrehte, aufgespannte Leinwand lehnt. Im dunklen Raum erkennt man an der Wand ein kleinformatiges Bild und eine Palette. Eine fast ebenso armselige Ansammlung von Gegenständen zeigt bereits die um 1830 entstandene *Atelierecke* von Eugène Delacroix.[68] Wie Karin Beth gezeigt hat, malt der zeitlebens gutsituierte Künstler hier weniger die reale Situation seines Ateliers, sondern vielmehr ein Sinnbild freiwilligen künstlerischen Außenseitertums.[69] In der Folgezeit erscheint der Ofen zur Charakterisierung eines von Mißerfolg geprägten Bohème- und Künstlermilieus mehrfach in Literatur und Malerei, bis hin zu Zolas 1886 erschienenem Roman *L'Œuvre*, in dem das Malen eines Atelierofens als Konsequenz des künstlerischen Scheiterns beschrieben wird.[70] Cézannes *Ofen im Atelier* befand sich in Zolas Sammlung. In Atelierdarstellungen, die das Milieu der Bohème zeigen, erscheint der Ofen regelmäßig, in Bildern von Ateliers akademischer Maler kaum. Erst um 1870 taucht er als Requisit am Rande in Atelierszenen Frédéric Bazilles auf, nunmehr im Rahmen eines anti-akademischen, jedoch geordneten und geselligen Künstlermilieus.[71]
Cézanne rückt, im Gegensatz zu Delacroix und Bazille, seinen Ofen in den Mittelpunkt des Bildes; aus dem Interieur wird ein Stilleben mit einem, ebenso wie im *Stilleben mit Lammhaxe*, zentralen und zeichenhaften Motiv. Im beiden Bildern greift Cézanne gezielt auf in der Kritik und Karikatur her-

ausgebildete Topoi des Bohèmemilieus und der anti-akademischen, realistischen Kunstauffassung zurück. Er steigert ihre Aussagekraft, indem er räumliche und funktionale Bezüge und damit den narrativen Zusammenhang reduziert und zeigt so, daß es ihm nicht um Milieuschilderung, sondern um gezielte Stellungnahme geht. Der Bezugspunkt seiner Arbeiten ist damit weniger die realistische Stillebenmalerei als vielmehr die ›bataille du réalisme‹. Seine Sujets sind nicht politisch oder sittenbildlich; sie sind in rhetorischem Sinne ›realistisch‹ und bezeichnen auf diese Weise programmatisch Cézannes künstlerische Haltung.

Der Stil, genannt ›couillarde‹[72]

Das auffälligste formale Merkmal der Bilder um 1866 ist ihre Ausführung mit dem Palettmesser. Die Farbe ist dick ›alla prima‹ aufgetragen, mehrere Farben bleiben oft unvermischt innerhalb einzelner Flecken nebeneinander stehen. Die Gegenstände sind summarisch wiedergegeben und rein aus der Farbe heraus gestaltet. Einzelne Details, beispielsweise der Henkel der blauen Empiretasse im *Stilleben mit blauer Tasse und Birnen* (Abb. 6), sind flüchtig mit dem Pinsel gezogen. Die unterschiedliche Stofflichkeit der Gegenstände wird durch den Farbauftrag nicht berücksichtigt. Im Unterschied zu Beschreibungen in der Literatur[73] sind die Bilder zwar weitgehend mit dem Palettmesser ausgeführt, in den Hintergründen jedoch leicht geglättet, an manchen Stellen mit dem breiten Pinsel übergangen. Sie zeigen so keine einheitliche Faktur, wie sie Cézanne zehn Jahre später anstreben wird. Bei den Palettmesserbildern ist die Funktion der Farbe als Träger der Bildeinheit noch nicht durchgreifend verwirklicht.[74] Die Dominanz des Farbauftrags, der Handschrift, hat Mitte der sechziger Jahre eine andere Bedeutung für Cézanne.

Die Palettmessertechnik erfordert ein rasches Vorgehen, und sie vermittelt diese Unmittelbarkeit und Raschheit vor allem im kleinen Format sehr deutlich. Der Prozeß des Farbauftrags bleibt sichtbar in den Graten und Kanten der einzelnen Farbflecken. Betont wird, neben der Materialität der Farbe, die Arbeit der künstlerischen Hand, die als kraftvoll und heftig in Erscheinung tritt.

Die aus der Farbe gestalteten Formen, der Mangel an ›Dessin‹ und stofflicher Wiedergabe, die in den Vordergrund tretende Handwerklichkeit des Malvorgangs widersprechen diametral den Maximen einer idealen, ›ingristischen‹ Linienkunst und mußten Vertretern akademischer Normen als Gipfel der Kunstlosigkeit erscheinen. Der für heutige Augen virtuose Umgang mit dem Palettmesser wurde 1866 nicht honoriert: Ein Jurymitglied bezeichnete ein von Cézanne 1866 zum Salon eingereichtes, mit dem Palettmesser ausgeführtes Portrait entsetzt als Malerei »nicht nur mit dem Messer, sondern auch noch mit der Pistole.«[75] Das Bild wurde zurückgewiesen.

Die Arbeit mit dem Palettmesser mußte in den Augen der Juroren um so inakzeptabler sein, als sie ebenso eindeutig mit der Person Courbets in Verbindung gebracht wurde wie bestimmte Sujets. Zeitgenössische Karikaturen ersetzten das Palettmesser meist durch eine Maurerkelle und erhoben den Vorwurf der Kunstlosigkeit und der schmutzigen Malerei.[76] »Keine Schöpfer,

Denker, Künstler mehr, die in ihren Herzen große Pläne schmieden! Maurer nur noch! Kopisten nur noch!« lautete ein auf Courbet bezogener Spottvers.[77]
Wie bereits in der Wahl der Sujets greift Cézanne auch mit der Palettmessertechnik einen Topos der ›bataille du réalisme‹ auf, den der rohen, schmutzigen, rein handwerklichen Malerei. Der programmatischen Erfolgsverachtung, die in Sujetwahl und Malweise zum Ausdruck kommt, entspricht seine in diesen Jahren gepflegte Attitüde des, ähnlich wie Courbet, ›bäurischen‹ Bohèmien. Sein Selbstportrait von 1866, mit dem Palettmesser gearbeitet, zeigt ihn abweisend über die Schulter starrend, mit langem Haar und »revolutionärem Bart«.[78] Zola beschreibt in *Une Farce ou Bohèmes en villegiature*, später in *L'Œuvre*, ihre gemeinsame frühe Bohèmezeit.[79] Das Milieu und Leben der Bohème wurde von der bürgerlichen Kritik sowohl als Ursache wie Folge anti-akademischer Malerei betrachtet, von deren Vertretern hingegen als äußeres Zeichen der Unkonventionalität gewertet, nicht selten stilisiert.[80]
Die so unfehlbar provozierte Ablehnung durch Jury und Publikum erklärte Cézanne schon 1865 zu seinem Ziel: »Samstag gehen wir zur Baracke der Champs-Elysées, um unsere Bilder abzuliefern, vor denen das Institut vor Wut und Verzweiflung erröten wird.«[81]
Normverstoß und Traditionsbruch werden als Zeichen der Modernität, die Kraftprobe und Zurückweisung als Talentausweis erachtet:
»Die ganze realistische Schule wurde zurückgewiesen: Cézanne, Guillemet und die anderen. In Wirklichkeit triumphieren wir, und diese Massenabweisung, dieses immense Exil ist ein Sieg... Im Moment herrscht eine Zeit des Kampfes, und es sind die Jungen, die gegen die Alten kämpfen... Die Zukunft, das sind wir...«.[82]
Cézannes offensive Ablehnung akademischer Konventionen geschieht hier unter der Bezeichnung ›realistische‹ Schule. Doch Cézannes Realismus ist kein Realismus des Stils, im Sinne einer mimetischen Wiedergabe des Gesehenen, und ebensowenig ein Realismus der Sujets aus dem Arbeiter- oder Bauernmilieu. In seinen Bildern äußert sich eine Haltung, die prinzipiell dem Postulat Courbets – »Der Kernpunkt des Realismus ist die Verneinung des Ideals«[83] – verpflichtet ist und damit das Ideal der akademischen, etablierten Kunst meint.
Die Verwendung der Palettmessertechnik ist jedoch, wie schon ihre Anwendung auch in nicht für die Einreichung zum Salon bestimmten Bildern zeigt, für Cézanne keineswegs nur Mittel zur Provokation. Sie hat weiterreichende Bedeutung. In einer für die Mitte des 19. Jahrhunderts typischen Parallelsetzung von Malweise und Sujet mit der Persönlichkeit des Malers wurde die Handhabung des Palettmessers als Ausdruck des ungestümen, kraftvollen und urwüchsigen Temperaments Courbets gewertet. Verteidiger Courbets sahen sie als Ausweis der »Gewandtheit seiner Hand«, der »Hand des Meisters und seines gewaltigen Atems«, als Ausdruck einer »eklatanten und brutalen Freiheit« – eine von Courbet genau kalkulierte Reaktion.[84] Auch Emile Zola definiert in seinen Salonkritiken von 1866 Courbets »Adlerklaue« als äußeres Zeichen seiner kraftvollen Persönlichkeit, seines originellen Temperaments.[85]
Cézanne selber hat in späteren Jahren fast im Wortlaut genau jene Eigenschaften der Malweise Courbets, welche die konservative Kritik ihm zum

Vorwurf machte, aufgegriffen und als Ausdruck echter Malerei bewertet: »Ein Maurermeister. Ein wüster Gipskneter. Ein Farbenstampfer. Er mauerte wie ein Römer. Und auch er ein echter Maler.«[86]
Viel deutlicher als Courbet jedoch, der mit dem Palettmesser Farbe eher schabte als spachtelte, ist es Cézanne selber, der 1866 Farben wie Gips auf die Leinwand »knetet« und »mauert«. Er steigert eine Malweise, die für ihn mit der Kunst und der Person Courbets verbunden ist, zu einem expressiven, persönlichen Stil. Damit ist die Handhabung des Palettmessers mehr als eine Technik, die Cézanne ein Jahr lang ausprobiert. Die Form der Bilder wird zum Ausdrucks- und Bedeutungsträger, in ihr greift Cézanne mit der Person und der Malerei des ›génie original‹ Courbet verbundene Eigenschaften auf und reklamiert sie in gesteigerter Form für sich selbst.
Dahinter steht ein Kunstverständnis, das die kraftvolle, originelle Persönlichkeit des Künstlergenies als entscheidende Grundlage der Kunst definiert und die Erneuerung der Kunst in einem um den persönlichen Ausdruck erweiterten Realismus sieht. Eine solche Auffassung vertritt Emile Zola, Cézannes engster Freund, in seinen ersten Salonkritiken, die 1866 in der Zeitung *L'Événement* veröffentlicht wurden. Im Vorwort der ebenfalls 1866 erschienenen Buchausgabe führt er sie in ihrem Grundsatz auf Jugendgespräche mit Cézanne zurück: »Wir suchten den Menschen in allen Dingen, wir wollten in jedem Werk, Bild oder Gedicht einen persönlichen Akzent finden. Wir versicherten uns, daß die Meister, die Genies Schöpfer sind, von denen jeder eine Welt in all ihren Teilen erschaffen hat...«[87]
Aus der romantischen Vorstellung vom Künstler-Schöpfer, der aus sich heraus eine Welt erschafft, entwickelt Zola die Forderung nach einer Kunst, die gesehene Natur individuell und subjektiv wiedergibt. ›Tempérament‹ ist sein zentrales Schlagwort. Es wird in mehrdeutiger Weise zwischen einer psychologischen, physiologischen und physiognomischen Bedeutungsebene definiert[88], grundsätzlich jedoch in einem auch heute geläufigen Sinne verwendet, als individuelle, psychische Ausprägung, verbunden mit Vitalität. Das Temperament eines Malers muß nach Zolas Auffassung kraftvoll sein, um originelle Werke hervorzubringen: »Ich verlange vom Künstler, ... daß er laut und deutlich einen großen, einzigartigen Geist, eine starke und entschiedene Natur zur Geltung bringt, die sich die Natur umfassend zu eigen macht, und daß er diese, so wie er sie sieht, vor uns hinstellt.«[89]
Mit der berühmten Definition: »Ein Kunstwerk ist ein Winkel der Natur, durch ein Temperament gesehen«[90], ordnet Zola dabei die Wiedergabe der Realität dem Temperament des schöpferischen Genies unter. Wahrheit, genauer wahre Kunst, wird zum relativen Begriff, da sie in erster Linie auf der Aufrichtigkeit gegenüber dem individuellen Temperament basiert. Das Temperament bestimmt die persönliche Sehweise und damit die malerische Handschrift. Realismus oder, wie Zola die neue Richtung nennen wird, Naturalismus findet so nicht primär auf einer motivischen, sondern vor allem auf formaler Ebene statt und drückt sich nicht nur metaphorisch, sondern in ganz konkretem Sinne, in der Handschrift aus: »Ich empfinde tiefste Bewunderung für individuelle Werke, die mit einem Wurf aus einer kraftvollen, einzigartigen Hand kommen«.[91]
Bei Courbet, auch wenn er ihn 1866 wegen seiner »Samtpfote«[92] tadelt, und bei Manet sieht Zola seine Forderung erfüllt; die Realisten Bonvin, Ribot und

Vollon hingegen disqualifiziert er entweder als »platonischen Liebhaber der Wahrheit« oder »überflüssiges Temperament«[93], deren Realismus sich in der Wahl eines gewöhnlichen Themas erschöpfe.
Vor allem aber Cézannes mit dem Palettmesser ausgeführte Bilder von 1866 wirken wie »aus dem Wurf einer kraftvollen, einzigartigen Hand«. In ihnen will Cézanne durch den Ausdrucksgehalt des Stils, die kräftige Handschrift, eine individuelle Sehweise, ein starkes Temperament und damit seine originelle Schöpferkraft vermitteln. Während der Theoretiker Zola dabei Temperament und Stil weitgehend deterministisch gleichsetzt[94], kalkuliert Cézanne hingegen den Einsatz der formalen Mittel genau. Er greift eine für das Kraftgenie Courbet charakteristische Technik auf, steigert sie zu einem expressiven Stil und bringt so seinen künstlerischen Anspruch als ›génie original‹ zum Ausdruck.

Stilleben und Manifest im *Portrait Louis-Auguste Cézanne*

In der gezielten Programmatik und der künstlerischen Standortbestimmung von Cézannes *Stilleben mit Lammhaxe* zeigt sich die Bedeutungserweiterung, welche die Gattung Stilleben in der zweiten Hälfte des 19. Jahrhunderts erfährt. »Wenn die akademische Ordnung eines Tages einstürzt, wird es wegen der Stillebenmaler sein, die, in den untersten Schichten, nach und nach die Grundfesten zerfressen haben«, prognostizierte Castagnary angesichts der Vielzahl realistischer Stilleben im Salon des Refusés von 1863.[95] Diese durch die Assoziation an Nagetiere wenig hochachtungsvolle, dennoch durchaus wohlwollende Bemerkung überschätzt bewußt den tatsächlichen Einfluß der Stillebenmalerei. Salonskandale, die erregte Debatten in Presse und Öffentlichkeit bewirkten, wurden nach wie vor mit Figurenbildern provoziert. Castagnarys Aussage ist jedoch ein Indiz dafür, daß in der Auseinandersetzung um den Realismus nach und nach nicht nur ein einzelner Stillebengegenstand zum selbstbewußten Emblem, sondern die gesamte Gattung Stilleben zum Paradigma anti-akademischer Malerei werden konnte. Die Gleichsetzung von anti-akademischer, vor allem realistischer und naturalistischer Malerei und Stilleben funktionierte, da die stereotypen Vorwürfe, welche die konservative Kritik an beide richtete, dieselben waren: Leblosigkeit und Niedrigkeit des Bildgegenstandes und mangelnde Imaginationsfähigkeit des Malers, der folglich nur kopieren könne, was ihm vor Augen komme. Regelmäßig wurden Figurenbilder Courbets, später auch Manets, verunglimpft, indem man die Menschen als Holzpuppen, also tote Gegenstände, karikierte.[96] Realistische Bilder wurden pauschal als bloße Wirklichkeitskopie bezeichnet, als Fotografie, mechanische Abbildung und reines Handwerk disqualifiziert[97] – Vorwürfe, die traditionell auch an die Stillebenmalerei gerichtet wurden. Die Bedeutung des Stillebens als Träger programmatisch anti-akademischer Aussagen wurde damit vor allem auf theoretischer Ebene vorbereitet.
Cézanne macht diese Bedeutungserweiterung des Stillebens nicht verbal, sondern im 1866 entstandenen *Portrait Louis-Auguste Cézanne* deutlich (Abb. 7).[98] Das großformatige, vielschichtige, auch für die Entwicklung von Cézannes Portraitmalerei wichtige Bildnis kann im folgenden nur unter

diesem Aspekt betrachtet werden. Es zeigt Cézannes Vater in Hausjoppe und -mütze im Sessel sitzend. Er liest die Zeitung *L'Événement*, jenes Pariser Blatt, in dem Zolas Salonkritiken Anfang 1866 veröffentlicht worden waren. Hinter dem Kopf des Vaters hängt Cézannes *Stilleben mit blauer Tasse und Birnen* von etwa 1866.

Das ganze Portrait ist weitgehend mit dem Palettmesser ausgeführt, nur an wenigen Stellen mit dem breiten Pinsel geglättet; Stillebenbild und Figur unterscheiden sich in ihrer Malweise nicht.[99] Cézanne verwendet damit einen zuvor im ›genre mineur‹ eingesetzten Stil in einem großformatigen, in seiner wuchtigen Komposition repräsentativen Ganzfigurenportrait. Damit verneint er die tradierte Norm unterschiedlicher Sprachhöhen in den verschiedenen Gattungen. Eine freie, rein malerische Ausführung wurde allenfalls in der niedrigsten Gattung toleriert, galt aber im Figurenbild als Zeichen künstlerischer Unfähigkeit. Hier aber, im Portrait des Vaters, ist diese stilistische Einheitlichkeit weniger Protest, sondern erscheint vor allem als Konsequenz der Kunstauffassung Cézannes: Es wird deutlich, daß der Stil nicht vom gezeigten Sujet oder der gewählten Gattung, sondern primär von der Persönlichkeit, dem Temperament des Künstlers bestimmt wird. Stilistische Einheitlichkeit erscheint als Folge seiner ›main unique‹, der einzigartigen Hand.

Sowohl der Titel der Zeitung wie auch das Stilleben wurden offenbar in das Portrait hineinkonstruiert: Cézannes Vater las, wie Guillemet in einem Brief berichtet, eigentlich *Le Siècle*.[100] Stilleben hingen üblicherweise in Speisezimmern, nicht in Salons mit Lesesesseln; dieses Bild ist zudem ungerahmt und befand sich somit kaum an einer Wand des elterlichen Hauses. Das *Stillleben mit blauer Tasse und Birnen* ist nicht nur, wie zuweilen gedeutet, ein Zeichen für Cézannes Anwesenheit im Haus des Vaters.[101] Cézanne bezieht deutlich Zeitung und Bild aufeinander, indem er sie in einer vertikalen Linie über und unter den Kopf des Vaters stellt. Die helle Kante an der rechten und unteren Bildseite des Stillebens korrespondiert mit einem ähnlich betonten hellen Winkel an der rechten unteren Zeitungsecke. Die Type des Blattes ähnelt der von Cézanne in jenem Jahr verwendeten Signatur in Versalien.[102]

Die Einheitlichkeit der malerischen Ausführung von Portrait und Stilleben und deren gedanklicher Hintergrund, die vom Temperament bestimmte Darstellungsweise, entsprechen Zolas Forderungen im Text von 1866. Im *Portrait Louis-Auguste Cézanne* stellt Cézanne absichtsvoll eine Parallele zwischen den Kritiken Zolas und seiner eigenen Malerei her. So bekräftigt er die grundsätzliche Übereinstimmung ihrer Ideen und zeigt den Vater, jene Forderungen lesend, die im Bild hinter ihm bereits verwirklicht sind. Er gibt damit seinem Stilleben eine dem Text Zolas entsprechende Bedeutung als kunstprogrammatische Äußerung.

Sicherlich ist das Bildnis daneben auch der Ausdruck einer persönlichen Hoffnung nach Anerkennung durch den Vater. Cézanne malte das Portrait im November 1866.[103] Zu diesem Zeitpunkt war die Buchausgabe der Kritiken mit dem Brief Zolas an Cézanne als Vorwort bereits erschienen, in dem nun endlich auch Cézanne eine Rolle innerhalb der neuen Kunstbewegung spielte.

In unserem Zusammenhang aber ist das *Portrait Louis-Auguste Cézanne* vor allem als eines der ersten Schlüsselbilder für die Bedeutungserweiterung des Stillebens im 19. Jahrhundert wichtig. Trotz der gerade in dieser Zeit belieb-

6 *Stilleben mit blauer Tasse und Birnen*
Um 1866

7 *Portrait Louis-Auguste Cézanne*
1866

ten Darstellung von Bildern-im-Bild, ist es eines der seltenen Beispiele der Kunstgeschichte mit einem Stillebengemälde im Hintergrund eines ebenso repräsentativen wie intimen Portraits. Es entsteht ein Jahr vor Auguste Renoirs *Portrait Frédéric Bazille* von 1867, das den Freund beim Malen eines Wildstillebens zeigt,[104] und drei Jahre vor Manets großem, für den Salon bestimmten Portrait seiner Schülerin Eva Gonzales beim Malen eines Blumenstillebens, das, wie überzeugend interpretiert wurde, eine Paraphrase der Pittura-Allegorie ist und damit dem Stilleben eine ähnliche Funktion als programmatische Äußerung zuweist.[105]
Cézanne jedoch wählt als Bild-im-Bild nicht das in seiner Sujetwahl offensive *Stilleben mit Lammhaxe*, sondern das *Stilleben mit blauer Tasse und Birnen*. Die Gründe für die Wahl gerade dieser kleinen Arbeit, die mit den Birnen und der Zuckerdose für Cézannes weitere Stillebenmalerei charakteristische Objekte zeigt, wird vor dem Hintergrund der im folgenden angestellten Überlegung deutlich.

STILLEBEN STATT PORTRAIT – WERKE UM 1870 UND 1877

»On a souvent répété: Le style, c'est l'homme; mais ne pourrait-on pas dire avec une égale justesse: Le choix des sujets, c'est l'homme?«
(Charles Baudelaire)[1]

Auf die kleinformatigen, mit dem Palettmesser ausgeführten Bilder des Jahres 1866 folgen Ende der sechziger, Anfang der siebziger Jahre einige großformatige, wieder mit dem Pinsel gemalte Stilleben – das *Stilleben mit grünem Topf und Zinnkanne* (Abb. 8) und das *Stilleben mit Muschel und schwarzer Uhr* (Abb. 13), beide von etwa 1870, das *Stilleben mit grünem Topf und schwarzer Flasche* (Abb. 9) von etwa 1871 und das *Stilleben mit Gipsmedaillon* (Abb. 18) von etwa 1872/73.[2] Wie schon Mitte der sechziger Jahre stehen wenige Stilleben einer großen Zahl von Portraits und Figurenszenen gegenüber. Mehrere dieser Figurenszenen sind thematisch von Bildern Edouard Manets, vor allem von *Das Frühstück im Grünen* und *Olympia*, und von Gustave Flauberts Roman *La Tentation de Saint-Antoine* inspiriert.[3] Sie werden in der Forschung zumeist als Ausdruck persönlichster Gefühle interpretiert, mit dem Leitthema der sexuellen Versuchung.[4] Die Stilleben hingegen, insbesondere das *Stilleben mit grünem Topf und Zinnkanne* und das *Stilleben mit Muschel und schwarzer Uhr*, gelten neben manchen Landschaften meist als Schlüsselbilder für die formale Beruhigung und inhaltliche Entschärfung in der Malerei Cézannes. Ein wichtiges Argument ist dabei seine Beschränkung auf einfache, immer wiederkehrende Gegenstände, sein schon früh angelegtes Repertoire von Stillebenmotiven, die kaum zeichenhaften Charakter haben.[5]
Weder aber beschränkt sich die Aussage der Figurenbilder auf rein persönliche Themen[6], noch besteht die Bedeutung der Stilleben, in Überwindung persönlicher Inhalte, allein im formalen Fortschritt. Im Gegenteil, man kann vor dem weltanschaulichen und vor allem künstlerischen Hintergrund jener Jahre vermuten, daß sich gerade in der Motivwiederholung die bewußte Zusammenstellung eines persönlichen, charakteristischen Repertoires zeigt. Cézannes gezielte Gegenstandswahl wird gerade um 1870 deutlich. Er zeigt in zwei Bildern, dem *Stilleben mit Muschel und schwarzer Uhr* und dem *Stilleben mit Gipsmedaillon*, für ihn ungewöhnliche Dinge. Es sind jene beiden Bilder, die wahrscheinlich von Anfang an Emile Zola beziehungsweise Dr. Gachet gehörten. Andere Stilleben hingegen, in denen Cézanne für ihn selbst charakteristische Gegenstände darstellt, blieben im Besitz des Malers.[7] Das etwa 1877 entstandene *Stilleben mit Suppenterrine* (Abb. 17) schließlich, das hier als ein verwandtes Bild hinzugenommen wird, schenkte Cézanne Camille Pissarro.[8] Es ist sehr wahrscheinlich, daß Cézanne diese drei Bilder gezielt für ihre Besitzer gemalt hat, daß hier der bei ihm fehlende Auftraggeber durch einen nun vor allem im privaten Kontext wichtigen Adressaten ersetzt ist – ein entscheidender Anhaltspunkt für die Interpretation der Bilder.

Das *Stilleben mit grünem Topf und Zinnkanne*

Das *Stilleben mit grünem Topf und Zinnkanne* (Abb. 8) von etwa 1870 zeigt vor einem gleichmäßig mittelgrauen Hintergrund einen grün glasierten Steinguttopf mit beigem Fuß, rechts und links begleitet von zwei Zinngefäßen, einer Kanne und einem Töpfchen. Vor ihnen faltet sich ein weißes Tuch, auf dem zwei rotbraune Zwiebeln, zwei Eier und, schräg im Bild, ein Messer liegen. Ganz links sieht man, von den übrigen Gegenständen abgerückt, einen gelbroten Apfel. Die ockergelbe Fläche, auf der sich die Gegenstände befinden, wird rechts von einer leicht in die Tiefe fluchtenden Kante begrenzt, links vom Bildrand überschnitten. Ob es sich bei dieser Fläche um den Deckel einer Truhe, um eine Tischplatte oder ein Wandbrett handelt, ist nicht erkennbar, da schwere dunkle Schatten im unteren Bildteil jede räumliche Einordnung verhindern.

In diesem Bild stellt Cézanne zum erstenmal den bis Mitte der neunziger Jahre immer wieder in Stilleben gezeigten grün-beigen Topf dar, ein tönernes Vorratsgefäß aus provençalischer Herstellung[9], und einen Apfel, sein fortan charakteristischtes Stillebenmotiv. Im ein bis zwei Jahre später gemalten *Stillleben mit grünem Topf und schwarzer Flasche* (Abb. 9) wird jener Topf, nun mit einem braunen Deckel, wiederum zusammen mit mehreren Äpfeln und Zwiebeln sowie Gefäßen aus weiß-blauem Porzellan, einem weißen Tuch und einer schwarzen Flasche auf einer roh genieteten Kiste gezeigt. Damit führt Cézanne schon in den wenigen Stilleben zwischen 1865 und 1871 zahlreiche Gegenstände ein, die er immer wieder, teilweise bis zum Ende seines Schaffens darstellen wird: die Milchkanne aus Blech, das dickwandige Weinglas, das Messer mit schwarzem Griff und das weiße Tuch mit braunem Streifen im *Stilleben mit Brot und Eiern* von 1865, die Birnen und die bemalte Zuckerdose im *Stilleben mit blauer Tasse und Birnen* von 1866, den grünen Topf und die schwarze Flasche, die Äpfel und Zwiebeln aus den beiden Stilleben mit grünem Topf von etwa 1870 und 1871. Sie bilden den Kernbestand seines Motivrepertoires. Angesichts dieser habituellen Objektwahl ist nicht nur interessant, welche Gegenstände Cézanne konstant darstellt, sondern auch, daß er sie immer wieder wählte.

Apfel und Eros?

Meyer Schapiro hat 1968, in Überwindung rein formalistischer Positionen, das Motiv des Apfels bei Cézanne auf persönliche Bedeutungsinhalte untersucht. Er interpretiert, jenseits der auch Cézanne bekannten symbolischen Konnotationen, eine persönliche Bedeutung des Apfels. In privatem Kontext, verbunden mit der Lektüre griechischer Klassiker und biographischen Hintergründen, steht der Apfel bei Cézanne ebenfalls für Liebeswerben und Versuchung, möglicherweise auch, so Schapiro, als ganz privates Zeichen der Freundschaft zu Zola.[10]

Mehrfach sind in den späten sechziger und siebziger Jahren runde rote oder orange Früchte, vielleicht Äpfel, Requisiten in Cézannes Figurenszenen mit erotischen Themen: in *Das Frühstück im Grünen*, in *Eine moderne Olympia* (Abb. 15).[11]

8 *Stilleben mit grünem Topf und Zinnkanne*
Um 1870

Vorbilder für die Darstellung von Stillebenelementen innerhalb erotischer Figurenszenen waren Arbeiten von Edouard Manet, von dessen Lehrer Thomas Couture und einigen Salonmalern. In Coutures *Die Römer der Verfallszeit* von 1847, von dem Cézanne später eine Abbildung besaß, liegt im Vordergrund ein Stilleben aus Vasen, Blumengirlanden und Obst.[12] In einer *Versuchung des Heiligen Antonius* von Eugéne Isabey, einem auch von Cézanne mehrfach dargestellten Thema, sind die Versucherinnen umgeben von Prunkgefäßen, Früchten und Blumen.[13] Das großformatige Bild hing im Salon von 1869.

Sowohl die *Römer* Coutures wie die *Versuchung* sind Darstellungen, die über historische und literarische Themen vordergründig auf den dekadenten Zustand der zeitgenössischen Gesellschaft anspielen, gleichzeitig aber die Schaulust der Betrachter – durch ebenso köstliche Akte wie Früchte – befriedigen. Die prunkvollen Stillebengegenstände werden zu Attributen der modernen Ausschweifung. In Manets ganz unmoralisierenden Arbeiten, die den Betrachter mit seiner Schaulust brüsk konfrontieren und unverstellt zeitgenössische Szenen zeigen, liegt der Akzent dabei deutlicher auf ›modern‹: in der *Olympia*, wo ein Blumenstrauß hereingebracht wird, in *Das Frühstück im Grünen*, wo ein Stilleben aus den abgelegten Kleidern der Frauen, Früchten und Brot zusammengestellt wurde.

Cézanne hingegen zeigt sich selbst, im Unterschied zu all diesen Werken, in vielen seiner erotischen Szenen anwesend, gar beteiligt. Der betont subjektive Gehalt der Themen, ihre ganz persönliche Bedeutung für den Maler, und damit auch die der Früchte, werden so evident. Damit unterscheidet sich Cézanne von den anderen Künstlern, die sich stärker auf die Gesellschaft beziehen und sich an diese wenden. Als Konsequenz dieser zumindest teilweise privaten Ikonographie, oder besser privaten Motivsprache, wird eine eindeutige Lesart seiner Darstellungen nicht ermöglicht.

Cézanne war sich vor dem Hintergrund jener zeitgenössischen Werke der erotischen Bedeutungsinhalte seiner in den Figurenszenen gezeigten Stillebengegenstände sicherlich bewußt – in seiner Versuchungsszene *Das Frühstück im Grünen* ist die Frucht sogar das handlungstragende Objekt. Möglicherweise behalten die Gegenstände auch im Stilleben einen Teil dieser Bedeutung. Nicht nur der Apfel, auch die schwarze Flasche könnte im Rahmen einer Figurenszene erotische Bedeutungsinhalte erhalten haben: In *Pastorale*, einer Szene, die nackte Frauen neben bekleideten Männern vor einem Landschaftsprospekt zeigt, wird die Silhouette einer schwarzen Flasche doppelt variiert und vergrößert durch einen schmalen, aufragenden Baum und seine Spiegelung im Wasser. Dies provoziert eine Deutung als Phalluszeichen. Eine das Ölbild begleitende Zeichnung, die dasselbe Stillebenmotiv zeigt, und eine Bleistiftskizze der Gesamtkomposition mit deutlich ausgeführter Flasche und betontem Schatten weisen darüber hinaus auf Cézannes besondere Aufmerksamkeit für dieses Detail hin.[14] Im *Stilleben mit grünem Topf und schwarzer Flasche* (Abb. 9), einem etwa zeitgleich zur *Pastorale* gemalten, im Duktus unruhigen, in der Farbstimmung gedämpften Bild, wird die Form der schwarzen Flasche durch einen überstarken Schlagschatten verdoppelt und betont. Doch bleibt Cézanne hier, stärker noch als in den Figurenszenen, auf der Ebene der Anspielung – eine eindeutige Lesart gibt er dem Betrachter nicht vor.

9 *Stilleben mit grünem Topf und schwarzer Flasche*
Um 1871

Exemplarisch wird hier, bereits in der Option mehrerer Deutungsvorschläge durch Meyer Schapiro, am Beispiel des Apfels deutlich, wie ein konventionelles Symbol, ein allgemein bekanntes Zeichen durch die Einbindung in einen persönlichen und privaten Kontext zunächst vieldeutiger und damit letztlich in seiner Aussage nicht mehr endgültig erfaßbar wird. Diese Zurücknahme der öffentlichen Signifikanz ist jedoch kein Verlust, sondern eine Verlagerung inhaltlicher Bedeutung.

Die persönlichen Dinge der Stillebenmalerei

Der grüne Topf und andere wiederholt gezeigte Gefäße sowie das weiße Tuch, das Messer und die Birnen lassen sich kaum als persönliche erotische Zeichen, gar nicht als Symbole deuten. Einzeln betrachtet, enthüllen diese Gegenstände keinen verborgenen Sinn. Die einfachen, keiner Zubereitung unterzogenen Lebensmittel erwecken nicht den Gedanken an Frische und sind von geringem kulinarischen Interesse. Die Gefäße sind einfach, weder erregen sie Aufmerksamkeit durch Kostbarkeit oder extravagante Form, noch durch auffällige Spuren handwerklicher Herstellung oder gar Virtuosität. Ebensowenig jedoch sind sie provozierend, wie es die Lammhaxe war, oder pittoresk durch Ärmlichkeit, Alter oder Gebrauchsspuren. Bedeutung gewinnen die Dinge, weil der Maler sie, sicherlich vertraut mit den zeitgenössischen Implikationen einer solchen Beständigkeit, immer wieder darstellt, und sie dabei doch ganz anders präsentiert als der Großteil der Stillebenmaler seiner Zeit.

Mitte des 19. Jahrhunderts war, als eine Folge der positivistischen Milieutheorie[15] und eines immer höheren Stellenwerts von Individuum und Persönlichkeit, das Bewußtsein für die Signifikanz von Gegenständen für ein bestimmtes Milieu und darüber hinaus auch für eine bestimmte Person geschärft.[16] Ebenso wie das Milieu als prägend für den Menschen angesehen wurde, beispielsweise bei Hippolyte Taine, sollten bestimmte Gegenstände, typisch für jenes Milieu, über den Einzelnen Aufschluß geben. Als Folge der Überzeugung, »die äußere Erscheinung sei der direkte Ausdruck des ›Innern‹ eines Menschen, d.h. die Persönlichkeit der Erscheinung immanent…«[17], galten neben Physiognomie und Gebaren auch Kleidung und persönliche Gegenstände als Hinweise auf Stand und Beruf, aber auch auf das Wesen eines Menschen. Jene Überlegungen zeigen sich gleichermaßen in der Literatur, in der bildenden Kunst wie auch in deren Rezeption.

Ihren bedeutendsten Ausdruck findet die Milieutheorie in den Interieurbeschreibungen französischer Autoren des Realismus und Naturalismus wie Balzac, Flaubert, den Brüdern Goncourt, Duranty[18] und Emile Zola[19]. Zola war mit den Ideen Taines bereits Mitte der sechziger Jahre vertraut und wandte sie bewußt in seinen Romanen an.[20] Detaillierte Milieuschilderungen und Beschreibungen von Stilleben aus Eßwaren bilden wichtige Passagen in seinem seit Ende der sechziger Jahre vorbereiteten Romanzyklus der *Rougon-Maquart*. Die Schilderung der Obststände in *Le Ventre de Paris* von 1874 ist ein Sinnbild der Pariser Gesellschaft; die Beschreibung eines Metzgerladens hingegen spiegelt nicht nur Milieu und Physiognomie, sondern auch den Charakter seiner Besitzerin.[21]

10 Philippe Rousseau
Chardin und seine Modelle
1867

In einer für die Mitte des 19. Jahrhunderts typischen Spielart des Stillebens wurde eine im Bild nicht gezeigte Person durch die Darstellung für sie bezeichnender Gegenstände evoziert. Chapeaurouge hat dies mit »das Milieu als Portrait« benannt und hervorgehoben, daß man gerade in einem solchen indirekten Portrait das Wesen des Dargestellten besser zu erfassen glaubte als in einem konventionellen Bildnis.[22] Viele der im Salon gezeigten Stilleben beschrieben jedoch mit meist klischeehaften Gegenständen das Milieu lediglich typenhafter Personen. Ihre Bedeutung konnte und sollte vom Betrachter wie ein Rebus entschlüsselt werden und wurde häufig durch suggestive Titel gestützt: *Der Krimskrams der Jugend* und *Der Krimskrams des Alters* oder *Der Blumenstrauß des jungen Mädchens* und *Der Blumenstrauß der Verheirateten.*[23] Meist zeigen diese Bilder die Tendenz zur anekdotischen Dramatisierung, die erfolgreich auf Anteilnahme und ergänzende Phantasieleistung des Betrachters zielt und mit dem Reliktcharakter der Gegenstände arbeitet.[24] So wurde Piparts *Blumen, Handschuhe und Schmuck* 1863 durch Paul Mantz als Hinterlassenschaft einer verlorenen Geliebten interpretiert.[25] Hier zeigt sich deutlich die für das 19. Jahrhundert typische Personalisierung überlieferter Stillebenformen.[26] Traditionelle symbolische Inhalte wurden durch eine zeitgenössische, auf ein Milieu oder einen Typus bezogene Zeichenhaftigkeit ersetzt: Statt eines allegorischen Sinnbilds der Vanitas zeigt der Maler die (fiktive) Hinterlassenschaft einer Entschwundenen. Die Erkennbarkeit dieser Stilleben wurde ebenso durch die Typik der Gegenstände wie der auf diese Weise Dargestellten gewährleistet.

Gleichzeitig wurden auch Stilleben des 17. und 18. Jahrhunderts unter dem Aspekt des Milieuhaften und Sittenbildlichen rezipiert.[27] Meist bediente sich die Kritik dieser Deutung zur Herabsetzung bestimmter Maler. Wie bereits am Beispiel des Atelierofens gezeigt, zielte sie dabei vor allem auf die realistische Stillebenmalerei: Es hieß, die einfachen Gegenstände der Bilder vermittelten das armselige Milieu der Maler, welches ihre Persönlichkeit präge und dem sie ihre Motive fast gezwungenermaßen entnähmen. Ein dargestelltes Maleratelier wurde als »der private Mikrokosmos des Malers, sein indirektes Selbstportrait und der Widerschein seiner Erinnerungen« betrachtet.[28] Diese Parallele konnte auch in positivem Sinne gezogen werden. Die Sammlung der persönlichen Dinge eines Künstlers, ob in einem Gedenkzimmer oder einer Hommage-Darstellung, sollte einen Eindruck seiner Persönlichkeit, diese wiederum sein Kunstverständnis vermitteln. Ein solcher Zugang bot sich vor allem dort an, wo ein Maler bestimmte Gegenstände konstant darstellte und so ein für ihn charakteristisches Repertoire ausbildete. Bekanntestes Beispiel war Chardin, dessen Motivwahl von den einen mehr im gesellschaftlichen Sinne als typisch gesehen wurde für ein »soziales Milieu, wo das tägliche Leben bescheiden und arbeitsam ist«[29], von anderen als eher persönlich, ohne gesellschaftskritische Implikationen. So schrieb Paul Mantz 1870 über Chardins Bildgegenstände: »Es waren genau jene bescheidenen Dinge, welche das Hausmädchen an den Tisch des Malers brachte, wenn er mit seiner Frau zu Mittag aß . . . «.[30]

Mehrere realistische Maler regte Chardins Vorbild ihrerseits zur Bildung eines Repertoires von Stillebengegenständen an, in das sie nicht selten Chardins Motive direkt übernahmen, um ein soziales Milieu zu vergegenwärtigen.[31] Bezeichnend für das Interesse, das Chardins im Grunde so schlichten

Sujets gerade aufgrund ihrer wiederholten Darstellung entgegengebracht wurde, ist Philippe Rousseaus großformatiges Stilleben *Chardin und seine Modelle* (Abb. 10), das im Salon von 1867 ausgestellt war.[32] Rousseau zeigt ein gerahmtes Selbstportrait Chardins, das von dessen charakteristischen Stillebengegenständen umgeben ist. Da diese ›machine‹ mit ihren schweren Draperien und der Überfülle an Motiven kaum dem Charakter der Chardinschen Malerei entspricht, ging es Rousseau in erster Linie darum, die als Attribute aufgefaßten Dinge zusammen mit dem Bildnis des Künstlers zu präsentieren.

Auch in der Rezeption einer kontinuierlichen Gegenstandswahl – die es ja in allen Epochen der Stillebenmalerei gegeben hat – zeigt sich so die zeittypische Personalisierung: als Grund für die Motivwiederholungen wurde nicht die verkaufsfördernde Notwendigkeit von wiedererkennbaren Markenzeichen vorausgesetzt, es wurde keine symbolische Bedeutung interpretiert, sondern eine Zeichenhaftigkeit für das Milieu und die Lebensführung, damit die Persönlichkeit und möglicherweise die Kunstauffassung des Malers gesehen.

1869 erhielt der Louvre durch das Legat La Caze zwanzig Stilleben Chardins, darunter mehrere aus dessen später Schaffenszeit.[33] Vor den nunmehr 28 Stilleben konnte Cézanne nicht nur die Eigenart der Malweise und Motivwahl Chardins, sondern auch dessen wiederholte Darstellung bestimmter charakteristischer Gegenstände studieren. Es liegt nahe, Cézannes eigene, bereits um 1870 ersichtliche Praxis, bestimmte Dinge immer wieder in den Stilleben zu zeigen, mit dem Vorbild Chardins in Verbindung zu bringen – gerade weil Cézanne nicht, wie andere Stillebenmaler, Chardins Motive kopierte und zu zeichenhaften Ensembles gruppierte, sondern vielmehr weil er in seinen Bildern eine Parallele zum Charakter und zur Präsentation von Chardins Gegenständen in dessen späten Stilleben fand. Bei Cézanne, dies kommt hinzu, war die Entscheidung zur Motivwiederholung tatsächlich vor allem künstlerisches Konzept – er war finanziell nicht vollkommen von Verkäufen abhängig, übernahm kein bereits erfolgreiches Markenzeichen und reichte überdies, soweit bekannt ist, Stilleben nicht einmal zum Salon ein.

Die frühen Bilder *Stilleben mit Lammhaxe* und der *Ofen im Atelier* zeigen Cézannes genaue Kenntnis der Bedeutung mancher Gegenstände für Milieu und künstlerische Haltung.[34] Den Töpfen, Äpfeln und Flaschen der siebziger Jahre fehlt zwar eine solch offensive Zeichenhaftigkeit im Rahmen der ›bataille du réalisme‹; einzeln betrachtet, ähneln oder entsprechen aber auch sie zunächst manchem Objekt in Stilleben realistischer Maler, eine Verbindung, die Cézanne bewußt gewesen sein dürfte. Auch in Bildern François Bonvins oder Antoine Vollons finden sich schwarze Flaschen, Eier und Zwiebeln, weiße Tücher und Messer mit schwarzen Griffen, in einem Stilleben Vollons sogar derselbe grün-beige Topf aus Aubagne.[35] Doch gerade anhand dieses zum Teil ähnlichen Repertoires wird der Unterschied zwischen den realistischen und den Stilleben Cézannes deutlich.

Hinweise auf ein in der Nachfolge Chardins eher bürgerlich als proletarisch einfaches Milieu geben Maler wie Vollon oder Bonvin zum einen durch die Wahl betont einfacher, zum Teil auch typisch Chardinscher Gegenstände, die vor dem Hintergrund der zeitgenössischen Rezeption wiederum als typisch für jenes Milieu gelten konnten. Doch darüber hinaus ist vor allem die Art und Weise der Präsentation und Zusammenstellung für die Wirkung des

Milieu- oder Genrehaften entscheidend. Meist werden die Stilleben im Halbdunkel, vor dunklem Hintergrund gezeigt, der das Ambiente eines Küchen- oder Speisekammerwinkels andeutet. Die Zusammenstellung der Dinge ist meist narrativ, in dem Sinne, daß sowohl ein funktionaler Zusammenhang zwischen ihnen besteht als auch, daß der Eindruck einer noch bevorstehenden oder bereits erfolgten Handlung hervorgerufen wird (Abb. 11). Dies evoziert unmittelbar eine handelnde, allerdings weniger individuelle als typische Person. Durch diese Komponenten – Ambiente, Situation und Erzählung – wird das Genrehafte der Bilder hervorgehoben, und ihre allgemeine Lesbarkeit garantiert. Dazu paßt, daß beispielsweise Bonvin seine Stillebengegenstände gerne auch als Utensilien in figürlichen Genreszenen verwendet hat, die in jenem Milieu spielen, »wo das Leben bescheiden und arbeitsam ist«.[36]
Cézanne hingegen zeigt seine Gegenstände im *Stilleben mit grünem Topf und Zinnkanne* (Abb. 8) vor einem neutralen, grauen Hintergrund in einer räumlich nicht festgelegten Situation, so daß Hinweise auf ein Ambiente fehlen. Auch die narrativen Bezüge sind reduziert, fast aufgehoben. Dies zeigt sich vor allem an scheinbaren Kleinigkeiten, wie der Wahl richtiger oder falscher Messer. In der realistischen Stillebenmalerei liegen oft scharfe Messer neben Spargel, Zwiebeln oder Fischen, flache neben bereits geschnittenem Brot.[37] Cézanne zeigt immer dasselbe Messer, das bei ihm den Charakter eines Utensils völlig verliert. Er reiht seine Dinge auf, rückt den Apfel ›ohne Grund‹ ein Stück ab. Er vermeidet es, bereits zubereitete Speisen oder Relikte darzustellen, so daß in seinen Bildern nicht auf eine vorangegangene Handlung oder gar eine handelnde Person geschlossen werden kann. Der Aspekt des Genre- oder Milieuhaften, der sich an solche Hinweise knüpft, ist damit weitgehend aufgehoben.
Die schlichten, einfachen Gegenstände sind nicht mehr typisch für ein Milieu. Sie sind in erster Linie charakteristisch für Cézanne. Die Zurücknahme des Milieuhaften in Cézannes Stilleben zeigt sich schon in der kurzen Reihe zwischen dem *Stilleben mit Brot und Eiern* von 1865 und den beiden Stilleben mit dem grünen Topf. Das frühe Bild wird von Schapiro noch mit der »Mahlzeit des Bohèmien« in Verbindung gebracht[38]; es vermag, mehr noch durch die formale Ähnlichkeit mit realistischen Stilleben als durch die einzelnen Objekte, ein bestimmtes Milieu zu evozieren. Jene Zeichenhaftigkeit ist im knapp fünf Jahre später entstandenen *Stilleben mit grünem Topf und Zinnkanne* stark zurückgenommen, sie fehlt völlig in den meisten Stilleben der siebziger Jahre. Genau in diesem Zeitraum aber legt Cézanne den Kernbestand seines Repertoires an. Er integriert so Inhalte, wie die Bedeutsamkeit der Motive für eine Lebenshaltung und einen bestimmten Künstler, die mit einer habituellen Objektwahl verbunden wurden, grenzt aber Hinweise auf ein bestimmtes Milieu weitgehend aus und entzieht seine Darstellung jeder Typik. Damit verschiebt er den Akzent vom Typischen auf das persönlich Charakteristische. Wahl und Zusammenstellung der Gegenstände sind, das wird deutlich, nicht durch ein Milieu determiniert, sondern vom Künstler frei gewählt, ihre Eigenschaften für ihn und seine Kunst bezeichnend.
Dieser Unterschied zwischen Typik und Charakteristik kennzeichnet auch die unterschiedliche Rezeption der Arbeiten Chardins durch realistische Stilllebenmaler und Cézanne. Während sich jene der Kunst Chardins und den damit in Beziehung gebrachten sittenbildlichen Aspekten oft durch Stil- und

11 François Bonvin
Stilleben mit Rindfleisch
1859

Motivzitate näherten, stehen Cézannes Bilder vor allem den späten Arbeiten Chardins nahe. Wie diesen fehlt seinen Stilleben das Genrehafte, das Charakteristische tritt hervor. Auch Chardin nimmt die narrativen Zusammenhänge oft stark zurück oder hebt sie ganz auf. Er rückt die Motive an den Betrachter heran, ohne sie für ihn greifbar zu machen, vermeidet funktionale Zusammenhänge und reliktartige Dinge[39] (Abb. 12). Chardin gibt in diesen späten Arbeiten ebensowenig einen Hinweis auf Handlung innerhalb des Bildes wie Cézanne. Auch bei ihm werden die Objekte als Bildgegenstände definiert. Beide Maler lenken dadurch das Augenmerk vom ›bescheidenen Leben‹ auf das gemalte Bild selbst als Zweck und Resultat der Zusammenstellung. Hinweise auf ein außerkünstlerisches Ambiente werden daher beim späten Chardin ebenso wie bei Cézanne vermieden: Man blickt nicht in die Küche, sondern auf ein Stilleben im Atelier. In diesem Sinne zeigen Cézannes Bilder die persönlichen Dinge seiner Stillebenmalerei.

Erst auf dieser Ebene ist der Vergleich mit Manets Stilleben möglich. In Farbe und Duktus orientiert sich Cézanne im *Stilleben mit grünem Topf und Zinnkanne* nicht an Chardin, sondern an Arbeiten Manets. Die Akzentuierung kräftig leuchtender Lokalfarben durch einen einfarbig grauen Hintergrund und die subtile Ton-in-Ton-Malerei, wie in grauer Zinnkanne und Hintergrund, sind Farbeffekte, die auch Manet in Stilleben und Figurenbildern nutzt.[40] Eine solch leuchtende, sparsam mit Schwarz modellierende Farbgebung unterscheidet sich deutlich vom bräunlichen Galerie-Ton der meisten zeitgenössischen Stilleben.

Cézannes Farbauftrag im *Stilleben mit grünem Topf und Zinnkanne* ist ungleichmäßig: dick, körnig und stumpf im Apfel und glatt, fast ganz vertrieben im grünen Topf. In den meisten Bereichen jedoch, im weißen Tuch, in der Zinnkanne und im Hintergrund, ist die Farbe ähnlich wie in Bildern Manets breit und mit weichem Schwung aufgetragen, werden Tonabstufungen nur leicht vertrieben.

Die formale Annäherung ist, wie auch in anderen Bildern Cézannes aus diesen Jahren, Zeichen seiner Auseinandersetzung mit der Kunst Manets. Diese Auseinandersetzung betrifft nicht nur dessen Malweise, sondern auch die Themen seiner Figurenbilder, in den Stilleben deren Motive. So kann man zwar zunächst vermuten, daß Cézanne den grünen Topf und den gelb-roten Apfel auch aufgrund ihrer leuchtenden Farben, ihres ›Manetschen Kolorits‹ wählte. Doch reicht diese Deutung allein nicht aus, zum einen, da Cézanne Gegenstände mit entsprechenden Farbqualitäten, wie die blaue Empiretasse des *Stilleben mit blauer Tasse und Birnen*, lediglich einmal zeigt, zum anderen, da sie die bewußte Gegensätzlichkeit zu Manet in der Motivwahl übergeht.

Manet zeigt in den sechziger Jahren neben zahlreichen Blumenstilleben mit Pfingstrosen meist Küchentische oder gedeckte Tafeln mit frischem, empfindlichem Obst, mit Austern, Fischen und Schinken, mit polierten Kupferkesseln, glänzenden Damastdecken und Porzellan. Das Motiv, das er von Chardin übernimmt, ist die mit einer Blüte verzierte Brioche. Der ›Delicatesse‹ seiner Malweise entspricht die Appetitlichkeit der Speisen und ihrer Präsentation. Zunächst scheint bei Manet das weitere gesellschaftliche Umfeld des wohlhabenden, kultivierten Pariser Bürgertums durch. Doch mehr als ein bestimmtes Milieu charakterisieren auch Manets Stillebenmotive den Maler selbst und bilden eine »Heraldik« der Lebensweise.[41] Diese

12 Jean-Baptiste-Siméon Chardin
Der Silberbecher
Um 1767

knüpft sich aber auch in Manets Stilleben unmittelbar an seine Kunst, wie die Darstellung zweier Stilleben in *Das Frühstück im Atelier* von 1868 zeigt. Das eine, in dem wie ein Zitat Waffen, also typische Atelier- oder Stillebenrequisiten arrangiert sind, erscheint in Manets Arbeiten kein weiteres Mal. Jenes, das ›wie zufällig‹ auf dem Tisch steht, ist ein für Manets Kunst ganz charakteristisches Stillebenensemble mit Austern und Zitronenspirale.[42] Das Bild zeigt Manets eigenes Atelier, den Bereich eines Malers, der sich als Dandy und Genießer ›portraitiert‹, dessen Pfirsiche und Pfingstrosen so zart und im Duktus so delikat wiedergegeben sind wie das Inkarnat seiner Akte. »These pictures speak of ›la vie moderne‹ as persuasively as some of the portraits or street scenes . . .«, stellt Anne Hanson vor den Stilleben fest.[43] Als Dandy und ›Flaneur‹ ist Manet bewußt auch der Beobachter der ihn umgebenden, eigenen und zeitgenössischen Welt – eine nicht nur für seine Lebensführung, sondern seine künstlerische Konzeption bezeichnende Haltung.
Cézannes Motivrepertoire will, gerade in den Jahren um 1870, von dem Edouard Manets offensichtlich verschieden sein. Er meidet in seinen Stilleben um 1870 Damastdecken und Austern nicht etwa, weil sie ihm nicht zur Verfügung standen oder gar kulinarischen Vorlieben widerstrebten, sondern weil er sie und die mit ihnen verknüpfbaren Attribute zu Recht mit jener der gewählten Lebensführung eng und bewußt verbundenen, künstlerischen Haltung Manets gleichsetzte. Diese, das wird vor allem im *Stilleben mit Muschel und schwarzer Uhr* deutlich, lehnte er ab.

Ein Bild für Zola – Das *Stilleben mit Muschel und schwarzer Uhr*

Das *Stilleben mit Muschel und schwarzer Uhr* (Abb. 13), in der Literatur in erster Linie unter formalen Aspekten betrachtet, ist eine der inhaltlich komplexesten Arbeiten Cézannes.[44]
Von einer nicht näher definierten Standfläche, die man aufgrund ihrer geringen Tiefe am ehesten als Sims bezeichnen könnte, hängt ein gestärktes weißes Tuch in drei starren Vertikalfalten hinab. Es nimmt fast die gesamte untere Bildhälfte ein. Wie überall im Bild wird das Weiß hier mit Grauabstufungen schattiert. Auf dem Sims reiht sich in Blickhöhe des Betrachters eine Ansammlung disparater Gegenstände: Links liegt eine sehr große, rosa-gelblich gezackte Muschel mit leuchtend roter Öffnung, neben ihr steht eine weiße Tasse mit Untertasse, schräg dahinter eine hohe Kristallvase, die sich in Form eines Blütenkelchs öffnet. Vor der Vase liegt in den Falten des hochgeworfenen Tuches eine Zitrone. Rechts schließt eine eckige schwarze Uhr, deren rundes weißes Zifferblatt zeigerlos ist und von einem gelben Ring umfangen wird, die Reihe ab. Vor ihr steht ein flaches, gemustertes Tintenfaß. Auf der Uhr sieht man den Fuß einer rosa-ockerfarbenen Büste, die ebenso wie die Uhr in einem dahinter befindlichen, nur als Ausschnitt erkennbaren Spiegel reflektiert wird. Die Farbe der Spiegelfläche, ein mit nur wenig Grau gedämpftes, dunkles Blaugrün, wiederholt sich auf der linken Bildseite. Hier wird eine blaugrüne Fläche von der rechten gelblichen Rahmenkante des Spiegels, einer schmalen, grauen Wandzone und einer ebenso wie manche Muschelzacken geschwungenen, weißlich-grauen Rahmenleiste begrenzt. Im rechten unteren Bildteil sieht man, neben den Falten des

13 *Stilleben mit Muschel und schwarzer Uhr*
Um 1870

Tuches und unterhalb einer nur vage angegebenen Vorderkante des Simses, eine räumlich nicht definierte, graue Zone.

Der farbliche Eindruck des Bildes wird bestimmt durch den Kontrast der leuchtend gelb-rosa-roten Muschel zum tiefen Schwarz der Uhr, akzentuiert durch die schimmernden Blaugrüntöne des Hintergrundes. Seine Flächigkeit korrespondiert mit der des Tuches, das trotz seiner kräftigen Falten kaum Tiefe gewinnt. Die Farbe wurde mit breiten, weichen Strichen aufgetragen und nur wenig vertrieben. Lockere, gebogene Schwünge bezeichnen die Zacken von Muschel und Rahmenleiste; summarisch sind die Kanten der Kristallvase mit Weiß gehöht und die Muster des Tintenfasses angegeben. Das herabhängende Tuch ist mit breiten, meist vertikal verlaufenden Pinselzügen gemalt; eine exakte Konturierung, etwa der Faltenkante, war dabei nicht Cézannes Absicht, was an anderen Stellen auch das Übermalen zuvor gezogener, schwarzer Konturlinien mit der Lokalfarbe des jeweiligen Gegenstandes zeigt.

Die Gegenstände scheinen in keinem funktionalen Zusammenhang zueinander zu stehen. Trotz Tasse, Zitrone und Tuch zeigt das Bild keine gedeckte Tafel. Die zwischen Betrachter und Bild aufgerichteten, überhohen und starren Tuchfalten signalisieren auch formal, daß keine Benutzung der Dinge vorgesehen ist. Der Anmutung eines dekorativen Arrangements auf einem Kaminsims, auf welches Uhr und Spiegel hinweisen könnten, wird wiederum durch Tasse und Zitrone widersprochen.

Muscheln können, aufgrund ihrer morphologischen Ähnlichkeit mit der Vulva, symbolische Bedeutung für das Weibliche und Erotische haben.[45] Diese Ähnlichkeit wird in Cézannes Bild keineswegs unterdrückt. In der Gegenüberstellung der Riesenmuschel mit ihren roten Lippen und der schwarzen, keine Zeit mehr anzeigenden Uhr vor einem Spiegel könnte man so eine Thematisierung von Liebe und Zeit(losigkeit), möglicherweise auch der Vanitas interpretieren. Doch wird einer solch symbolischen Deutung durch die übrigen Gegenstände widersprochen, die sich nicht in diese Thematik einfügen lassen.[46]

Die Bedeutung des *Stilleben mit Muschel und schwarzer Uhr* erschließt sich über die Identifizierung einiger dieser für Cézanne so wenig charakteristischen, nie mehr in anderen Stilleben gezeigten Gegenstände. Die schwarze Uhr ist ein schlichtes Modell, wie sie Mitte des 19. Jahrhunderts auch in der Provence hergestellt wurde.[47] Von den überladenen Pendulen, die dem Geschmack des Deuxième Empire entsprachen, unterscheidet sie sich deutlich. Die Uhr gehörte Cézannes Freund Emile Zola und war ein Erbstück seines Vaters.[48] Bereits im Hintergrund des um 1869 entstandenen Bildes *Die Lektüre: Zola und Alexis* steht sie auf einem Kaminsims. Man sieht sie auch dort zusammen mit jener Büste, deren Fuß vermutlich im Stilleben von 1870 zu sehen ist.[49] Das Tintenfaß, ein im beliebten japonistischen Stil bemaltes Stück aus französischer Herstellung, gehörte ebenfalls Emile Zola.[50] Die Kristallvase, wahrscheinlich das Produkt einer Pariser Manufaktur, und vor allem die extravagante, übergroße Muschel, ein Exemplar der Gattung Strombus gigas, sind Gegenstände, die Cézanne nur in diesem Bild darstellt. Eher als bei Cézanne kann man sie im Besitz Zolas vermuten, der für sein Interesse an prächtigen und exotischen Sammelsurien bekannt war.[51] Ähnliche Muscheln kommen im Louvre auf flämischen Darstellungen von Wunderkammern

vor[52], so daß man, da sich nicht mehr feststellen läßt, ob Zola das Objekt tatsächlich besaß[53], zumindest eine Anspielung Cézannes auf die Marotte seines Freundes vermuten darf. Mehrere Exemplare dieser Spezies konnte er im 1838 gegründeten Musée d'Histoire Naturelle in Aix-en-Provence, vielleicht gemeinsam mit Zola, gesehen haben.[54] Das Motiv des gestärkten, weißen Tuchs mit den auffälligen vertikalen Falten ist vielleicht von Chardins repräsentativstem Stilleben im Louvre, *Das Buffet*, inspiriert, das ein Tuch mit ähnlich strengem Faltenwurf zeigt, auch dort durch eine nachlässig hochgeworfene Tuchecke akzentuiert.[55]
Vor dem Hintergrund der zeitgenössischen Milieutheorie, mit der gerade Zola bestens vertraut war, und der geläufigen Deutung von Stillebengegenständen als Zeichen für einen bestimmten Typus oder eine bestimmte Person wird offensichtlich, daß die Bedeutung des *Stilleben mit Muschel und schwarzer Uhr* nicht primär auf einer symbolischen Ebene zu suchen ist. Die Gegenstände sind vor allem bezeichnend für Emile Zola, dem sie gehörten oder auf den sie Bezug nehmen. Es wäre möglich, daß sich Cézanne in der Wahl der Motive auch auf den Lebensstil seines Freundes bezog, der in diesem Jahr heiratete und einen bürgerlichen Hausstand gründete. Allerdings ist keiner der Gegenstände, ausgenommen vielleicht die Kristallvase[56], repräsentativ für jenes Milieu. Wieder fehlen, wie schon im zeitgleichen *Stilleben mit grünem Topf und Zinnkanne*, Hinweise auf Ambiente und Situation. Subtil verdeutlicht die zeigerlose Uhr Cézannes bewußte Ausgrenzung der Funktionalität von Gegenständen und damit eines narrativen Zusammenhangs. Ebenso fehlt, abgesehen vielleicht vom Tintenfaß, jeder Hinweis auf die öffentliche Person Zolas, den mittlerweile bekannt gewordenen Autor. Trotz des Arrangements über dem sockelartigen Tischtuch erfüllt das Bild damit nicht die Funktion einer Hommage an den Schriftsteller. Den Dingen fehlt jeder Reliktcharakter, der Zusammenstellung jedes anekdotische Moment, welches Außenstehenden eine psychologisierende Deutung bezüglich der Persönlichkeit Zolas ermöglichen würde. Ebenso wie im *Stilleben mit grünem Topf und Zinnkanne* wird die öffentliche Bedeutsamkeit der Darstellung weitgehend zurückgenommen. Gegenstände und Zusammenstellung haben ihre Bedeutung damit wahrscheinlich im privaten Kontext.[57]
Das Bild war, wie das Fehlen einer Signatur vermuten läßt, nicht für die öffentliche Präsentation im Salon bestimmt[58], sondern für Zola, den persönlichen Adressaten. Es befand sich in Zolas Besitz, wurde, wie die gewählten Gegenstände zeigen, mit hoher Wahrscheinlichkeit eigens für ihn gemalt und ihm von Cézanne zum Geschenk gemacht. Stilleben als Zeichen der Freundschaft oder des Dankes an Freunde oder Kritiker zu schenken, war in der zweiten Hälfte des 19. Jahrhunderts verbreitet, wie Beispiele bei Courbet, Boudin, Manet und auch Cézanne zeigen.[59] Cézannes *Ofen im Atelier*, Manifest gemeinsamer Bohèmejahre, gehörte Zola.[60] Manet schenkte Kritikern, die seine Malerei, inbesondere seine Stilleben, würdigten, ganz gezielt kleine Bilder mit Pfingstrosen, in welchen die von jenen gerühmten Eigenschaften seiner Kunst besonders hervortraten.[61] Ein Stilleben Manets aber ist in ganz ähnlicher Weise wie Cézannes Bild für einen bestimmten Adressaten aus den für diesen bedeutsamen Gegenständen zusammengestellt. Auch dieses Bild offenbart seine eigentliche Bedeutung vor allem in dem privaten Kontext, für den und aus dem heraus es gemalt wurde. Im *Veilchenstrauß*, den Manet

Berthe Morisot 1872 schenkte, weisen die dargestellten Gegenstände, ein Bund Veilchen, ein Fächer und ein Briefchen, nicht nur als Sinnbilder weiblicher Eleganz auf eine Dame hin, sondern beziehen sich speziell auf Berthe Morisot.[62] Sie trug Veilchen, als Manet sie portraitierte, wurde mehrmals von ihm mit einem Fächer gezeigt, an sie ist der Brief, zugleich Widmung des Bildes, gerichtet.[63] Es ist wahrscheinlich, daß sich die private, weitergehende Bedeutung des Bildes bereits der damaligen Öffentlichkeit entziehen sollte.
Bei Manet, deutlicher allerdings bei Cézanne, zeigen diese Stilleben durch die Zurücknahme der allgemeinen Lesbarkeit eine Privatisierung, und damit im Grunde die Auflösung einer allgemein verbindlichen Ikonographie. Dies bedeutet eine radikale Weiterführung der Personalisierung älterer Stillebenformen, wie sie für viele Stilleben Mitte des 19. Jahrhunderts bezeichnend war, und zugleich eine deutliche Absage an deren Typik und Anekdotik.
Doch das *Stilleben mit Muschel und schwarzer Uhr* ist kein reines Zeichen der Freundschaft für Zola, sondern als solches in seiner Aussage doppelbödig. Es richtet sich an den Freund, der als Kritiker vor allem Manet verteidigte, und an den Besitzer von Manets 1868 entstandenem *Portrait Emile Zola* (Abb. 14).[64] Dieses Portrait, das Zola als eines der besten Bilder Manets bezeichnete, konnte Cézanne in Zolas Haus stets sehen.[65]
Manet malte es 1868, zwei Jahre nachdem Zola ihn zum ersten Mal in einer kunstkritischen Schrift gewürdigt hatte, kaum ein Jahr nach dem Erscheinen der engagierten Verteidigung seines Werks. Er wählt die traditionelle Form des Portraits mit Attributen und zeigt Zola als sitzende Ganzfigur im schwarzen Jackett. Der Portraitierte ist umgeben von einem in japanischer Manier bemalten Paravent, einem in der Art eines Quodlibet bestückten Rahmen mit mehreren Abbildungen und einem Tisch mit Büchern und Stillebengegenständen, darunter ein Tintenfaß. Diese scheinbaren Attribute beziehen sich aber nicht primär auf Zola, sondern, wie bereits nachgewiesen wurde, in erster Linie auf das Kunstverständnis Manets: Der Paravent, ein japanischer Druck, eine Kopie nach Velázquez' *Bacchus*, ein Band der *Histoire des peintres de toutes les écoles* von Charles Blanc bezeichnen Inspirationsquellen seiner Malerei.[66] Einige Dinge verweisen auf die Verbindung zwischen Maler und Kritiker: die Broschüre Zolas von 1867, in der er Manets Kunst verteidigt, und eine Reproduktion der *Olympia*, die in dieser Schrift als Hauptwerk Manets herausgestellt wird. Vielleicht als Anspielung darauf lächelt *Olympia* aus dem Bild-im-Bild Zola zu, anstatt wie im Original den Betrachter zu fixieren.
Damit bezieht sich das Bild auf Zolas öffentliche Rolle als Kritiker und Verteidiger Manets, führt aber vor allem reflexiv und programmatisch die Anknüpfungspunkte von Manets eigener Malerei vor. So entstand das Portrait auch nicht in Zolas Arbeitsraum, sondern im Atelier Manets. »Manet malt mein Portrait für den Salon... ich finde mich also jeden Nachmittag in seinem Atelier ein«, berichtet Zola in einem Brief 1868 und beschreibt damit auch schon die wesentliche Funktion dieses für den öffentlichen Anlaß konzipierten Bildes, das Manet ihm später zum Geschenk machte.[67]
Cézanne verwendet im *Stilleben mit Muschel und schwarzer Uhr* ein ähnliches oder dasselbe Tintenfaß wie Manet in seinem Portrait – dort vielleicht der einzig wirklich persönliche Gegenstand Zolas. Die Zitrone ist in Cézannes Bildern vor 1890 sehr selten, bei Manet jedoch ein geradezu emblematisches

14 Edouard Manet
Portrait Emile Zola
1868

Motiv zahlreicher Portraits und Stilleben.[69] Manet präsentiert sie auch in *Das Frühstück im Atelier* von 1868 zusammen mit einer schlichten Tasse und Untertasse, ähnlich jener, die Cézannes *Stilleben mit Muschel und schwarzer Uhr* zeigt.

Auch die für ein Stilleben Cézannes ungewöhnliche Gestaltung des Hintergrundes, seine Ausschnitthaftigkeit und Aufteilung in mehrere Bereiche, die vage Andeutung eines Bildes im Bild durch die Rahmenleiste und die Darstellung eines Spiegels sind Bildformeln, die Manet nicht in Stilleben, häufig aber in Figurenbildern und Portraits verwendet. Einige solcher Beispiele kannte Cézanne aus den Ausstellungen des Salon – die *Olympia*, *Das Frühstück im Atelier*; andere kann er bei Besuchen in Manets Atelier gesehen haben; das *Portrait Emile Zola* mit seinem vielteiligen Hintergrund hing bei Zola im Haus. Mehrere der im *Stilleben mit Muschel und schwarzer Uhr* gezeigten Gegenstände wurden damit von Cézanne offenbar gezielt in Hinblick auf Manet, genauer, dessen Portrait von Zola gewählt.

Wie schon das *Stilleben mit grünem Topf und Zinnkanne* zeigt auch das *Stilleben mit Muschel und schwarzer Uhr* den formalen Einfluß Manets. Auch wenn bei Cézanne der Kontrast zwischen dunklen und leuchtenden Farben stärker ist, ähnelt die juwelenhafte Farbigkeit mancher Töne vor dem bläulichen Hintergrund dem Kolorit Manets. Die Verwendung von Schwarz als Lokalfarbe ist ebenso charakteristisch für Manet wie die subtilen, von einem weißlichen Grau über Ocker in Rosatöne übergehenden Farbnuancen der Muschel, die hellen Grauabstufungen des Weiß und das glänzende Gelb. Zwar ist der Farbauftrag Cézannes weniger geschmeidig, in manchen Partien dichter und schwerer geschichtet als der Manets, doch erinnert er an vielen Stellen an dessen Duktus: Die Zacken der Vase und der Muschel sind mit lockeren Schwüngen bezeichnet, in den Falten des weißen Tuches wird das Spiel des Pinsels sichtbar.

Die Komposition jedoch, mit der harten Faltenbarriere des Tuches und der Aufreihung der Gegenstände auf dem hohen Sims, ist wuchtiger als in jedem Stilleben Manets. Dem Betrachter in Blickhöhe gegenüberstehend, wirken Cézannes Gegenstände eindringlicher und rätselhafter, unmittelbarer präsent und zugleich unberührbarer als die von oben betrachteten, ›verfügbaren‹ Stillebenobjekte Manets. Dieses vis-à-vis ist im Portrait üblich, für ein Stilleben jedoch ungewöhnlich.

Die formalen und motivischen Übernahmen und Anspielungen auf Bilder Manets, insbesondere sein *Portrait Emile Zola* (Abb. 14), machen es wahrscheinlich, daß Cézanne im *Stilleben mit Muschel und schwarzer Uhr* auf dieses knapp zwei Jahre zuvor entstandene Bildnis antwortet. Statt scheinbarer Attribute stellt Cézanne persönliche Gegenstände Zolas dar, statt allgemein lesbarer Zeichen verwendet er eine private Motivsprache, statt für eine öffentliche Präsentation und Manifestation ist das Bild für einen privaten Kontext bestimmt. Auf das Portrait, das wegen des spürbar distanzierten, betont objektiven Blicks von Edouard Manet auf sein Modell schon seinerzeit als »Stilleben« empfunden wurde[70], antwortet Cézanne mit einem eindringlichen Stilleben, dessen Beschreibung immer wieder auf physiognomische Vergleiche zurückgreifen läßt.[71] Die in dieser Antwort verborgene Programmatik, das Ausspielen des Persönlichen, Privaten und emotional Unmittelbaren gegen die Distanz des Öffentlichen, steht im Zusammenhang

15 *Eine moderne Olympia*
Um 1869/70

einer die Stilleben wie die Figurenbilder betreffenden Auseinandersetzung Cézannes mit der künstlerischen Haltung und Sehweise Manets.
Mehrmals im Zeitraum um 1870 reagiert Cézanne auf Arbeiten Manets, indem er dessen Themen in Figurenbildern aufgreift und offenbar gezielt inhaltlich umdeutet. In seiner Darstellung der *Olympia* von etwa 1869/70 (Abb. 15) vergröbert Cézanne die malerische Form ebenso wie die Körperformen der Dargestellten, malt mit dicken Strichen, schwarzen Konturen und schweren Schatten eine sehr üppige, zusammengekauerte Dame. Das theatralische Interieur wird von einem schweren Vorhang und einer wulstig verzierten Vase mit Blumenbusch gerahmt; auf dem von einer knienden, nackten Figur gestützten Tisch steht ein Stilleben mit Obst und Wein. Die schwarze Dienerin im Hintergrund ist, anders als bei Manet, ebenfalls zur Hälfte nackt. Wie eine Erscheinung oder ein Bild liegt die Frau auf weißen Laken vor den Augen des Mannes Cézanne. Dieser setzt sich selbst auf einem Diwan im Vordergrund als Betrachter ins Bild. Er zeigt sich auch hier, ebenso wie in seiner Fassung des *Frühstück im Grünen* und in *Pastorale*, als involviert und beteiligt.
Eine zweite, weit exquisiter gemalte Fassung dieser Szene von 1873/74 trug auf der ersten Ausstellung der Impressionisten 1874 den Titel *Eine moderne Olympia*.[72] Auch wenn für das frühe Bild dieser Titel noch nicht verbürgt ist, so zielt es doch ebenfalls auf eine Überwindung der Manetschen Haltung. Man kann zunächst annehmen, daß Cézanne die Modernität seiner Darstellung in der ironisierenden und theatralischen Übertreibung, dem noch frecheren Umgang mit historischen Vorbildern sah. Doch ist eine andere Bedeutung wichtiger. Der Unverbindlichkeit des Malers und der Öffentlichkeit von Blick und Gegenblick in Manets *Olympia* begegnet Cézanne in *Eine moderne Olympia* mit seiner persönlichen Beteiligung und subjektiven Vorstellungswelt. Als ›modern‹ wird von Cézanne nicht die Haltung des physisch unbeteiligten Malers mit dem distanziert beobachtenden Blick definiert, die im Sinne Baudelaires als modern galt. Genau diese Haltung nahm Manet in der Rolle des Dandy und ›Flaneur‹ ein.[73] »Er beobachtet so genau, als könnte ihm alles Gesehene ohne eigenes Zutun eine Geschichte erzählen ...«[74] Voraussetzung dieser Rolle ist Detachement: »... der wirkliche ›flâneur‹, der beobachtet und reflektiert, anstatt sich selbst einzumischen, er hat sich stets in der Kontrolle.«[75]
Bei Cézanne hingegen wird Sehen als subjektiver, fast imaginativer Akt des persönlich beteiligten Malers gezeigt; die Wahrung von Distanz und neutraler Betrachtungsweise wollen seine Bilder nicht vermitteln. Kontrolle der Emotionen ist nicht Ausgangspunkt seiner Kunst und soll es, so zeigen diese Bilder, auch nicht sein. Indem Cézanne die Unmittelbarkeit, das pointiert Persönliche, Emotionale und Subjektive betont und als Überwindung der Haltung Manets vermutlich sogar als ›modern‹ ansieht, beruft er sich noch einmal auf eine Konzeption von Kunst und Künstler, deren Angel- und Ausgangspunkt die starke Persönlichkeit, das ›tempérament‹ ist. Diese Konzeption glaubt er mit Zola zu teilen, dem er das *Stilleben mit Muschel und schwarzer Uhr* übergibt – als persönlichere, aber auch modernere Form des Portraits mit Attributen und als programmatisches ›Stilleben anstelle eines Portraits‹.

Hommage an den Maler impressionistischer Landschaften – Das *Stilleben mit Suppenterrine*

Sieben Jahre später antwortet Cézanne ein zweites Mal mit einem Stilleben auf ein Portrait.

1874, während einer Zeit, in der Cézanne und er häufig nebeneinander in der Landschaft um Pontoise und Auvers-sur-l'Oise arbeiten, malt Camille Pissarro ein Portrait seines Freundes und Kollegen[76] (Abb. 16). Cézanne sitzt im Dreiviertelprofil als wuchtige Halbfigur im Bild. Er blickt schräg am Betrachter vorbei; die untere Hälfte seines Gesichtes ist unter einem dichten, dunklen Bart verborgen. Cézanne trägt einen schweren Mantel, Schal und eine Kappe mit Pelzbesatz. Hinter ihm an der Wand sieht man die Ausschnitte dreier Bilder-im-Bild. Links hängt eine Darstellung, auf der ein Mann ein Baby hochhebt. Darüber kann man das Wort *L'Eclipse* erkennen. Sie wurde als eine Karikatur André Gills aus dem Jahr 1872 identifiziert, auf der Adolphe Thiers, Kopf der provisorischen Regierung nach dem deutsch-französischen Krieg, ›La France‹ gerade von einem Baby in Form eines Geldsacks entbunden hat.[77] Dies bezieht sich auf die überraschend hohe Überzeichnung der Staatsanleihe für Reparationszahlungen durch die französische Bevölkerung. Rechts hinter Cézanne sieht man eine Karikatur, die bereits 1867 in der Zeitschrift *Le Hanneton* erschienen war. Gut erkennbar prostet Gustave Courbet, die Palette in der einen, den Bierseidel in der anderen Hand, Cézanne aus dem Hintergrund zu. Damit spielt Pissarro offensichtlich auf Manets *Portrait Emile Zola* an, wo ›Olympia‹ lächelnd auf Zola herabblickt.

Unter der Courbet-Karikatur hängt, von der Figur Cézannes halb verdeckt, ein ungerahmtes Landschaftsbild von Pissarro selbst, *La route de gisoirs. Maison du père Galien* von 1873.

In Mantel und Kappe wirkt Cézanne wie ein Besucher, der nur kurz im Atelier Platz genommen hat. Dies deutet an, daß es sich um das Atelier Pissarros handelt, was auch die Erinnerungen von Lucien Pissarro bestätigen.[78] Doch wird Cézanne durch den derben, robusten Mantel aus einem wenig geschmeidigen Stoff ebenso charakterisiert wie durch die blockhafte Darstellung seines Oberkörpers. Nicht städtische Eleganz wird hier gezeigt, sondern eine Parallele zu Courbet, dem mit der Provinz verbundenen ›peintre-ouvrier‹, gezogen, der auf der Karikatur ebenfalls einen mantelartigen Kittel trägt.

Auch wenn sich die Abbildungen im Hintergrund tatsächlich in Pissarros Atelier befanden, so sind sie doch, dies hat Theodore Reff untersucht, beziehungsvoll um Cézanne gruppiert.[79] Courbet war für Cézanne auch um 1874 ein wichtiger künstlerischer Bezugspunkt, wie schon seine und Pissarros neuerliche Anwendung der Palettmessertechnik um 1875 zeigt.[80] Aber auch auf das von Courbet ebenso wie von Pissarro und Cézanne geteilte Desinteresse an den Themen der städtischen Vergnügungen und eleganten Lebensart spielt Pissarro hier vermutlich an. Bei ihm selbst war diese Haltung auch politisch motiviert, während über Cézannes politische Auffassung in jenen Jahren nur Vermutungen angestellt werden können. Ein Bezug zwischen der links im Bild befindlichen Karikatur und Cézanne kann daher weder eindeutig hergestellt noch aber ausgeschlossen werden. Seine Freude an der Karikatur ist jedoch mehrfach belegt.[81] Das Zitat eines Landschaftsbildes von Pissarro schließlich muß als Hinweis auf das gemeinsame Arbeiten vor der Natur und Pissarros Einfluß auf Cézannes Kunst gewertet werden. 1872 hatte sich Cézanne Pissarro in Pontoise angeschlossen, auch mit der Absicht, dessen Maltechnik zu erlernen.[82]

Pissarros Portrait von Cézanne ist zugleich eine psychologische Charakterisierung des Malers und eine Darstellung seiner, aber auch gemeinsamer künstlerischer Bezugspunkte. Doch zeigt Pissarro nicht nur, durch das Zitat des Landschaftsbildes, seinen Einfluß auf Cézannes Malerei, sondern auch umgekehrt den Einfluß Cézannes auf ihn. Wie bereits festgestellt wurde, ähnelt Pissarros Stil in diesem Bildnis mehr dem dichten, körnigen und summarischen Farbauftrag der Bilder Cézannes um 1874 als dem eigenen meist leichteren, kleinteiligeren Duktus. Nicht nur der zuprostende Courbet, sondern auch Pissarro erweist so Cézanne seine Anerkennung. Das Portrait kann damit als eine Hommage an Cézanne gesehen werden, die in der Formulierung künstlerischer Gemeinsamkeiten zugleich Züge eines Freundschaftsbildes trägt.

1877 kehrt Cézanne, nach längeren Aufenthalten in Aix und Paris, noch einmal nach Auvers-sur-l'Oise zurück und steht wiederum in engem Kontakt zu Pissarro. Vermutlich in diesem Jahr malt er in dessen Atelier das *Stilleben mit Suppenterrine* (Abb. 17).[83]

Im Vordergrund des Bildes stehen eine bemalte Suppenterrine, eine schwarze Flasche und ein Henkelkorb mit Äpfeln auf einem Tisch, dessen Platte völlig mit einem roten, bunt gemusterten Tuch bedeckt ist. Ganz vorne liegen lose zwei gelbe Äpfel. Auf der hellen, bläulich-weißen Wand unmittelbar hinter dem Stilleben befinden sich einige ungerahmte Leinwände. Oben in der Mitte sieht man den unteren Teil eines Bildes mit Hühnern oder Gänsen. Pissarro malte dieses Motiv um 1877 mehrfach.[84] Die rechte untere Ecke dieser offenbar nicht aufgespannten Leinwand löst sich leicht von der Wand. Darunter sieht man eine gelb-orangefarbene Zone, möglicherweise ein weiteres Bild, dessen Farbe mit den Äpfeln auf dem Tisch korrespondiert. Ganz rechts oben, jenseits eines hellgrauen, vertikalen Streifens, läßt die Ecke eines weiteren Bildes-im-Bild, vermutlich eine der von Pissarro häufig gemalten Dorfstraßen, wiederum keine eindeutige Identifizierung des Originals zu. Darunter befindet sich eine sonderbar amorphe, rosa-bläuliche Schattenzone. Ganz links jedoch erkennt man deutlich, nur wenig vom Bildrand überschnitten und klar ausgeführt, wiederum Pissarros *Route de gisoirs. La maison du Père Galien*, dessen Ausschnitt bereits im Hintergrund von Pissarros Cézanne-Portrait zu sehen war. Mit diesem Bildzitat bezieht sich Cézanne eindeutig auf das Portrait von 1874, das immer noch in Pissarros Atelier hing.[85] Er schenkte Pissarro das *Stilleben mit Suppenterrine* als Antwort auf das Portrait – und als Formulierung einer neuen Position.

Während sich die Bilder im Hintergrund des *Stilleben mit Suppenterrine* auf Pissarros Malerei beziehen lassen, bleibt die Zuordnung der Stillebengegenstände zunächst weniger eindeutig. Bei der weißen Fayenceterrine handelt es sich um ein Teil aus einem rustikalen Eßgeschirr, dessen Dekor auf bretonische Herkunft hinweist.[86] Da sie in Cézannes Werk nur hier auftaucht und er, im Gegensatz zu Pissarro, zuvor nie in der Bretagne war, kann man annehmen, daß es sich um ein Stück aus dem Haushalt Pissarros handelt.[87] Dieser hat die Terrine jedoch selber nie in einem Bild gezeigt. Sie ähnelt vielmehr

16 Camille Pissarro
Portrait Paul Cézanne
1874

einigen für Cézannes Stilleben charakteristischen Gegenständen, wie der bemalten Zuckerdose aus dem kleinen Stilleben von 1866 und einer Tasse aus mehreren Bildern von etwa 1874[88], die einem ähnlich schön bemalten, doch rustikalen Geschirr aus einer Provinzmanufaktur entstammen.[89] Das dunkelrote Tischtuch mit dem nur angedeuteten floralen Muster weist eine Parallele zu den ›tapezierten‹ Hintergründen in Arbeiten Pissarros, aber vor allem Cézannes aus den siebziger Jahren auf.[90] Eher charakteristisch für Cézannes Stillebenmalerei ist neben den Äpfeln im Korb und der schwarzen Weinflasche auch die Zusammenstellung der Gegenstände, die auf keinerlei Handlung schließen läßt, mithin die durch die Leinwände im Hintergrund nun ganz offensichtliche Ateliersituation. Damit entsprechen die Gegenstände sowohl Cézannes wie Pissarros Wahl von Motiven aus einem eher ländlich-einfachen als städtisch-eleganten Bereich und bezeichnen so, ohne im geringsten pittoresk zu sein, gemeinsame Themen und künstlerische Standpunkte.

Vergleicht man das *Stilleben mit Suppenterrine* mit Pissarros *Portrait Paul Cézanne* (Abb. 16) von 1874, ergibt sich ein vertauschter Aufbau. Das Gegenstandsensemble im Vordergrund des *Stilleben mit Suppenterrine* erhält eine ähnliche Bedeutung wie die Bilder und Karikaturen im Hintergrund des Portraits von 1874, da es sich auf Cézannes Malerei ebenso wie auf Gemeinsamkeiten in der künstlerischen Haltung und der damit verbundenen Motivwahl beider Maler beziehen läßt. Umgekehrt verweisen die Bilder im Hintergrund des Stillebens nun deutlich auf Pissarro und übernehmen damit weitgehend die Funktion, welche im *Portrait Paul Cézanne* die dargestellte Person hatte.

Auch Cézanne betont den Einfluß der Kunst Pissarros auf sein Werk über die Malweise. Sein Stilleben weist stilistische Merkmale der impressionistischen Technik auf, deren Grundzüge er von Pissarro übernommen hatte. Das Bild zeigt, obschon ein Interieurmotiv, die bläulichen Schatten und vor allem die vom Duktus aufgelösten Konturen, welche Pissarros Pleinair-Malerei charakterisieren. Dabei sind die Bildzitate im Hintergrund zwar summarischer und wie unter dem Einfluß der Luftperspektive etwas bläulicher wiedergegeben als die Gegenstände im Vordergrund, ein grundsätzlicher stilistischer Unterschied besteht jedoch nicht. Cézanne setzt der Malweise Pissarros keine völlig andersgeartetete, eigene entgegen, sondern zeigt seine Rezeption impressionistischer Stilmittel und deren Hintergrund, die Lehre Pissarros. Als Antwort auf das Portrait ist auch Cézannes Bild eine Hommage, die Züge eines Freundschaftsbildes in der Darstellung gemeinsamer Positionen trägt.

Doch in der Wahl eines Hommage-Stillebens anstelle einer Portrait-Hommage zeigt sich ein Wandel in Cézannes Auffassung von Kunst und Künstler. Pissarro stellt die Person und Persönlichkeit Cézannes in den Mittelpunkt seiner Hommage. Cézanne zollt allein der Malerei Pissarros seinen Tribut, indem er statt des Mannes dessen Bilder zeigt. Und auch nicht er selbst ist im Bild präsent, gezeigt werden charakteristische Gegenstände seiner Stillebenmalerei.

In Cézannes *Stilleben mit Suppenterrine* verbinden sich zwei eng miteinander verflochtene, hier notwendigerweise nur kurz skizzierte Entwicklungslinien der Hommage-Darstellungen. 1864 malt Henri Fantin-Latour sein bekanntes Bild *Hommage an Delacroix*.[91] Im Mittelpunkt der versammelten Künstler-

17 *Stilleben mit Suppenterrine*
Um 1877

runde steht ein Selbstportrait des Romantikers auf einer Staffelei. Sechs Jahre später zeigt Fantin-Latour im Salon von 1870 *Ein Atelier in Batignolles*.[92] In dieser Hommage an Manet schaut eine Gruppe von Künstlern und Literaten Edouard Manet in dessen Atelier beim Malen über die Schulter. Das Bild auf der Staffelei ist, da es mit der Rückseite zum Betrachter steht, nicht erkennbar. Einige Atelierrequisiten und der Ausschnitt eines Bildes-im-Bild sind an der linken Seite zu einem Stilleben zusammengestellt. In der *Hommage an Delacroix* steht noch die Künstlerpersönlichkeit des Genies Delacroix als Mittelpunkt der Verehrung im Bild. In *Ein Atelier in Batignolles* zeigt Fantin-Latour Manet malend vor seinem Werk. In dieser Verknüpfung von Hommage und Atelierbild sieht Siegfried Gohr einen Schritt in der Entwicklung weg »vom Kult des Künstlers«, die »Vorbereitung einer Objektivierung des Schaffensprozesses vom Genie zum Werk.«[93] Die unterschiedliche Betitelung der Werke zeigt, daß sich auch Fantin-Latour dieses Entwicklungsschritts, der die unterschiedlichen Auffassungen der beiden Künstler und ihrer Epochen reflektiert, bewußt war, und daß er das anspielungsreich auf Manets Kunst verweisende Stilleben am linken Bildrand nicht zufällig integrierte.[94] Denn die, im engeren Wortsinn, Versachlichung oder Objektivierung der romantischen, anthropozentrischen Geniekonzeption zeigt sich auch in der auf der positivistischen Milieutheorie basierenden Tendenz, anstelle der Künstlerpersönlichkeit deren Gegenstände und Werke im Atelier darzustellen, mithin anstelle des Portraits ein Stilleben.[95]

Schon Philippe Rousseaus *Chardin und seine Modelle* (Abb. 10) geht über die in der romantischen und realistischen Kunst beliebten Darstellungen des Malers in seinem Atelier, umgeben von Werken und sprechenden Requisiten, hinaus. Doch will Rousseau auf die Physiognomie des Künstlers noch nicht verzichten und wählt eine modifizierte Form des Portraits mit Attributen. Aber er zeigt bereits ein Selbstportrait Chardins und umgibt es nicht mit Pseudo-Attributen, sondern mit jenen Stillebengegenständen, die den Charakter der Bilder Chardins prägen. Rousseaus Bild ist eine personalisierte Form der auch im 19. Jahrhundert beliebten ›Attributs des Arts‹, ein ›Attributs d'Artiste‹, und zugleich ein Schritt in der Versachlichung der Hommage-Darstellung. Cézannes *Stilleben mit Gipsmedaillon* von etwa 1872/73 (Abb. 18), das ebenfalls ein Portraitmedaillon seines Bildhauerfreundes Solari, umgeben von unterschiedlichen Gegenständen, zeigt, weist darauf hin, daß ihm dieser Bildtypus der Stilleben-Hommage mit Portraitbild vertraut war.[96]

Explizit auf das Werk eines Malers, ohne Umweg über dessen physiognomische Darstellung und ohne ein Milieu zu evozieren, bezieht sich schließlich Auguste Renoir in seinem *Stilleben mit Blumenbouquet* von 1871. Das Bild wurde schlüssig als eine Hommage an Manet interpretiert.[97] Es zeigt an der Wand einen gerahmten Druck Manets nach den sogenannten *Petits cavaliers* von Velázquez, auf einem Tisch darunter ein Ensemble von Gegenständen, die sich auf Manets Kunst beziehen lassen, etwa ein Blumenbouquet, das an jenes aus der *Olympia* erinnert, oder die gleichen Bildbände wie im *Portrait Emile Zola*.

Wie in Renoirs Bild verbinden sich auch in Cézannes *Stilleben mit Suppenterrine* die beiden Entwicklungslinien der Hommagedarstellung: Nicht das Portrait des Künstlers wird gezeigt, sondern es wird auf sein Werk verwiesen.

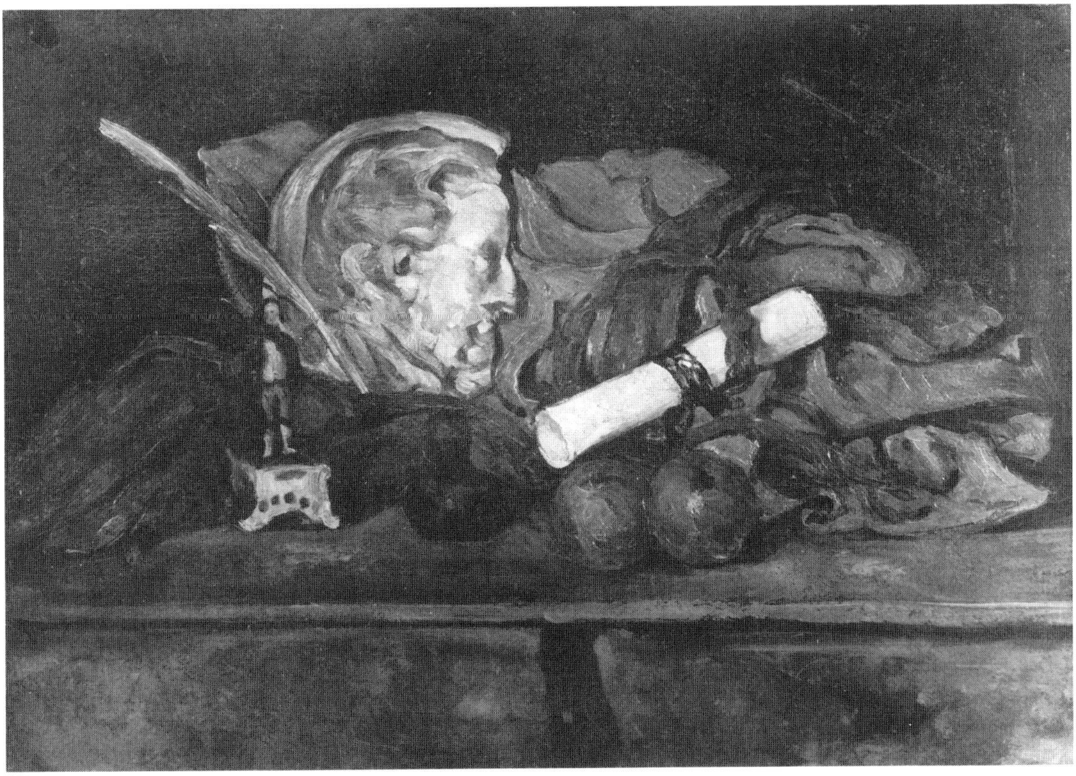

18 *Stilleben mit Gipsmedaillon*
Um 1872/73

Die zum Stilleben zusammengestellten Gegenstände evozieren nicht eine Person, im Sinne eines indirekten Portraits, sondern sie beziehen sich, schon in Cézannes Stilleben um 1870 schrittweise der kausalen Verbindung von Milieu-Persönlichkeit-Gegenstandswahl entzogen, zuallererst auf die Kunst. Dabei reflektiert Cézannes Freundschaftsbild mit dem gerade für ihn so charakteristischen Stillebenmotiv nicht nur Pissarros, sondern vor allem das eigene, veränderte Kunstverständnis. Während Cézanne noch im *Stilleben mit Muschel und schwarzer Uhr* dem Detachement Manets pointiert eine Kunstauffassung entgegensetzt, in der die Persönlichkeit des künstlerischen Genies dominieren soll – wenn auch bereits in Form eines Stillebens –, so zeigt er im *Stilleben mit Suppenterrine* definitiv sein Abrücken von jener anthropozentrisch-genialischen Konzeption. Er bringt in der Ausklammerung der Person, in der Verdinglichung die Objektivierung des Kunstbegriffs zum Ausdruck – seine Anerkennung der Kunst als eigenständiges System und damit als erlernbar und in systematischer Arbeit entwickelbar.
Diese Haltung, die zunächst zu einer konzentrierten Erforschung formaler Aspekte führt, prägt Cézannes Arbeiten ab Mitte der siebziger Jahre grundsätzlich – angelegt ist sie jedoch bereits in seiner Anfang der siebziger Jahre getroffenen Entscheidung, von Pissarro zu ›lernen‹.[98] Auch in diesem Sinne geht Cézannes Hommage über die Anerkennung eines rein stilistischen Einflusses deutlich hinaus. Cézanne lernte, wie er später sagte, von Pissarro das Arbeiten: »Bis zu meinem vierzigsten Lebensjahr habe ich ein Bohemedasein geführt und mein Leben verzettelt. Erst später, als ich den unermüdlichen Pissarro kennenlernte, habe ich Geschmack an der Arbeit bekommen.«[99] Mehr als dreißig Jahre später zollt Maurice Denis in seiner *Hommage an Cézanne* eben dieser im Stilleben zum Ausdruck gebrachten Objektivierung des Werkbegriffs, aber auch der hier von Cézanne in den folgenden Jahren erarbeiteten formalen Innovation seinen Tribut: Kompositorisch auf Fantin-Latours Hommage-Darstellungen bezugnehmend, stellt er in seinem Bild kein Portrait, sondern Cézannes Stilleben *Compotier mit Glas und Messer* von etwa 1879/81 in den Mittelpunkt einer verehrenden Künstlerrunde.[100]

EXPERIMENT: MALEREI – STILLEBEN 1873–1879/81

»En réaction perpétuelle contre l'art de son temps, sa forte individualité en tira l'aliment ou le prétexte de ses recherches de style.« (Maurice Denis)[1]

Zwischen 1873 und 1879/81 malte Cézanne neben circa neunzig Landschaften, dreißig Portraits und achtzig Figurenbildern beziehungsweise *Badenden* rund siebzig Stillebengemälde. Damit wird das ›genre mineur‹ in seinem Werk schon allein in der quantitativen Gewichtung zur gleichwertigen Gattung neben Landschaft und Figurenbild.[2] Den biographischen Beginn des hier zusammengefaßten Zeitraums markiert Cézannes Rückkehr aus L'Estaque nach Paris Ende 1871, sein Umzug mit Frau und Kind zunächst nach Pontoise 1872, dann nach Auvers-sur-l'Oise 1873.[3] In Pontoise und Auvers malte er von 1872 bis 1874, noch einmal 1877 und 1881 häufig gemeinsam mit Camille Pissarro, manchmal mit Armand Guillaumin vor der Natur. Er beteiligte sich 1874 an der ersten, drei Jahre später, 1877, an der dritten Ausstellung der Impressionisten[4] und verbrachte, trotz wiederholter Aufenthalte in Aix-en-Provence, den Großteil der Jahre bis 1883 in und bei Paris. Er stand in Kontakt mit zahlreichen Malern, darunter Renoir, Pissarro, Monet, Guillaumin und Gauguin, mit den Sammlern Gachet und Chocquet, mit den Schriftstellern Zola, Alexis, Duranty und Huysmans, mit dem Komponisten Cabaner, dem Karikaturisten Forain und besuchte um 1877 den bekannten Salon der Nina de Callias.[5]

Ikonographisch kennzeichnet das erstmalige Erscheinen des Blumenstücks bei Cézanne den Beginn der siebziger Jahre.[6] Hauptsächlich geprägt aber wird das Bild der Gattung Stilleben zwischen Mitte und Ende des Jahrzehnts zum einen durch eine Vielzahl kleiner Apfelstilleben, zum anderen durch die Verwendung wiederkehrender Leitmotive in den größeren Arbeiten, wie einer Milchkanne oder des sogenannten Compotier. Dies ermöglicht eine Gliederung des Stillebenœuvres in Motivgruppen, die zum Teil Bilder aus verschiedenen Entstehungsjahren umfassen. Zudem verbinden drei unterschiedlich gemusterte Tapetenhintergründe Arbeiten eines ähnlichen Entstehungszeitraumes, aber verschiedener Motivgruppen miteinander.

Die Tapeten wurden in der Forschung als ein Schlüssel zur zeitlichen Einordnung der ausnahmslos undatierten Stilleben betrachtet. Sie erscheinen im Hintergrund zweier Portraits von Hortense Fiquet, die, wie eine Untersuchung modischer Details der Kleidung ergab, etwa 1877 beziehungsweise 1879 entstanden sind.[7] Hypothetisch ordnet Lawrence Gowing die Tapeten einer Pariser Wohnung zu, die Cézanne 1877 für längere, 1879 noch einmal für kürzere Zeit bewohnte. Dabei datiert Gowing den Großteil jener Stilleben, die im Hintergrund eine Rautentapete zeigen, und eine umfangreiche Gruppe von Arbeiten mit einer Blättertapete auf 1877, eine kleine Anzahl von Bildern hingegen auf 1879. Basis für die Zuordnung der Bilder zu einem der beiden Zeiträume war die Untersuchung der Faktur.[8] Dabei sieht Gowing, wie ein Großteil der Forschung, das Bild *Compotier mit Glas und Messer* (Abb. 33) aus dem ehemaligen Besitz Paul Gauguins als End- und Höhepunkt der Stillebenentwicklung dieses Jahrzehnts an. Tatsächlich ist hier ein in parallelen Strichen organisierter Duktus fast im ganzen Bild verwirklicht.[9] Problematisch sind Gowings fixe Datierungen, weil somit kaum mehr Stilleben in den Jahren von 1880 bis 1883/84 entstanden wären. Andere Datierungen, welche die Tapeten weniger definitiv lokalisieren wollen, geben den Entstehungszeitraum der früheren Bilder daher mit 1877-79, den des *Compotier mit Glas und Messer* und formal ähnlicher Arbeiten mit 1879-81 an.[10] Nach diesem Zeitraum weist kein Stilleben mehr jenen betont geordneten Strich in weiten Teilen auf. Auch das Charakteristikum des durchgehend gemusterten Tapetenhintergrundes erscheint in den späten Bildern der Compotier-Gruppe zum letzten Mal.

Es ist angesichts der wiederkehrenden Leitmotive sinnvoll, die Stilleben der siebziger Jahre nicht als Einzelwerke, sondern im Rahmen einer Motivgruppe zu betrachten. Obwohl sich jede Datierungsmaßnahme bisher an den einzelnen Gruppen orientierte, wurde nach deren spezifischen, möglicherweise unterschiedlichen Funktionen und damit Bedeutungsinhalten nicht gefragt. Exemplarisch werden hier, neben Blumenstücken von etwa 1873/74, die beiden Extreme untersucht: klein- und kleinstformatige Stilleben, die sich fast ausschließlich auf die Darstellung weniger Äpfel beschränken und weitgehend im Zeitraum um 1877 entstanden sind; die Gruppe der fünf großformatigen, zwischen circa 1876 und 1879/81 entstandenen Stilleben mit Compotier, in denen das Prinzip der variablen Kombination einer begrenzten Menge von Motiven voll ausgespielt wird.

Die Motivwiederholung, das Arbeiten in Werkgruppen, Reihen, Variationen oder Serien ist ein in der Malerei des späten 19. Jahrhunderts weit verbreitetes Phänomen, wurde jedoch in den siebziger und achtziger Jahren des 19. Jahrhunderts noch kaum durch die Kritik kommentiert. Heutige Definitionen von ›Serie‹ oder ›Reihe‹ orientieren sich meist an seriellen Strukturen aktueller Kunst oder an der Architektursprache und können nur bedingt herangezogen werden. Cézannes Stilleben werden hier daher in erster Linie mit zeitgenössischen Beispielen verglichen, mit den nur wenige Jahre später entstandenen Studienreihen George Seurats und den 1877 gemalten und ausgestellten Variationen der *Gare St. Lazare* von Claude Monet.[11] So können die spezifischen Bedeutungsinhalte und Funktionen seiner Motivwiederholung besser erfaßt werden.

Stilleben nach Landschaftersart – Blumenstücke um 1874

Bereits in den späten sechziger Jahren und während seines Aufenthaltes in L'Estaque 1870/71 hatte Cézanne vereinzelt mit dem Malen von Landschaftsmotiven in der Natur begonnen.[12] Mitte 1872 schloß er sich Camille Pissarro an, der in jenen Jahren vor allem Landschaften in der Umgebung von Pontoise malte, nicht zuletzt, um von dessen Erfahrung in der Pleinair-Malerei zu lernen. Zu diesem Zweck kopierte er 1872 Pissarros Landschaftsbild *Louveciennes* von 1871 und wandte damit ein traditionelles Verfahren zur Aneignung und Schulung malerischer Techniken an.[13] Pissarros Malweise war um 1872 noch deutlich Corots ›peinture grise‹ verpflichtet und kaum mit der Darstellung effektvoller Beleuchtungssituationen oder betont flüchtiger Motive befaßt.[14] Sein Einfluß erfolgte mit hoher Wahrscheinlichkeit zuerst und unmittelbar auf Cézannes im Pleinair gemalte Landschaftsdarstellungen, deren Zahl ab 1872 sprunghaft anstieg.

Cézannes Landschaften zeigen die schrittweise Einführung einer helleren Palette, in der zunächst, ebenso wie bei Pissarro, Erdfarben als Lokaltöne keineswegs fehlen.[15] Dramatische Beleuchtungseffekte und ein akademisches, einzelne Partien der Komposition akzentuierendes Helldunkel sind zugunsten einer gleichmäßigen Helligkeit des gesamten Bildes vermieden. Die langen, expressiv gewundenen Pinselzüge früherer Bilder weichen kürzeren, geraderen Strichen, welche feinere Farbabstufungen ermöglichen. Die räumliche Wirkung ist, nun noch deutlicher als in manchen Landschaften und Stilleben um 1870, durch orthogonale Anordnungen stabilisiert.[16] Anders als Pissarro, der durch subtile, oft in farbige Grautöne spielende Farbmischungen und einen feinteiligeren, die Konturen leicht verunklärenden Duktus eine diskrete atmosphärische Wirkung erzielt, dominieren in Cézannes Landschaften um 1872/73 zunächst Ocker- und Brauntöne, mattes Grün und Blau; der Farbauftrag ist kompakter und markiert die Umrisse genauer.

Bald darauf jedoch, um 1873/74, entstehen bereits Landschaften in helleren, ungebrocheneren Farbtönen und lockerem, skizzenhafter bezeichnendem Duktus. In *Blick auf Auvers-sur-l'Oise, der Zaun* etwa werden Laub und Büsche mit kleinen Strichen und Flecken in kräftigen Grüntönen, Häuser und Baumstämme mit längeren Strichen summarisch wiedergegeben. Ein blühender Baum wird weiß hingetupft, rote Dächer durch Flecken hellen Karminrots angedeutet.[17] Anders als in jenen Landschaftsbildern, in denen Erdtöne dominieren, wird nun der Eindruck einer Gegend im hellen Frühlingslicht hervorgerufen, ohne daß jedoch, wie beispielsweise bei Monet, eine spezifische Beleuchtungssituation durch treibende Wolken, Licht- und Schattenzonen oder Reflexe präzisiert würde.

Ebenfalls um 1873/74 malt Cézanne mehrere Blumenstilleben, ein für ihn neues Sujet. Diese Bilder ähneln in Duktus und Kolorit zeitgleichen hellfarbigen Landschaften. Die beiden Blumenstücke *Geranien und Coreopsis* und *Blumen in Delfter Vase*, genannt *Petit Delft* (Abb. 19)[18], stellen jeweils aus unterschiedlichen Sorten lose arrangierte Blumensträuße in einer kleinen, weiß-blauen Vase dar, die mittig auf einer von beiden Bildrändern überschnittenen Tischplatte steht. Beide Stilleben zeigen einen lockeren, skizzenhaften Duktus, kräftige, oft ungebrochene Farbtöne und eine gleichmäßige Helligkeit im ganzen Bild. Leuchtendes Rot erscheint neben Weiß, Gelb, Hellblau und gedämpftem Rostrot in den Farben der Blumen. Diese setzen sich kräftig gegen die gedeckteren, aber hellen Töne der Hintergründe ab: ein mattes, nuancenreiches Gelb in *Geranien und Coreopsis*, ein nur als Ausschnitt erkennbares, summarisch wiedergegebenes dunkles Möbelstück vor hellgrau-grüner Wand in *Petit Delft*. Braun erscheint, mit Grau und Grün stark durchmischt, als Lokalfarbe in den Tischplatten, wird jedoch nicht als Schattenfarbe verwendet, wie es noch in der Blumenmalerei der ersten Jahrhunderthälfte oder den Stilleben von Delacroix üblich war.

Die Blütenblätter werden so abbreviativ und skizzenhaft mit kurzen Strichen und Tupfen bezeichnet, daß die Bestimmung einzelner Spezies schwerfällt.

19 *Blumen in Delfter Vase*,
genannt *Petit Delft*
Um 1873/74

Beide Bouquets stehen in der gleichen Delfter Vase. Sie gehörte zum Haushalt Dr. Gachets in Auvers, einem mit Pissarro und Cézanne befreundeten Sammler und Hobbymaler.[19] Auch ihr blau-weißes Muster ist nur skizzenhaft wiedergegeben, und ihre Umrisse sind so summarisch bezeichnet, daß die Konturen unregelmäßig und vage wirken. Das plastische Volumen der Vase wird nicht herausgearbeitet; die Glätte ihrer Porzellanoberfläche nicht definiert.

Die stabilere räumliche Anordnung und der aufgehellte Hintergrund wurden sowohl in Cézannes Stilleben wie Landschaften um 1870 vorbereitet. Den leichten, skizzenhaften Duktus und die leuchtende Farbigkeit der Arbeiten um 1873/74 entwickelte Cézanne, angeleitet vom Beispiel Pissarros, offenbar in erster Linie in der Landschaftsmalerei der frühen siebziger Jahre. Denn während die formale Entwicklung seiner Landschaften zwischen 1871 und 1874 zahlreiche Schritte aufweist, erfolgte der Wechsel beim Stilleben ungleich abrupter.

Das frühestens Mitte 1872, wahrscheinlich jedoch erst 1873 im Hause Dr. Gachets entstandene *Stilleben mit Steingut und Dahlienbouquet* zeigt noch einen dunklen Hintergrund, eine düstere Farbgebung der Gefäße und einen dicken, weitgehend glatt vertriebenen Farbauftrag.[20] Nur die Blumen, in kleinen gelben und rosafarbenen Strichen gemalt, leuchten heraus. Das Bild ginge damit stilistisch noch hinter die bereits aufgehellten Hintergründe und die differenzierte Pinselführung mancher Stilleben um 1870 zurück. Doch schon in den Bouquets mit Delfter Vasen, vermutlich ebenfalls 1873, wohl kaum nach Mitte 1874 bei Dr. Gachet gemalt, haben sich Farbe und Duktus deutlich verändert. Man kann daher aus dem Vergleich der Entwicklung beider Gattungen schließen, daß Cézanne vorrangig in der Landschaftsmalerei entwickelte Darstellungsprinzipien um 1873/74 in die Blumenstilleben übernommen hat.

Gerade das Motiv des Blumenbouquets kommt in seiner vegetabilen Erscheinung, der Kleinteiligkeit und kräftigen Farbigkeit der Blüten einer Gestaltung in ungebrochenen Tönen und mit lockerem, den einzelnen Strich sichtbar lassendem Farbauftrag entgegen. Monet und Renoir wählten aus diesem Grunde in den siebziger Jahren ebenfalls mehrfach dieses Sujet[21], und auch Vincent van Gogh malte zahlreiche Blumenstücke während seiner Auseinandersetzung mit dem Impressionismus.[22] Cézanne bevorzugte um 1873/74 kleinblattrige und farbenfrohe Sorten wie Dahlien, Geranien und Coreopsis. Sie waren erst Ende des 18. Jahrhunderts aus Amerika beziehungsweise Afrika eingeführt worden, aber in Frankreich Mitte des 19. Jahrhunderts bereits in den Gärten heimisch.[23] So sind diese Blumen weder exotisch noch chic, wie es zum Beispiel Manets Pfingstrosen waren, die Lieblingsblumen des Deuxième Empire.[24] Ebensowenig sind sie betont einfach oder typisch für einen Landstrich, wie später van Goghs Sonnenblumen. Anders als Chrysanthemen oder Iris, die im Zuge der Rezeption japanischer Kunst und Kultur von Monet und Degas, später von van Gogh dargestellt wurden, haben Dahlien und Geranien keinen spezifischen Verweischarakter. Auch die Delfter Vase, ein Stück aus dem 17. Jahrhundert, deren traditionelles Muster auf ostasiatische Vorbilder zurückgeht, kann kaum als anspielungsreiches Zitat gewertet werden, da Cézannes Wiedergabe ihre Kostbarkeit ebensowenig wie die Eigenart ihrer Muster berücksichtigt.[25]

Doch nicht nur formal, sondern auch inhaltlich ist das Blumenstück ein adäquates Motiv für jene Bedeutungsinhalte, die mit Duktus und Farbgestaltung verbunden wurden. Die Skizzenästhetik, das heißt ein abbreviativ bezeichnender Duktus und eine Gestaltung des Bildes rein aus der Farbe, galt der akademischen Kunst als Kennzeichen einer bloß vorbereitenden, vor dem Motiv erstellten Naturstudie, der sogenannten ›étude‹. Obschon der Ausdruck unmittelbarer Naturbeobachtung und die virtuose Leichtigkeit der Pinselführung in diesem Rahmen durchaus eine gewisse Wertschätzung erfuhren, unterstreicht jedoch gerade die vorbereitende Funktion der akademischen ›étude‹ zugleich noch einmal, daß für das endgültige Bild eine kontrollierte Entstehung und eine fertige, von ›dessin‹ und Helldunkel bestimmte Erscheinungsform gefordert wurden.
Während auch für die Maler der Schule von Barbizon die im Pleinair erstellten Studien in aller Regel noch Vorarbeiten für Bilder waren, die anschließend im Atelier fertiggestellt wurden, präsentierten Monet, Pissarro, Renoir und auch Cézanne in der ersten Impressionistenausstellung 1874 ihre im Sinne konservativer Anschauung unausgeführten Arbeiten, ›études›, der Öffentlichkeit. Hier zeigt sich ein bereits zu Beginn des Jahrhunderts eingeleiteter historischer Bedeutungswandel der ›étude‹ von der rein vorbereitenden Landschaftsstudie zu einem Bild im eigenen Recht. Gerade weil es nicht ›ausgearbeitet‹ ist, kann es der Konzeption seines Autors Ausdruck verleihen.[26] Die skizzenhafte Malweise und die Gestaltung rein aus der Farbe sollten der Flüchtigkeit des Natureindrucks Rechnung tragen, schienen aber vor allem auch geeignet, neben der ›vérité› (Wahrheit) gegenüber der Natur in ihrer wechselvollen Erscheinung auch die ›sincérité‹ (Ehrlichkeit) gegenüber der individuellen Sehweise des Malers zu garantieren.[27] Nicht ein vorformulierten Regeln folgender, vorbereitender und kontrollierter Malvorgang sollte sichtbar werden; die skizzenhafte Malweise diente vielmehr dazu, die spontane, unmittelbare Umsetzung des subjektiven, rein optischen Eindrucks vom Naturvorbild ins Bild zu vermitteln.
Neben der Landschaft erweist sich gerade das Blumenstilleben aufgrund seiner Eigenschaften und Implikationen als adäquates Genre für die Bedeutungsinhalte der impressionistischen Skizzenästhetik. Die Darstellung frischer Blumen vermag auf einen schnellen Malvorgang hinzuweisen, auf eine Entstehung des Bildes, ›bevor das Motiv welkt‹. Indirekt tradiert wird dieser Bedeutungsinhalt noch in Ambroise Vollards Geschichte, Cézanne habe Papierblumen verwendet, und dient dort dazu, seinen im Gegensatz zu den Impressionisten angeblich langwierigen Malvorgang hervorzuheben.[28] In *Petit Delft* aber betont Cézanne gerade die Echtheit und Vergänglichkeit des Motivs, indem er zwei herabgefallene Blütenblätter zeigt. Sein abbreviativ bezeichnender Duktus will von einem schnellen, das Motiv unmittelbar erfassenden Blick und einem spontan wiedergebenden Malvorgang zeugen. Daher wurden auch die keineswegs transitorischen Motive wie Vasen und Hintergründe nicht sorgsam modelliert und konturiert, sondern in ihren Umrissen und Mustern skizzenhaft wiedergegeben. Bedeutungsinhalte von Spontaneität und Unmittelbarkeit bleiben so erhalten.
Cézannes Blumenstücke erweisen sich damit im Kontext der zeitgenössischen, anti-akademischen Stillebenmalerei nicht als Ausnahme. Schon Baudelaire lobte 1845 im Stilleben die Gestaltung nach den Prinzipien der

Landschaftsmalerei, wenn er schrieb: »das heißt es, wirklich Stilleben malen, frei, in Art der Landschaftsmaler...«.[29] Er meinte damit nicht die beliebte, oft willkürliche Plazierung von Stillebenmotiven vor Landschaftshintergrund[30], sondern die freie, malerische Behandlung des Sujets. Cézanne kannte möglicherweise auch Blumenstilleben von Eugène Delacroix aus dem Jahr 1848, die 1864 in dessen posthumer Ausstellung in Paris gezeigt worden waren; seine Wahl von Dahlien, die auch Delacroix mehrfach verwendet hat, könnte ein Hinweis darauf sein.[31] Zu diesen zwar noch dunkeltonigen, jedoch ganz aus der Farbe gestalteten, locker gemalten Bildern erklärte Delacroix selbst: »Ich habe versucht, Stücke der Natur zu malen, wie sie sich in den Gärten präsentieren...«[32] Baudelaire wie Delacroix kannten Bilder und Schriften John Constables, der das Stilleben, was seine formale Gestaltung betraf, der Gattung Landschaft zugeordnet hatte,[33] und der mit dieser Auffassung noch 1868 von Castagnary zitiert wurde.[34]

In der zweiten Hälfte des 19. Jahrhunderts wurde so eine skizzenhaft malerische Ausführung ohne akzentuierendes Helldunkel im Stilleben durch die konservative Kritik zwar immer noch bestenfalls toleriert, in anti-akademischen Kreisen hingegen praktiziert und besonders geschätzt. Blumenstücke von Courbet, Fantin-Latour, Manet, Monet und Renoir aus den sechziger und siebziger Jahren weisen, wenn auch in jeweils individueller stilistischer Ausprägung, ähnliche Formmerkmale wie die um 1873 entstandenen Bouquets von Cézanne auf. Im Zuge dieser Entwicklung konnte das Stilleben sogar zuweilen zur exemplarischen Gattung einer rein aus der Farbe gestaltenden, den Seheindruck spontan umsetzenden Malerei werden. Dies wird in einem Kommentar Zolas zur Malerei Manets von 1867 deutlich: »Er behandelt Figurenbilder, wie man nach den Regeln der Schulen Stilleben behandelt; das heißt, er stellt die Figuren ein wenig zufällig vor sich auf und ist nur bestrebt, sie so, wie er sie sieht, mit den starken Kontrasten, in denen sie sich voneinander abheben, auf der Leinwand festzuhalten.«[35]

Auch wenn Zola wie so oft die eigentliche Vorgehensweise Manets verkennt, wird doch deutlich, daß das Stilleben als die geeignete Gattung malerisch freier Ausführung gelten konnte. Während in der Auffassung Baudelaires und Delacroix' die Skizzenästhetik, eine Gestaltung »in Art der Landschaftsmaler«, im Stilleben – respektive im Blumenstück – zunächst vor allem aufgrund der Natürlichkeit des Sujets angemessen schien[36], wird sie bei Zola deutlicher als eine malerische Technik herausgestellt. Sie sei nicht von vorformulierten Regeln, sondern dem »so, wie er sie sieht«, dem individuellen Eindruck verpflichtet und könne im Stilleben nicht zuletzt aufgrund der angeblichen Bedeutungslosigkeit der Motive in vollkommener Weise angewandt werden. Gerade im Stilleben mit Obst und Gefäßen, einem weniger transitorischen und im Interieur befindlichen Motiv, das in Cézannes Werk einen zentralen Platz einnimmt, treten eine helle, ungebrochene Farbigkeit und ein wie spontan gesetzter, skizzenhaft bezeichnender Duktus deutlicher als Technik hervor als im vergänglichen Blumenstück oder in der Pleinair-Malerei. Gerade hier kann Cézanne die anti-akademische Idee der Unmittelbarkeit daher auch reflektieren und in Frage stellen.

Im *Stilleben mit Suppenterrine* von etwa 1877 (Abb. 17), der Hommage an die Malerei Pissarros, führt Cézanne eben diese ›Anwendung‹ der im Pleinair entwickelten Technik im Stilleben vor – die Anwendung einer Malweise, die er ja bereits in seinen Landschaften in Ansätzen von Pissarro erlernt und übernommen hatte.[37] Die Äpfel und Gefäße werden vor dem Hintergrund der Landschaftsbilder Pissarros in lockeren, die Umrisse häufig überlappenden Strichen und Flecken, hellen, leuchtenden Farben und hellblauen, diffus verschwimmenden Schattenflächen ins Bild gesetzt. Doch die Darstellung im Atelierinterieur und die Einführung einer Kommentarebene durch die Bilder-im-Bild beeinhalten bereits die Reflexion des Stilzitats. Sie relativierten die Rhetorik der Unmittelbarkeit. In diesem Punkt ähnelt Cézannes Stilleben in seiner Aussage Edouard Manets Bild *Die Barke*, das dieser 1874 malte, im Jahr seiner prüfenden Annäherung an die impressionistische Freilichtmalerei. In diesem Freundschaftsbild, das wie Cézannes Arbeit ebensoviel über die Konzeption des Autors selbst wie die des Adressaten aussagt, wird Claude Monet zwar in seinem Pleinair-Atelier gezeigt, jedoch wendet er sich von dem Motiv ab, das er gerade malt.[38] In Cézannes wie Manets Bild wird so grundsätzlich die Gültigkeit des direkten »Malen, was man sieht« bezweifelt und die Mittelbarkeit der künstlerischen Vorgehensweise vor Augen geführt. Doch während sich bei Manet jene Mittelbarkeit eher auf die Instanz des Subjekts beziehen mag, richtet sich Cézannes Augenmerk in den folgenden Jahren zunächst auf die Untersuchung und Entwicklung der künstlerischen Mittel. Diese Entwicklung ist maßgeblich durch die im *Stilleben mit Suppenterrine* zum Ausdruck gebrachte Objektivierung des Kunstbegriffs und die damit verbundene Verpflichtung zur ›Arbeit‹ bedingt. Cézannes Absicht, die künstlerischen Mittel systematisch in ihrer Eigengesetzlichkeit zu erforschen und zu entwickeln, läßt nun, um 1877, die Zahl der Stilleben in seinem Werk deutlich ansteigen.

Systematische Innovation – Apfelstudien um 1877

In den siebziger Jahren malt Cézanne zahlreiche klein- und kleinstformatige Stilleben, von denen hier neun gemeinsam untersucht werden.[39] Entgegen der ursprünglichen Datierung von Venturi auf etwa 1873–77 und voneinander abweichenden, vagen Einordnungen in unterschiedlichen Katalogen, kann man, zum Teil entsprechend neueren Angaben von John Rewald, eine Entstehung um 1877 annehmen.[40] Auch für zwei Bilder, die Venturi noch auf 1879/82, und ein weiteres, das er auf 1883-87 datiert, ist aufgrund der noch zu erörternden Stilmerkmale eine Datierung um 1877 sinnvoll.[41]
Die Bilder beschränken sich auf die Darstellung weniger Früchte, das kleinste zeigt zweieinhalb, das größte zwölf Äpfel. In zwei Arbeiten werden die Äpfel von einem weiteren, nur als Ausschnitt gezeigten Gegenstand, einer Farbtube beziehungsweise einem weißen Tuch, begleitet (Abb. 20 und 21). Alle Bilder stellen die Äpfel in halber Aufsicht als lose Gruppe auf einer neutralen Fläche liegend dar. Diese ist weder seitlich noch nach vorne oder hinten begrenzt. Nur in zwei Fällen sieht man im Hintergrund den vom oberen Bildrand überschnittenen, schmalen Streifen der rautengemusterten Tapete beziehungsweise einen Ausschnitt der Blätter-Tapete (Abb. 22 und 23).
In fast allen Arbeiten blieb Leinwand an den Bildrändern oder -ecken unbedeckt, so daß der Eindruck des Non-Finito und Ausschnitthaften entsteht. In einigen Bildern, in denen Motive vom Bildrand überschnitten werden, zeigen

20 *Sieben Äpfel und Farbtube*
Um 1877

21 *Zwölf Äpfel*
Um 1877

22 *Vier Äpfel vor Rautentapete*
Um 1877

23 *Acht Äpfel vor Blättertapete*
Um 1877

24 *Fünf Äpfel*
Um 1877

25 *Sechs Äpfel/vier Äpfel*
Um 1877

26 *Sieben Äpfel*
Um 1877

27 *Sieben Äpfel*
Um 1877

gleichzeitig offene Leinwandstellen an den Rändern, daß diese Ausschnitte beabsichtigt waren (Abb. 24 und 23).
Vollard erwähnt zudem, daß sich ursprünglich mehrere solcher voneinander unabhängiger Darstellungen gemeinsam auf einer Leinwand, somit wie auf einem Studienblatt befunden hätten.[42] Père Tanguy, Cézannes erster Händler, habe kleine Apfelstilleben »mit der Schere« verkauft, das heißt die einzelnen Gruppen auseinandergeschnitten. Vollards Bericht könnte die kleinen Formate, Teilstücke der üblicherweise von Cézanne verwendeten Standardleinwände, erklären. Möglicherweise ist eine der Arbeiten (Abb. 25) noch der Rest einer solchen Studienleinwand, da dort zwei Gruppen von Äpfeln übereinander dargestellt, jedoch aus leicht unterschiedlichen Blickwinkeln gesehen sind. Große freigebliebene Leinwandstellen an den Rändern wurden auf Vollards Anordnung hin nachträglich von einem anderen Künstler braun zugemalt, so daß heute nicht mehr definitiv feststellbar ist, ob es sich um eine oder, was wahrscheinlicher ist, um zwei voneinander unabhängige Darstellungen auf einem Bildträger handelt.[43]
Motivbeschränkung, kleinste Formate, der extrem reduzierte räumliche Kontext, offene Leinwandränder, Ausschnitthaftigkeit und Vollards Bericht weisen darauf hin, daß es sich bei den kleinen Stilleben um Studien handelt. Offensichtlich aber gilt Cézannes Konzentration auf das Motiv weniger Äpfel nicht deren spezifischen Eigenschaften, wie Stofflichkeit und natürlichen Formvarianten, oder gar der Darstellung kulinarischer oder symbolischer Inhalte. Die auch in der neueren Literatur noch häufig vertretene Meinung, Cézanne wolle in seinen Stilleben die Strukturen der Dinge erfassen, kann vor den *Äpfeln* nicht bestätigt werden.[44] Die Bedeutung von Bewegungsstudien entfällt in der Regel beim Stilleben ohnehin, hier aber fehlt auch ein denkbarer variierender Betrachtungswinkel, der verschiedene Aspekte von Motiv und Arrangement erfassen könnte. Trotz zum Teil deutlicher Schlagschatten neben den Früchten wird das Spiel unterschiedlicher Lichtsituationen auf den Oberflächen ebenfalls nicht wiedergegeben.
Die kleinformatigen Apfelstudien weisen einen gegenüber den Blumen- und Obststilleben der vorangegangenen Jahre deutlich veränderten Duktus und eine differenziertere Farbgebung auf. Aufgrund von Vergleichen mit definitiv datierbaren Bildern anderer Gattungen[45] kann man davon ausgehen, daß Cézanne auch in seinen Stilleben von einem Farbauftrag in noch oft miteinander verschmolzenen, später unregelmaßigen, ungeordneten Strichen und Flecken nach und nach zu einem geordneten Duktus übergeht, bei dem deutlich voneinander unterscheidbare, gleichlange Striche in feinen Farbabstufungen parallel nebeneinander, später zunehmend diagonal im Bild liegen.
Die Bilder *Sechs Äpfel/vier Äpfel* (Abb. 25), *Vier Äpfel vor Rautentapete* (Abb. 22) und *Sieben Äpfel und Farbtube* (Abb. 20) weisen in den Früchten parallel nebeneinanderliegende Striche auf, die in den ersten beiden Bildern noch breit und leicht gebogen, im dritten bereits schmäler und fast gerade sind. In *Fünf Äpfel* (Abb. 24) liegen dann schon schmale, parallele Striche innerhalb der Objektgrenzen weitgehend diagonal im Bild. In diesen vier Arbeiten zeigt der Hintergrund noch ungeordnete Striche und Flecken. In *Sieben Äpfel* (Abb. 27) treten auch im Hintergrund bereits Gruppen paralleler, jedoch noch nicht diagonal gerichteter Striche auf. In den übrigen Arbeiten (Abb. 26 und 21) liegen diese Strichgruppen dann in den Äpfeln, zum Teil auch im Hin-

tergrund, diagonal im Bild. Teilweise übergreifen sie Hintergrund und Motiv oder verschiedene Äpfel, das heißt allein die Farbe, nicht aber die Lage oder Länge der Striche ändert sich an der Grenze der Gegenstände. Der parallel geordnete Duktus, der sich ohnehin nicht an den gerundeten Formen orientiert, setzt sich damit zunehmend auch über die Objektgrenzen hinweg. Er wird in den kleinen Apfelstudien Schritt für Schritt in Richtung auf ein nicht primär gegenstandsbezeichnendes, eigenständiges System hin entwickelt.

Dem gegenstandsübergreifenden Duktus wirken dunkle, den Gegenstand umfassende Linien entgegen, die jedoch nicht, im Sinne des akademischen Konturs, erst angelegt und danach farbig gefüllt wurden. Sie sind vielmehr in den frühen Studien Furchen in der Farbmaterie an den Rändern der Objekte, entstanden durch das wiederholte Ansetzen des Pinsels in den verschiedenen Lokaltönen. Diese Furchen wurden erst schwarz-braun, später ultramarinblau akzentuiert. In späteren Bildern sind es oft gebrochene, ebenfalls nachträglich gezogene Linien, die mit dem Pinsel über die Farbgrenzen der parallelen Strichlagen an den Gegenstandsrändern gelegt, wieder übermalt, wieder darübergelegt wurden. Diese Linien wirken jeder Konturauflösung deutlich entgegen. Gerade die Ränder der Objekte aber, die optisch am weitesten nach hinten treten, werden so im Verlauf des Malvorgangs zu Farbpolstern verdickt (Abb. 23).

Die aufgrund der Entwicklung des Duktus' erstellte ungefähre Reihenfolge der kleinen Apfelstudien wird durch die Entwicklung der Farbgebung bestätigt. Die Farbe orientiert sich an den Lokalfarben gelber, roter, rotgrüner, gelb-roter, orange-roter Äpfel. Farbliche Abstufungen beziehen sich aber weder auf Nuancierungen unterschiedlicher Früchte noch auf bestimmte Beleuchtungssituationen. Sie dienen der Bildung von Volumina. In den ersten Apfelstudien mit noch kaum gerichtetem Duktus verwendet Cézanne zur plastischen Modellierung teilweise noch Abstufungen der Lokaltöne durch Beimischung dunklerer Farben, das heißt durch Helligkeitswerte, Valeurs (Abb. 20). In späteren Studien erzielt er die plastische Wirkung zunehmend, wenn auch nicht ausschließlich, mit der unterschiedlichen optischen Tiefenwirkung der Farben, das heißt dem Helligkeitswert unterschiedlicher Buntfarben (Abb. 27). Diese sind in einzelnen Strichen oft unvermischt nebeneinander gesetzt, ohne daß der einzelne Farbton dabei den dinglichen Anlaß eines einzelnen Blütenblattes hätte wie noch in den Blumenstilleben.

Cézanne verwendet häufig Kontraste komplementärer oder in ihrer Helligkeitsstufe verschiedener, auf dem Farbenkreis benachbarter Farben. So wird beispielsweise Rot zur plastischen Formung eines orange-roten Apfels verwendet, da es optisch hinter das hellere Orange zurücktritt. In einigen Fällen kann ein dunkles Rot hinter ein helleres Grün zurücktreten, in anderen wird umgekehrt dunkles Grün zur Körperschattenfarbe von Rot in einem rotgrünen Apfel. Cézanne beläßt hier die Farbgebung ambivalent zwischen Lokalfarbe und Schattenton, und, durch die Wahl geeigneter Gegenstände, zwischen Darstellungs- und Eigenwert der Farbe.

Das Prinzip der Volumenbildung durch Farbwerte statt Tonwerte formulierte Cézanne um 1901 im sogenannten XXVI. Lehrsatz: »Licht und Schatten sind ein Farbverhältnis, die zwei Haupterscheinungen unterscheiden sich nicht durch ihre allgemeine Intensität, sondern durch ihren eigenen Klang.«[46]

Er prägte dafür den Begriff »moduler«, im Gegensatz zum geläufigen »modeler«, das die Modellierung der Gegenstände durch Valeurs bezeichnet, und sagte 1904 zu Bernard: »Man sollte nicht *modellieren* sagen, man sollte *modulieren* sagen.«[47]
Damit wird ein konventionelles System abgelehnt, durch ein Schritt für Schritt neu entwickeltes System der Farbgestaltung abgelöst und Jahre später im Zuge theoretischer Formulierung von Cézanne auch begrifflich neu gefaßt. Bei den kleinen Apfelstudien handelt es sich nicht um Vorstudien zu größeren und komplexeren Arbeiten in dem Sinne, daß eine der dargestellten Anordnungen ein weiteres Mal erscheinen oder ihre Ausschnitthaftigkeit auf einen konkret existierenden, größeren Bildzusammenhang verweisen würde. Die kleinen Bilder sind im Grad der farblichen Ausformulierung einzelner Objekte nicht von Cézannes im gleichen Zeitraum entstandenen größeren, keine offenen Leinwandstellen zeigenden Stillebenkompositionen verschieden. Die Apfelstudien unterscheiden sich so in Form und Funktion deutlich von traditionellen Ölstudien, ›esquisses‹ oder ›études‹, die vor allem in der klassizistischen und romantischen Figurenmalerei zur Vorbereitung großer Kompositionen dienten, indem sie Motive in Einzelstudien isolierten oder deren Anordnung in abgekürzter Form- und Farbgebung skizzierten.[48]
Cézannes Studien unterscheiden sich durch das Fehlen eines endgültigen Bildes zunächst auch von den Studienreihen George Seurats. Dieser stellte Mitte der achtziger Jahre, in bewußtem Rückgriff auf die Tradition, jeder seiner großen Kompositionen eine Reihe von Vorarbeiten in verschiedenen Medien voran, von der Detailstudie in Conté-Kreide bis hin zur farbigen ›esquisse‹ in Öl.[49] Damit verlieh er der Kontrolliertheit seiner Bildvorbereitung Ausdruck, betonte aber zugleich die wissenschaftliche Systematik seiner Vorgehensweise, da die Studien auch der sukzessiven Entwicklung seiner neuen pointillistischen Maltechnik und der divisionistischen Farbgebung dienten. Als Studienreihe beziehen sie sich damit nicht nur auf ein reales Bild, sondern zugleich auch auf den idealen Endpunkt neuer Gestaltungsweisen.
An diesem Punkt zeigt sich, in Funktion und Intention der Arbeiten, eine Parallele zwischen den Studien Seurats und den Apfelstilleben Cézannes. Auch Cézannes zentrales Interesse bei seiner geduldigen Rückkehr zur Darstellung weniger Äpfel war die sukzessive, konzentrierte Erarbeitung und experimentierende Entwicklung neuer Gestaltungsprinzipien: das Prinzip der farbigen *Modulation* und der geordnete Farbauftrag, genauer die Verbindung von volumenbildender Farbgebung und einer zunehmend die Bildfläche betonenden Faktur. Wie in einem Fokus, nahsichtig und ausschnitthaft, wird eine formale Problemstellung immer wieder am ähnlichen motivischen Sachverhalt aufgegriffen, systematisch eine Lösung bildnerischer Probleme erarbeitet.
Man kann auch Cézannes Apfelstilleben als eine »série d'études«, als Studien-Reihe zusammenfassen. Reihe bedeutet dabei nicht zwingend, daß die Studien in ununterbrochener Folge erstellt wurden; sie können durchaus im Wechsel mit anderen Arbeiten entstanden sein. Wichtig für die Definition als ›Reihe‹ ist, daß die Studien die gleiche Funktion im Rahmen einer sukzessiv erfolgenden Annäherung an ein gemeinsames Ziel haben, also eine gemeinsame Intention.

Der nicht näher spezifizierte Apfel erweist sich dabei, ungeachtet aller möglicherweise persönlichen Vorlieben oder biographischen Hintergründe, in erster Linie als ideales Motiv für die Erprobung und Entwicklung der Modulation. Er bietet, neben einer einfachen, voluminösen Rundform, zahlreiche, auch komplementäre Farbvarianten an, und er verankert umgekehrt die Farbzusammenstellungen der Modulation in der Wirklichkeit. Cézanne thematisiert diese Verbindung von Apfel und Farbgestaltung ausdrücklich in dem kleinen Stilleben aus Lausanne, das neben einigen Äpfeln eine vom rechten Bildrand überschnittene Farbtube zeigt (Abb. 20). Es ist das einzige Ölbild, in dem Cézanne dieses Malerrequisit darstellt.[50]
Die Wahl des Apfels als Modell für die Erprobung koloristischer Gestaltungsmittel ist dabei offenbar im Kontext der zeitgenössischen antiakademischen Kunst nicht ungewöhnlich. Dies zeigt ein Apfelstilleben Courbets, in dem dieser eine hellere Farbgebung und einen aufgelockerten Duktus ausprobierte[51], aber auch die Bemerkung Antoine Vollons, er habe seine Lehrzeit im wochenlangen Studieren eines einzelnen Apfels absolviert.[52]
Bei Cézanne wird der immer wieder dargestellte Apfel im Verlauf der siebziger und achtziger Jahre zum geradezu emblematischen Motiv seiner Kunst, bis hin zur Proklamation von 1894: »Avec une pomme, je veux étonner Paris!« (»Mit einem Apfel werde ich Paris in Erstaunen setzen!«)[53] Diese Bemerkung erinnert an die Manet zugeschriebene, selbstbewußte Herausforderung: »Apportez une brioche, je veux vous en voir peindre une ...« (»Bringen Sie eine Brioche, ich werde ihnen vor Augen führen, wie eine gemalt wird ... «)[54]
Gerade zwei kleinformatige Stilleben Manets, in denen er zwar keine Brioche, sondern einmal die für ihn charakteristische Zitrone, ein anderes Mal eine einzelne Quitte zeigt, führen gezielt die Nobilitierung selbst des einfachsten Gegenstandes durch die gekonnte malerische Darstellung vor.[55] Auch in Courbets 1871 in der Gefängnishaft gemalten Apfelstilleben kommt neben der politisch-biographischen Bedeutungsebene jene selbstbewußte Offenbarung künstlerischer Leistung zum Ausdruck, die von Bouchons Kommentar sekundiert wird, Courbet bringe seine Bilder so einfach hervor, wie der Apfelbaum seine Früchte.[56]
Cézannes Apfel hingegen gewinnt erst im Laufe eines lange andauernden, nicht in erster Linie auf Virtuosität und Unmittelbarkeit, sondern auf Arbeit und Suche hinweisenden Vorgangs seine emblematische Bedeutung; so wird er schließlich, als Konstante, vom Modell, das der Erarbeitung neuer Prinzipien dient, zum Modell schlechthin für die Kontinuität der Entwicklung und die dadurch beförderte Innovation der Malerei.
Mehrfach wurde in der Cézanne-Forschung die Frage diskutiert, in welcher Gattung der in parallelen Strichen organisierte Duktus zuerst erscheint; eine Frage, die sich durch die fehlenden Datierungen nicht definitiv beantworten läßt. Reff sieht ihn zuerst in ganz aus der Vorstellung entstandenen Figurenbildern, da der organisierte Duktus, wie er zu Recht feststellt, nicht auf Beobachtung basiere, sondern eine pure Erfindung darstelle. Der Duktus bezeichne, so Reffs These, den Wunsch nach vollkommener Kontrolle – primär über die erotischen Inhalte der Figurendarstellungen.[57] Rewald schlug hingegen vor, seine Anfänge in jenen Arbeiten zu sehen, die Cézanne nach

Bildvorlagen oder Fotografien erstellte, also dort, wo dem Maler zur einheitlichen Gestaltung des Bildes die direkte Anschauung der Natur fehlte.[58] Dies widerspricht Reff, von dessen psychologischen Folgerungen abgesehen, nicht prinzipiell, da die Figurenbilder ja ebenfalls weitgehend nach Vorlagen entstanden, und ist insofern wahrscheinlich, als sich ein primär auf die zweidimensionale Bildfläche bezogener Duktus am einfachsten beim Malen nach einem ebenfalls planen Vorbild verwirklichen läßt.

Fest steht jedoch, daß Cézanne, unabhängig davon, in welcher Bildgattung zum erstenmal eine Gruppe paralleler Striche aufgetaucht sein mag, allein im Stilleben Studienreihen erstellte, in denen er sich so konzentriert mit den Eigenschaften und Wirkungsweisen seines zentralen Bildmittels, der Farbe, auseinandersetzte. Dabei ist nicht wahrscheinlich, daß Cézanne eine Technik, die sich in Landschaft, Stilleben und Figurenbild gleichermaßen findet, zuerst in einer einzelnen Gattung voll entwickelt hat, um sie dann auf die anderen zu übertragen. Doch kann man ebensowenig voraussetzen, daß er im Stilleben zahlreiche kleine und auf ein reduziertes Motiv beschränkte Studien hätte anfertigen müssen, wenn er eine in Landschaft oder Figurenbild bereits weitgehend entwickelte Malweise erst nachträglich im Stilleben hätte anwenden wollen. Viel wahrscheinlicher ist es, daß Cézanne in den kleinen Apfelstudien, vor einer durch ihn bestimmbaren, übersichtlichen Versuchsanordnung, die Entwicklung des systematisierten, flächenbezogenen Duktus bei gleichzeitiger Modulation der Volumen systematisch vorantrieb – möglicherweise auch, um die Ergebnisse auf die zum selben Zeitpunkt wie die Stilleben in ihrer Zahl deutlich ansteigenden *Badenden* zu übertragen. Dort hatte er häufig nur schwarz-weiße Vorlagen oder mußte, griff er auf Vorbilder im Louvre zurück, deren Farbgebung außer acht lassen, um die Figur in sein eigenes farbiges System einzufügen.

Die zuweilen aufgestellte These, daß es Cézanne bei der Systematisierung der Bildmittel darum ging, die »Erscheinung der Realität zum Gleichnis des Seins ... ›das ewig ist‹«[59] zu machen, oder die Interpretation, Cézanne wolle die Natur durch sorgfältige Arbeit erkennen lernen, »ihr Wesen mit den Mitteln der Malerei erforschen«[60], wird durch die in jedem Fall zentrale Rolle, die gerade das Stilleben im formalen Entwicklungsprozeß einnimmt, deutlich in Frage gestellt.

Eine dergestalt indizierte Rolle des Stillebens als formal vorbildhafte Gattung, deren Ergebnisse auch im Figurenbild angewandt werden konnten, widersprach zwar der vor allem in konservativen Kreisen vertretenen Norm unterschiedlicher Stilhöhen in den verschiedenen Gattungen[61], jedoch nicht der malerischen Praxis eines Fantin-Latour, eines Manet oder der impressionistischen Maler in den siebziger Jahren. Gerade im Rahmen einer Kunstauffassung und Malerei, in welcher die formalen Aspekte zunehmend an Bedeutung gewannen und dabei in erster Linie die freie koloristische Gestaltung in den Mittelpunkt rückte, konnte das Stilleben eine gleichwertige oder sogar zentrale Bedeutung gewinnen, da dem Maler hier ja schon länger die größte malerische Freiheit zugesprochen wurde.[62]

Cézanne jedoch löst sich nun auch von dieser anti-akademischen Stillebenpraxis und -konvention, indem er aus dieser Freiheit neue Konsequenzen zieht. Sie ist ihm nicht mehr Grundlage eines Arbeitens »in Art der Landschaftsmaler«[63], eines freien, spontanen und virtuosen Zusammenwirkens von

Auge und Hand, sondern Grundlage freier, das heißt eigenständiger, immanenten Regeln verpflichteter Mittel, Option zur Erkundung, aber auch zur offenkundigen Disziplinierung.

Kontinuität der Entwicklung – Die *Compotier-Stilleben*

Neben kleinen Studien mit Äpfeln entstanden in den siebziger Jahren zahlreiche Stilleben in größeren Formaten mit umfangreicherem Gegenstandsrepertoire. Aufgrund wiederkehrender Leitmotive lassen sich viele von ihnen zu Gruppen zusammenfassen. Die auffälligste, in Komposition und Motivwahl homogenste besteht aus fünf Bildern, deren charakteristisches Kennzeichen eine runde, weiße Obstschale mit Fuß, der sogenannte ›Compotier‹ ist.[64] Anders als bei den übrigen Stillebengruppen, in denen die Größenunterschiede zum Teil beträchtlich sind, weichen die Formate von dreien dieser Compotier-Stilleben kaum, die der beiden übrigen nur um jeweils etwa 10–15 cm Kantenlänge voneinander ab. Alle Bilder sind undatiert, zwei von ihnen tragen links unten Cézannes Signatur.[65]

Die früheste Arbeit ist *Compotier mit Gebäck*, von etwa 1876/77 (Abb. 28). Das Bild gehörte Victor Chocquet und wurde vermutlich auf der dritten Impressionistenausstellung 1877 gezeigt.[66] Um 1877 entstand als zweites Bild der Gruppe *Compotier mit Bisquits* (Abb. 29), das im Hintergrund die mit diesem Datum meist in Verbindung gebrachte Tapete mit Rautenmuster zeigt.[67] Die drei letzten Arbeiten aus den Jahren 1878-81 weisen im Hintergrund stets dieselbe blaugrüne Tapete mit Blättermuster auf. Es ist im Winterthurer *Compotier mit Brot und Messer* (Abb. 31) verschwommen wiedergegeben und in den fast formatgleichen Bildern *Compotier mit Apfelteller* (Abb. 32) in Kopenhagen und *Compotier mit Glas und Messer* (Abb. 33) in New York von dunklen Linien betont.[68]

Die fünf Stilleben zeigen ähnliche Kompositionen mit dem Compotier als Leitmotiv. Er steht in allen Arbeiten, mit Ausnahme des *Compotier mit Bisquits*, links auf dem Deckel einer Truhe. Bei dieser handelt es sich stets um dasselbe Möbel, wie das im ersten und letzten Bild erkennbare Blumenmuster und die charakteristische Schließvorrichtung in zwei weiteren zeigen. Cézanne hat es damit über mehrere Jahre hinweg immer wieder für dieses Arrangement aufgesucht. Der Compotier wird begleitet von einem faltigen, weißen Tuch, das nur im ersten Stilleben fehlt, von Äpfeln und kleineren Variablen, wie Trauben, Gebäck, sorgfältig gestapelten Bisquits, einem halben Brot, einem Glas, einem Messer oder einem Teller.

Alle fünf Bilder zeigen einen ähnlichen Bildausschnitt, auch wenn im *Compotier mit Bisquits* eine vor der Truhe befindliche Flasche nur ausschnitthaft wiedergegeben ist und im Kopenhagener Bild der Compotier links vom Bildrand leicht überschnitten wird. In allen Bildern sind die seitlichen Kanten der Truhe nicht sichtbar, mit Ausnahme des Winterthurer Compotier, in dem Cézanne die rechte Seitenkante zeigt. Die auffälligste motivische Veränderung ist der Wandel der Hintergründe von fleckig dunkelgrüner Wand im ersten, über die Rautentapete im zweiten zur Blättertapete in den drei letzten Arbeiten.

Farbe

Bei der folgenden Untersuchung der Farbgestaltung liegt der Schwerpunkt auf zwei für die Malerei der siebziger Jahre allgemein zentralen Gestaltungsmitteln, die in Verbindung mit der Farbteilung angewandt werden – den farbigen Schatten und den Farbkontrasten, vor allem dem Kontrast komplementärer Farben. Mit Komplementärfarben sind dabei hier immer die aus der sogenannten subtraktiven Mischung von Pigmenten gewonnenen Farben gemeint, die sich im Farbenkreis gegenüberliegen. Obwohl in zeitgenössischen Publikationen auch die additive Mischung, das heißt die Mischung farbigen Lichts zu Weiß beschrieben und dabei häufig mit der subtraktiven Mischung verwechselt wurde, spielte jene in der Malerei der siebziger Jahre so gut wie keine Rolle.[69] Der Duktus ist bei den Impressionisten ebenso wie bei Cézanne zu grobteilig, um bei den meist kleinformatigen Bildern eine additive Mischung von Farben im Auge zu ermöglichen. Farbteilung bezeichnet damit an dieser Stelle nicht ein divisionistisches Verfahren, das die Farben des Spektrums in kleinste Partikel trennt, sondern einen Farbauftrag in sichtbar nebeneinandergesetzten Strichen, einen die Töne kaum oder nicht vertreibenden Duktus. Dennoch ist die Verbindung und gerade auch die irrtümliche Gleichsetzung des traditionellen malerischen Verfahrens der Ausmischung und Kontrastierung von Pigmenten mit den Erkenntnissen der physiologischen Optik über Lichtfarben und Farben-Sehen bezeichnend für die Virulenz wissenschaftlicher Ideen in der Diskussion um die Farbgestaltung Mitte der siebziger Jahre.

In *Compotier mit Gebäck* (Abb. 28) kontrastiert Cézanne rote, durch wenig Gelb farblich belebte Äpfel mit dem dunkelgrünen, ins Bräunliche spielenden Hintergrund. Er verbindet diesen leicht abgeschwächten Komplementärkontrast mit den Gelb-, Ocker- und Brauntönen von Äpfeln, Bisquits und Truhe. Cézanne stellt somit zunächst einen angenäherten komplementären Farbkontrast zwischen dem Lokalton der Gegenstände und des Hintergrundes her.

In *Compotier mit Bisquits* (Abb. 29) wählt Cézanne einen Hintergrund mit abgeschwächtem Komplementärkontrast – die Tapete mit blau-violettem Muster auf ockergelbem Grund. Die unterschiedliche Helligkeitswirkung der Farben wird in diesem Bild, recht schematisch, in der Hintereinanderstaffelung von gelb-roten vor roten und rot-violetten Äpfeln eingesetzt. Manche Äpfel sind noch durch Valeurs modelliert, einige, in denen die rote schon hinter die gelbe Farbe zurücktritt, vermittels der Farbperspektive geformt – von Modulation im Sinne Cézannes kann man jedoch aufgrund der fehlenden Farbteilung noch nicht sprechen. Das weiße Tuch und der Compotier sind mit Violett und Gelb abschattiert.[70]

Im Zeitraum zwischen den beiden ersten und den drei folgenden Compotier-Stilleben beginnt Cézannes systematische Entwicklung von Farbteilung und Modulation in den kleinen Apfelstudien. Neben den Kontrasten zwischen den Lokalfarben der Gegenstände setzt er nun, ermöglicht durch die Farbteilung, Kontraste innerhalb der Gegenstände, in der Kleinstruktur ein und erhöht damit die Komplexität seiner Farbgestaltung entscheidend.

In *Compotier mit Brot und Messer* (Abb. 31) und *Compotier mit Apfelteller* (Abb. 32) ist der komplementäre Kontrast zwischen Äpfeln im Vordergrund und blau-grüner Tapete im Hintergrund zurückgenommen und wird nur vereinzelt und gebrochen, im ockergelben Brot, in orangenen Äpfeln aufgenom-

28 *Compotier mit Gebäck*
Um 1876/77

29 *Compotier mit Bisquits*
Um 1877

men. Zwischen den Früchten herrschen jedoch reiche Kontrastbeziehungen und, im Winterthurer *Compotier mit Brot und Messer*, abgestufte Farbenreihen von Rot über Orange-Gelb zu Gelb-Grün. Doch vor allem innerhalb der einzelnen Äpfel werden jetzt analoge Kontraste, das heißt Abstufungen im Farbenkreis benachbarter Töne, und komplementäre Kontraste zur Modulation der Volumina eingesetzt. Die schon in den Apfelstudien bestehende Mehrdeutigkeit der Farbe zwischen Lokalton, das heißt ihrem Darstellungswert, ihrem Eigenwert als bildimmanente Kontrastbeziehungen zur Modulation sowie komplementärer Körperschattenfarbe wird vor allem in den rot-grünen und gelb-rot-grünen Äpfeln des *Compotier mit Brot und Messer* offensichtlich. In diesem Bild sind zudem die Farben aller Gegenstände, auch die braune Oberfläche der Truhe und das Brot, stark mit Grün durchsetzt, als eine Art vereinheitlichende Farbdominante in der Kleinstruktur. Der weiße Compotier und das Tuch sind darüber hinaus mit Violett und wenig Gelb abschattiert. In *Compotier mit Apfelteller* hingegen zeigt sich, eine Seltenheit bei Cézanne, auf dem dicken Farbauftrag des dunkelroten Apfels ein helles Glanzlicht; im weißen, blauviolett schattierten Tuch fehlt jedes Grün. In beiden Stilleben sind die Schlagschatten mit dunklem Ultramarinblau gemalt.
Ebenso wie in diesen beiden Bildern tritt auch im farblich ähnlich gestalteten New Yorker *Compotier mit Glas und Messer* (Abb. 33) die blaue Tapete optisch hinter die Vordergrundmotive zurück. So entstehen zwei farbige Raumpläne, die durch die nach vorne drängenden Blattmuster zugleich irritiert als auch akzentuiert werden. Im Vordergrund des *Compotier mit Glas und Messer* dominiert der kräftige Kontrast leuchtend roter und grüner beziehungsweise rotgrüner Äpfel. Das weiße Tuch und der Compotier sind blau und grün, mit etwas Violett und Gelb kräftig schattiert. Während auch hier ein Großteil der Schlagschatten dunkel ultramarinblau ist, wirft der leuchtend rote Apfel rechts einen grünen Schlagschatten auf die braune Truhe. Die Ambivalenz zwischen Lokalton und komplementärer Schattenfarbe ist an dieser Stelle eindeutig zugunsten der Schattenfarbe aufgehoben.
Damit entwickelt Cézanne in den Compotier-Stilleben eine zunehmend differenzierte Farbgestaltung, die offenbar ebenso auf der Kenntnis von Farbregeln, vor allem der Wirkung von Kontrastbeziehungen, wie auch auf der Beobachtung oder Kenntnis der Farbphänomene im Pleinair basiert. Er hat sie in der Auseinandersetzung mit unterschiedlichen, teils historischen, teils zeitgenössischen Positionen herausgebildet.
Paul Cézanne besaß Jean Regniers Lehrbuch *De la lumière et de la couleur chez les grands maîtres anciens* von 1865, in dem der Farbenkreis und die Wirkung komplementärer Lokalfarben unter Berufung auf Tizian und andere Koloristen erklärt werden. Regnier empfiehlt die Verwendung abgeschwächter Komplementärkontraste zur Harmonisierung des Bildes und Intensivierung der Farbwirkung. Diese Wirkung definiert er, zwar ohne weitere Erläuterungen, jedoch offensichtlich unter dem Einfluß der zeitgenössischen physiologischen Farbwahrnehmungslehre, zutreffend als nur im Auge stattfindenden Effekt. Auf komplementäre Schattenfarben geht Regnier nicht ein.[71] Cézanne notierte den Titel des Lehrbuchs, das sich noch in diesem Jahrhundert im Besitz seines Enkels befand, im Innendeckel eines Skizzenbuchs mit Zeichnungen aus den späten siebziger und frühen achtziger Jahren.[72] Eine durch Ratcliffe vorgenommene Analyse der Handschrift ergab, daß ein Ein-

trag, und damit eine mögliche Anschaffung von Regniers Werk, um 1877, mithin im Entstehungszeitraum der kleinen Apfelstudien, wahrscheinlich ist.[73] Man kann daher die oft leicht abgeschwächten Komplementärkontraste zwischen den Lokaltönen, die Cézanne in vielen Stilleben Mitte der siebziger Jahre durch die Wahl farblich geeigneter Gegenstände und Hintergründe herstellt[74], zunächst mit Regniers Ausführungen in Verbindung bringen.
Neben dieser ersten Quelle können vor allem die Werke von Eugène Delacroix, dem beherrschenden Vorbild koloristischer Malerei, sowie die Schriften von ihm und über ihn für Cézanne Anhaltspunkte der Farbgestaltung gewesen sein – gerade auch für die Verwendung komplementärer Farbkontraste und Kontrastbeziehungen in der Kleinstruktur.[75] Cézanne kopierte seit den sechziger Jahren mehrfach Werke von Delacroix, in denen Komplementärkontraste eine wichtige Rolle spielen.[76] 1875 lernte er den passionierten Delacroix-Sammler Victor Chocquet kennen, mit dem er sich, wie man aus Berichten Renoirs weiß, über Arbeiten von Delacroix in intensive Analysen vertiefte.[77]
Sicher nicht zufällig entstanden um 1876/77 zwei in ihrer Farbgebung auffällig brillante Stilleben, in denen Cézanne die Lokaltöne der Gegenstände nicht nur, im Gegensatz zur relativen Beleuchtungsfarbe der Impressionisten, wahrt, sondern zum Zentrum der Bildwirkung macht, eben der *Compotier mit Gebäck* und *Das Dessert*.[78] Beide gehörten Victor Chocquet. In *Das Dessert* (Abb. 30), einem aus Gegenständen Chocquets zusammengestellten Bild, erlaubt sich Cézanne ein offensichtliches Spiel mit den Farben des Farbenkreises. Er legt eine gelbe, eine orange, eine grüne und eine rote Frucht auf einen Teller neben einen rotvioletten Vorhang; neben dem Teller arrangiert er, nun in jeweils diagonal entgegengesetzter Position, ein ockerfarbenes Brötchen, das die Farbe der orangen Frucht aufgreift, mit einer grünen, einer roten und einer gelben Frucht zu einem zweiten Kreis. Es ist anzunehmen, daß dieser fast spielerische Bezug auf die Farbenlehre in einem Bild, das Cézanne für Chocquet gemalt hat, auf der Auseinandersetzung mit der Kunst Delacroix' basierte, vielleicht aber auch auf der Kenntnis von Schriften über Delacroix. Diese konnte Cézanne nicht zuletzt durch Chocquet kennengelernt haben.
Delacroix' Farbgestaltung wurde seit mehr als zehn Jahren in Presse und Fachliteratur besprochen und analysiert. Théophile Silvestre veröffentlichte 1864 seine Schrift *Nouveaux documents sur Eugène Delacroix*[79], in der er die Verwendung von Komplementärkontrasten und die Methode der Farbteilung als Mittel zur Stärkung der Farbintensität beschrieb. Charles Blanc rühmte in seiner 1876 zum dritten Mal aufgelegten *Grammaire des arts* Delacroix als »einen der größten Koloristen der modernen Zeit«, eine verbreitete und von Cézanne geteilte Wertschätzung.[80] Blanc beschreibt Delacroix' »Gesetz der Komplementärfarben«, das zu einem Maximum an Farbintensität führe, und die Vorzüge der Farbteilung, welche diese Wirkung verstärke.[81] Dieselben Ausführungen wiederholt er 1876 in einem weiteren Buch über Delacroix und exemplifiziert dessen Anwendung von »sicheren und unveränderlichen Prinzipien« anhand jener Bilder, die auch Cézanne kopiert hatte, und der Fresken in der Salle d'Apollon des Louvre, die dieser kannte.[82] Seine reflektierte Farbgestaltung, so Blanc, habe Delacroix nicht nur durch künstlerische Intuition und Beobachtung der farbigen Erscheinungen entwickelt, sondern auch durch seine Kenntnis der Schriften Eugène Chevreuls.[83]

30 *Das Dessert*
Um 1876/77

31 *Compotier mit Brot und Messer*
Um 1878/79

Der Chemiker Chevreul hatte in den dreißiger Jahren die überindividuelle Wirkung der Farben auf das Auge untersucht. Er beschrieb in seinem 1839 erschienenen, ursprünglich für die Praxis der Teppich- und Gobelinweberei erstellten Buch *De la loi contraste simultané des couleurs et de l'assortiment des objets colorés* analoge und komplementäre Farbkontraste, die optische Mischung und komplementäre Nachbilder.[84] Angeregt von der Lektüre Blancs sollte Georges Seurat Mitte der achtziger Jahre das umfangreiche Werk Chevreuls zur Entwicklung seiner wissenschaftlich orientierten Farbgestaltung heranziehen.

Weder bei Cézanne noch bei Monet oder Pissarro gibt es konkrete Hinweise auf eine direkte Kenntnis der umständlichen Schrift Chevreuls. Rein intuitiv, als Folge unmittelbarer Naturbeobachtung, wie Seurat und Signac später von den ›Impressionisten‹ in bewußter Polarisierung zur eigenen Position behaupten sollten, war die Farbgestaltung dieser Maler jedoch nicht.[85] Ebenso wie ihre Nachfolger konnten sie grundlegende Kenntnisse aus kunstkritischen Schriften erlangt haben.

Bei Cézanne zumindest läßt sich die Kenntnis und Anwendung von gewußten Farbregeln, gerade bei Kontrastbeziehungen der Kleinstruktur, anhand seines Bildes *Die Seine in Bercy* von etwa 1876/77 in Hamburg belegen. Diese Hafenszene entstand nach einer Arbeit seines Freundes Armand Guillaumin von etwa 1874.[86] Die zarten, ineinander verschmelzenden Töne der impressionistischen Vorlage Guillaumins steigert Cézanne in ihrer Intensität, indem er die Farben weniger stark vermischt, meist in klar getrennten Strichen nebeneinandersetzt. Dort, wo jener helles Rosa-Orange mit Grün zu einem grauen Ton verschmilzt, akzentuiert Cézanne durch blaue und grünliche Spuren. Umgekehrt erscheinen nun im Blau des Wassers deutlich abgegrenzte, fast komplementäre, rosa-orange Striche. Wo Guillaumin rote Motive mit einer dunklen Mischung aus Grün, Violett und Blau umrahmt, kontrastiert Cézanne sie mit einem kräftigeren Grün. Unabhängig von unmittelbarer Beobachtung und in Abweichung von der gemalten Vorlage erhöht Cézanne so die Leuchtkraft und Helligkeit der Farbwirkung durch den gezielten Einsatz gewußter immanenter Farbbezüge und -kontraste in der Kleinstruktur. Darauf aufbauend kann er in den folgenden Studienreihen sein Prinzip der Modulation entwickeln.

Das Schlüsselerlebnis, das zur Infragestellung der Valeurmalerei führte, verbindet Cézanne dabei allerdings mit einer Beobachtung im Pleinair. In einem Brief, den er Pissarro 1876 aus L'Estaque sendet, heißt es: »Die Sonne ist hier so fürchterlich, daß mir scheint, als ob alle Gegenstände sich als Silhouetten abhöben, und zwar nicht nur in Schwarz oder Weiß, sondern in Blau, in Rot, in Braun, in Violett. Ich kann mich täuschen, doch scheint mir, als sei dies das Gegenteil der Modellierung.«[87]

Damit wird ein weiterer, wesentlicher Bezugspunkt der Farbgestaltung Cézannes betont, die Beobachtung vor der Natur. Bereits Ausgangspunkt seiner Farbgestaltung in den Blumenstücken Anfang der siebziger Jahre, werden diese Beobachtungen nun jedoch offenbar in die Reflexion der Farbwirkungen und -regeln miteinbezogen und auf dieser Basis weiterentwickelt. Gerade der Vergleich zwischen der sehr allgemeinen Feststellung von farbigen Silhouetten, von Cézanne selbst auch mit »Spielkarten«[88] verglichen, und der schließlich im Stilleben angewandten, höchst differenzierten Technik der

Abstufung von Farbtönen als Alternative zur Modellierung zeigt deutlich, daß die Beobachtung vor der Natur in erster Linie Ausgangspunkt weiterführender Entwicklung war. Dies trifft in besonderem Maße auch auf den Einsatz farbiger Schatten zu, die sich primär auf die Farbgebung in der Freilichtmalerei beziehen lassen und die Cézanne in den drei letzten Compotier-Stilleben mit den farbigen Kontrastbeziehungen und der Modulation verbindet. Die blau-grün-violette Schattenfarbe von Weiß und bläuliche, also zum gelb-orangen Sonnenlicht komplementäre Schlagschatten entsprechen Beobachtungen im Pleinair und erscheinen in Landschaftsbildern Monets, Pissarros und Cézannes Mitte der siebziger Jahre. Bereits Delacroix hatte diese blauen und grünen Schatten im Weiß, sein »Gesetz des Grüns, [das] ich bereits früher in der Wäsche entdeckt habe...«, als Folge von Beobachtungen im Freien beschrieben, in seinen bereits 1865 veröffentlichten Tagebuchauszügen.[89]
Doch die Verwendung von Schattenfarben, die zum Lokalton des Gegenstandes selbst komplementär sind, basiert auf der Reflexion eines optisch-physiologischen Phänomens, dem Sukzessivkontrast. Bei der Wahrnehmung einer Farbe, vor allem bei sehr heller Beleuchtung, wird das Auge für diese Farbe ermüdet, so daß, blickt man auf eine andere Stelle, für kurze Zeit ihr Komplementärton sichtbar wird. Zum Lokalton des Gegenstandes komplementäre Schattenfarben, das heißt meist kleinste rote Farbtupfer in der Komplementärfarbe Grün, finden sich häufig in Monets Landschaftsbildern seit Mitte der siebziger Jahre, bei Cézanne seltener ab Ende des Jahrzehnts.[90] Sie hatten eine wichtige Bedeutung für die Pleinair-Malerei, da durch Tönung des Schattens in der Komplementärfarbe sowohl des Lichts wie des Lokaltons der Effekt sonnenbeschienener Natur auf das Auge besser vermittelt werden konnte.
Signac, der ebenso wie Seurat das bei Chevreul erläuterte und von Blanc mißverständlich referierte Gesetz systematisch auf seine Farbgestaltung übertrug, bezeichnete die Farbgebung der Impressionisten auch bei den komplementärfarbigen Schatten als rein dem optischen Eindruck folgend. Es ist jedoch die Frage, ob die zum Lokalton komplementäre Schattenfarbe nicht auch im Pleinair nur dann zu beobachten ist, wenn man Kenntnis physiologischer Vorgänge des Farbensehens hat. Delacroix zumindest entwickelte nicht aufgrund von unmittelbaren Erfahrungen, sondern aus farbtheoretischen Überlegungen heraus, »die Notwendigkeit, für das Rot grüne Schatten zu haben«.[91]
In einem Stilleben ohne helle Pleinair-Beleuchtung, wie im *Compotier mit Glas und Messer*, ist die zum Lokalton des roten Apfels komplementäre grüne Farbe des Schlagschattens ohne Zweifel unabhängig von direkter Beobachtung. Sie ist Folge der Reflexion physiologischer Farbwirkung und Anwendung einer gewußten Gesetzmäßigkeit.
Die von Cézanne angewandten Mittel bewirken eine Intensivierung der Farben, die Erhöhung ihrer Leuchtkraft und eine Vereinheitlichung und Harmonisierung der gesamten Bildwirkung. Cézanne erzielt so im Stilleben eine Farbintensität, die einer natürlichen, kräftigen Farbigkeit wie im Pleinair nahekommen will, beziehungsweise in ihrer Wirkung nahekommt: Unter dem Eindruck eines der Compotier-Stilleben rühmte der Kritiker Joris Karl Huysmans das Blau der Schatten, die farbigen Nuancen der Tücher als bisher

32 *Compotier mit Apfelteller*
Um 1878/79

33 *Compotier mit Glas und Messer*
Um 1879/81

unterdrückte Wahrheit und Echtheit der Farbgebung und brachte sie mit vollem, natürlichem Licht in Verbindung.[92]

Cézannes Ziel ist es, nicht nur bei der Modulation von Volumen, sondern in der Gesamtwirkung des Bildes, Licht durch die Leuchtkraft der von jeder relativen Beleuchtungssituation unabhängigen Farben zu repräsentieren. Dabei will er jedoch das Bild durch die Farbwirkung, nicht die Darstellung atmosphärischer Lichtwirkung vereinheitlichen: »Das Licht ist nicht ein Ding, das reproduziert werden kann, sondern etwas, das mit etwas anderem, mit Farben dargestellt werden muß. Ich war zufrieden mit mir, als ich das herausgefunden hatte.«[93]

Da Cézanne in seinen Stilleben auf jede Vergegenwärtigung einer lichterfüllten Atmosphäre, weitgehend auf Schlaglichter, Lichtreflexe und, im Vergleich zu impressionistischen Arbeiten, vor allem auf die Auflösung der Gegenstandskonturen verzichtet, vermittelt er dabei jedoch kein ›als-ob‹ einer Pleinair-Beleuchtung oder einer flüchtigen Lichtstimmung, die es unmittelbar zu erfassen galt.[94] Dies zeigt sich vor allem in der Gegenüberstellung von Cézannes Compotier-Bildern mit Stilleben Auguste Renoirs oder Claude Monets, die durch irisierende Oberflächeneffekte auf glatten Gegenständen, durch weiße und bunte Lichter, silbrige Reflexe und schießlich einen die Konturen auflösenden Duktus den Eindruck vermitteln, hier sei ein Stillleben unter dem Einfluß sonniger Beleuchtung in seiner veränderlichen Farbwirkung unmittelbar wiedergegeben worden.[95]

Schon Emile Zola grenzte Cézannes Position in diesem Punkt deutlich von der Monets, Renoirs und Pissarros ab. In seiner Besprechung der dritten Impressionistenausstellung 1877, auf der vermutlich auch *Das Dessert* und *Compotier mit Gebäck* aus der Sammlung Chocquet ausgestellt waren, bezeichnet Zola die Erfassung der relativen Beleuchtungsfarbe, die »genaue Wahrnehmung der Ursachen und Wirkungen des Lichts, von der sowohl die Form als auch die Farbgebung beeinflußt werden«, als zentrales Anliegen der impressionistischen Malerei; Cézanne hingegen nennt er 1877 den größten »Koloristen« der Gruppe, eine sonst meist auf Delacroix und dessen »science de la couleur«, »Farbenlehre«, bezogene Charakterisierung. Und in einem kritischen Resümee zum Impressionismus betont Zola 1880 noch einmal ausdrücklich dessen Nähe zu Delacroix und Courbet, als Hinweis auf dessen mehr gewußte als beobachtete Farbgestaltung, im Unterschied zu den übrigen Impressionisten.[96]

Cézanne entwickelte seine Farbgestaltung, seine immer komplexer werdende Beschäftigung mit den Regeln der Farbwirkung, auf der Basis einer Auseinandersetzung mit verschiedenen Positionen zu einer ganz eigenständigen Synthese. Das Buch Regniers über die alten Meister, doch vor allem das Beispiel von Delacroix mag dabei nicht nur als Vorbild für bestimmte Verfahren gewirkt haben. Es wird auch Auslöser für Cézannes systematische Auseinandersetzung mit Farbregeln und überindividueller Farbwirkung auf das Auge gewesen sein, ein Katalysator für die Reflexion der Farberscheinungen im Pleinair und ihrer physiologischen Grundlagen. Georges Lecomte jedenfalls, offenkundig informiert von Pissarro, betont 1892 in seinem Rückblick auf die Entwicklung des Impressionismus, daß gerade die Beschäftigung der Maler mit Delacroix' »science de la couleur« und »harmonies totales« sie zu ihrer Abwendung vom »relatif du trait et du ton«, vom »Relativen des Strichs und des Farbtons«, geführt habe, und daß es in erster Linie Cézanne war, der diese Entwicklung zusammen mit Pissarro Ende der siebziger Jahre vorangetrieben hat.[97]

Duktus

Offensichtlicher noch als in der Wahl der Farben zeigt sich beim Duktus Cézannes schrittweise Entwicklung eigengesetzlicher, von unmittelbarer Beobachtung und Darstellungsinhalt unabhängiger Bildmittel. In *Compotier mit Gebäck* von etwa 1876/77 (Abb. 28) ist der Farbauftrag im Hintergrund und auf der Truhe kompakt, mit weitgehend vertriebenen Flecken in verschiedenen Abstufungen der Lokalfarben gemalt. Die Muster der Truhenvorderseite wurden mit lockeren Strichen über den braunen Grundton gesetzt. Während die Striche und Flecken im Hintergrund ungerichtet sind, bezeichnet der Farbauftrag im Vordergrund die Rippen der Gebäckstücke mit kurzen, die Vorderkante des Tellers mit dünnen, langen Strichen. Auch die Lage der Pinselstriche in den Äpfeln orientiert sich an deren runden Umrissen, manchmal sogar, wie beim obersten Apfel im Compotier, mit konzentrisch zulaufenden Strichen an dessen Form. Zugleich werden die Umrisse der Gegenstände durch die Kontraste der aneinandergrenzenden Lokalfarben definiert, aber, im Unterschied zum etwa zeitgleichen *Stilleben mit Suppenterrine* (Abb. 17), nicht durch das Überlappen der Töne über die Ränder aufgelöst. Der *Compotier mit Gebäck*, in dem Cézanne eine traditionellere Gestaltung in Farbwahl und -auftrag wählt, bildet so eine Art Gegenstück zu dieser die Ausführung »nach Art der Landschaftsmaler« thematisierenden und hinterfragenden Arbeit.

In *Compotier mit Bisquits* (Abb. 29) ist die Faktur im Hintergrund und auf der Truhe lockerer als im ersten Bild, die Flecken in unterschiedlichen Ockermischungen sind nun deutlicher voneinander getrennt. Gerade Striche bezeichnen auch hier die Kanten der länglichen Bisquits, kurze, geschwungene deuten das Laub im Compotier an. Konzentrisch zulaufende, auf die runde Form der Äpfel bezogene Striche, wie im ersten Compotier-Stilleben, finden sich in diesem Bild nicht mehr.

Die Einordnung der kleinen Apfelstudien im Zeitraum zwischen den ersten beiden und folgenden drei Compotier-Stilleben wird auch durch die Entwicklung des Duktus bestätigt. Im Winterthurer *Compotier mit Brot und Messer* (Abb. 31) und im Kopenhagener *Compotier mit Apfelteller* (Abb. 32) finden sich überall Gruppen paralleler Pinselstriche, die manchmal vertikal, wie im Tuch und im Brot, manchmal diagonal im Bild liegen, wie in den Äpfeln vorne links und in weiten Teilen des Hintergrunds. In beiden Bildern sind die Umrisse der Gegenstände von tiefen Furchen umgeben, treten die dunkelsten Schattenstellen durch einen wiederholten Farbauftrag polsterartig hervor.

Der *Compotier mit Glas und Messer* (Abb. 33) schließlich zeigt eine organisierte Faktur paralleler, diagonal im Bild liegender Striche. Er ist eine der am weitesten im schraffierten Duktus ausgeführten Arbeiten Cézannes. Die Striche entsprechen einander in Ausrichtung und Länge, gleichgültig ob sie zu einem Apfel, dem Tuch oder dem Hintergrund gehören. Der weitgehend, aber nicht vollständig systematisierte Duktus wird in diesem Bild von nachträglich um die Gegenstände gezogenen Linien in Ultramarinblau unterbrochen, die

Farbpolster in den Schattenteilen sind dünner, wenn auch nicht völlig aufgehoben.
In den Compotier-Stilleben löst Cézanne den Farbauftrag Schritt für Schritt von jeder gegenstands- oder raumbezeichnenden Eigenschaft. Der einzelne Strich bleibt erkennbar, liegt jedoch nicht mehr wie in Cézannes Arbeiten Anfang und Mitte der siebziger Jahre ungerichtet im Bild und bezeichnet nicht mehr abgekürzt Umrisse oder Formen der Gegenstände. Er ist Resultat eines kontrollierten Vorgangs, Bestandteil eines auf das gesamte Bild bezogenen, vorgewußten und in sich eigenständigen Systems.
In seiner Regelmäßigkeit zielt er auf eine feste, geschlossene und einheitliche Bildoberfläche[98]; durch seine Autonomie gegenüber dem Illusionsraum verweist er zugleich auf die Zweidimensionalität des Bildträgers – das Bild als Fläche.
Auch bei Pissarro zeigen sich gegen Ende der siebziger Jahre, vermutlich initiiert durch die Zusammenarbeit mit Cézanne, Bemühungen um eine gleichmäßigere Faktur, eine weniger skizzenhafte Erscheinung des Bildes. Auch Pissarro verwendet nun meist kleine Striche von einheitlicher Länge und Breite, die in mehreren Lagen wie vernetzt die Bildoberfläche bedecken.[99] Nie jedoch gewinnen seine nach wie vor ungerichteten Striche eine solche Autonomie gegenüber Illusionsraum und Darstellungsinhalt wie Cézannes Farbauftrag in Arbeiten der späten siebziger und frühen achtziger Jahre. In diesen Arbeiten wird der Duktus selber zum Motiv. Der Farbauftrag mutet nicht mehr spontan an, über ihn vermittelt Cézanne seine methodische Vorgehensweise, einen kontrollierten Prozeß als Basis der bildlichen Einheit.
Der geregelte, objektivierte Duktus ist auf alle Gattungen gleichermaßen übertragbar, da er von der Beobachtung unabhängig ist. Ebenso kann er, da er nicht vom persönlichen Gestus bestimmt wird, von anderen Malern übernommen werden. Dies zeigt das Beispiel Gauguins, der nach dem Zusammentreffen mit Cézanne 1881 und dem Kauf des *Compotier mit Glas und Messer* begann, seine Arbeiten völlig aus gleichmäßig parallelen, allerdings vertikal im Bild liegenden Strichen aufzubauen.

Die Tapetenhintergründe

Die Tapetenhintergründe der vier letzten Compotier-Stilleben unterstützen und thematisieren die vom Duktus betonte Spannung zwischen Bildoberfläche, Gegenstandsvolumen und Illusionsraum. Die in Stilleben und Portraits um 1877 mehrfach verwendete ockergelbe Tapete mit Rautenmuster ist ein sogenanntes »papier peint au décor géometrique«. Ihr fortlaufendes Muster zeigt aus jeweils vier spitzen Dreiecken zusammengesetzte Sterne, die durch helle Bahnen rautenförmig miteinander verbunden werden. Geometrische Tapeten wurden ab Mitte des Jahrhunderts als Alternativen zu floralen Ornamenten und figurativen oder klassizistischen Bildtapeten verstärkt produziert.[100]
In *Compotier mit Bisquits* (Abb. 29) bewirkt der Rapport der Muster eine starke Strukturierung und Rhythmisierung des Hintergrundes. Dieser drängt durch das auffällige Dekor und die helle Farbgebung optisch stark nach vorne. Er betont, selber deutlich ein planer Abschluß, die Flächigkeit des Bildes. Die Rautentapete greift so auf motivischer Ebene Cézannes Betonung der Bildfläche durch den parallel organisierten Duktus vor.

Daneben betont sie die Ausschnitthaftigkeit der Komposition, da ihr endloses Muster von den Bildkanten überschnitten wird. Den Eindruck des Ausschnitthaften verstärkt Cézanne im *Compotier mit Bisquits* noch durch das Motiv der vom unteren Bildrand überschnittenen Flasche. Indirekt geht die Tapete damit auch hier dem regelmäßigen Duktus voran, der ja als eigenständiges, prinzipiell fortlaufendes System ebenfalls über die Bildränder hinausweist. Auch die Idee der Ausschnitthaftigkeit verlagert sich so in der Entwicklung der Compotier-Stilleben von der Ebene der Motive auf die der Malerei.
Cézannes Darstellung tapezierter Hintergründe, für Stilleben höchst ungewöhnlich, geht möglicherweise auf die Kenntnis japanischer Arbeiten zurück, vielleicht auch vermittelt durch Bilder seiner Kollegen. Mitte der siebziger Jahre kannten zahlreiche Maler aus dem Kreis der Impressionisten japanische Drucke, in deren flächiger Darstellungsweise, Ausschnitthaftigkeit und kräftigen Farbigkeit sie außergewöhnliche formale Lösungen und eine ihrem Kunstverständnis verwandte Bildauffassung fanden. Gemusterte Tapetenhintergründe erscheinen in Arbeiten, die formal oder in direkten motivischen Anspielungen Kenntnis und Verarbeitung japanischer Kunst zeigen. In Zacharie Astrucs Aquarell *Les présents chinois*, das ebenso wie Werke Cézannes auf der ersten Impressionistenausstellung 1874 ausgestellt war, bildet eine Rautentapete den Hintergrund einer Figurenszene mit fernöstlichen Accessoires.[101] Eine ähnlich gemusterte Tapete zeigt Renoirs Portrait *Rapha*, die Darstellung einer Frau mit einem japanischen Fächer.[102] Auch Degas, bereits in den sechziger Jahren Kenner und Bewunderer japanischer Kunst, verwendet mehrfach Tapeten im Hintergrund von Figurenbildern, die durch ihre ungewöhnlichen Blickwinkel und Bildausschnitte an fernöstliche Arbeiten erinnern.[103]
Auch wenn Cézanne in späteren Jahren vehement bestritten haben soll, von den Japanern inspiriert worden zu sein, ja sie überhaupt zu kennen, könnte er deren Werke in den siebziger Jahren im Kreis der Impressionisten oder durch den Kritiker Théodore Duret kennengelernt haben, der 1871 Japan bereist hatte.[104] Pissarro zumindest war bereits 1873 mit den formalen Charakteristika der japanischen Kunst vertraut, wie ein Brief an Duret aus diesem Jahr zeigt.[105] Auch in Zeitschriften wurden schon Mitte der siebziger Jahre japanische Drucke, zum Teil sogar farbig, veröffentlicht.[106] Cézannes Portrait seiner Lebensgefährtin Hortense Fiquet von etwa 1977 (Abb. 34), das im Hintergrund die Rautentapete zeigt, scheint in seiner flächigen Darstellungsweise, dem rigiden Bildausschnitt und der asymmetrischen Komposition durch jene Arbeiten beeinflußt zu sein.[107] Ähnlich wie die Gewänder in jenen Drucken, die seinerzeit in den Zeitungen abgebildet waren, fallen die Streifen des Rocks als starres Flächenmuster hinab. Die Rautentapete betont, wie die Muster der Paravents und Wandbespannungen im Hintergrund japanischer Arbeiten, die Flächigkeit des Mediums. Zwar vermeidet Cézanne in Stilleben und Portraits der siebziger Jahre bewußt eindeutige motivische Hinweise auf japanische Kunst, doch kann man gerade vor diesem Portrait vermuten, daß er sich wie viele seiner Zeitgenossen mit ihrer Raumdarstellung und Bildgestaltung auseinandersetzte.
Jenseits formaler Inspiration definiert das Motiv der Rautentapete, als eine Sonderform des Bildes-im-Bild, das Stilleben eindeutig als Interieur. Dies gewinnt gerade aufgrund der zeitlichen Übereinstimmung ihres Erscheinens

mit der formalen und inhaltlichen Ablösung vom Malen »nach Art der Landschafter« an Bedeutung. Ihr damit auch inhaltliches Pendant, meist in etwas später entstandenen Arbeiten verwendet, ist die Tapete mit vegetabilem Muster, die unter der Bezeichnung »fleurs au naturel« hergestellt wurde.[108] Als Innendekoration, die Motive aus dem Landschaftsraum verwendet, spielt die Blättertapete auf das Thema der Illusion an. Sie ist weit weniger eindeutig ein flacher Abschluß des Hintergrundes als die Rautentapete. Durch die changierende Wiedergabe der blauen Grundfarbe und die gleichzeitige dunkle Konturierung der blaugrünen Blattmuster, die dadurch optisch nach vorne treten, spielt Cézanne bewußt mit der Illusion räumlicher Tiefe und eines vegetabilen Hintergrunds. Er setzt Landschaftsmalerei und Stilleben noch einmal miteinander in Bezug, ohne dabei einen Trompe-l'œil-Effekt anzustreben.

Bezeichnenderweise verwendet Cézanne die Blättertapete vorwiegend in Arbeiten mit teils oder weitgehend parallel gesetztem Duktus, dort also, wo die flächenbetonende Faktur einer illusionistischen Tiefenräumlichkeit entgegensteht. Bild für Bild erhöht Cézanne so die Spannung zwischen der gemalten, zweidimensionalen Oberfläche und dem gesehenen Illusionsraum. Diese Spannung ist auch ein Grund für die nun in manchen Bildern auftretenden Deformationen, das heißt Verzerrungen von Gegenstandsformen. In den drei letzten Compotier-Stilleben wirken die Öffnungen der Obstschale wie aufgeklappt, die Oberfläche der Truhe im *Compotier mit Brot und Messer* ist aperspektivisch dargestellt. All diese Deformationen mindern die tiefenräumliche Ausdehnung der Gegenstände. Sie treten vor allem in Bildern mit Blättertapete und diagonal gerichteter Faktur auf. Es scheint sich bei ihnen also nicht, wie Maurice Denis unter dem Eindruck von Gauguins Theorien meinte, um primitive Unbeholfenheiten zu handeln[109], aber auch nicht, wie Roger Fry interpretiert, um eine unbewußt ausgeführte Maßnahme, die dem Oval seine Eleganz nimmt und ihm den Charakter von Schwere und Fülle verleiht[110]. Bei Cézanne sind die Deformationen bewußte Maßnahmen, die zwar für eine konventionelle Optik falsch, innerhalb des Bildes jedoch stimmig erscheinen. Mit ihnen soll nicht eine völlige Flächigkeit der Bildwirkung erzielt werden, sondern eine Spannung zwischen den flächigen Eigenschaften und illusionistischen Möglichkeiten des Bildes entstehen und ersichtlich werden. Diese Spannung wird eines der zentralen Themen in Cézannes Stilleben der achtziger und frühen neunziger Jahre sein.

Der Wandel von neutralem Hintergrund über die Rauten- zur Blättertapete hat darüber hinaus in den Bildern der Compotier-Gruppe eine weitere Aufgabe. Da Cézanne die wechselnden Hintergründe mit einer ganz ähnlichen Motivwahl und einer weitgehend gleichbleibenden Anordnung der Gegenstände auf derselben Truhe verbindet, wird ein zeitliches Element, zunächst in der Abfolge verschiedener Hintergründe, dann in der Beibehaltung desselben Fonds sichtbar gemacht. In der Entwicklung vom Compotier mit Rautentapete zu den drei Bildern mit Blättertapete wird zugleich deutlich, daß sich die Ideen von Ausschnitthaftigkeit und Flächigkeit vom Bereich des Motivs in den Bereich des Formalen verlagern und damit weniger auf die Eigenschaften der Realität als vielmehr der Malerei rekurrieren.

Die Compotier-Stilleben zeigen Cézannes Entwicklung und prüfende Anwendung dessen, was er selbst vielleicht als seine »formule« bezeichnet hätte[111] – objektivierte, ihre Eigenständigkeit gegenüber persönlicher Sehweise und gesehenem Vorbild behauptende Bildmittel – und was andere Maler, wie Paul Gauguin, den ersten Besitzer des *Compotier mit Glas und Messer* und ›Nachahmer‹ der parallelen Faktur, 1881 aufs Höchste interessierte: »Hat Herr Cézanne die exakte Formel für ein Bild gefunden, die alle Welt anwenden kann? Wenn er das Rezept fände, um den gesteigerten Ausdruck all seiner Eindrücke (sensations) in einem einzigen Vorgang zu komprimieren, bitte ich Sie, ihn im Schlaf zum Sprechen zu bringen . . . «[112]
Eine unmittelbare Umsetzung des Gesehenen, ein spontaner Malvorgang wird nun, anders als in den Stilleben der frühen siebziger Jahre, nicht mehr vermittelt. Farbe und Faktur wollen nicht wie unmittelbar vor dem Motiv neu gefunden wirken, wollen eine »message of direct observation«, im Sinne der von Shiff definierten »technique of originality«, weder herstellen noch darstellen.[113] Während Cézanne die Farbgebung zum einen durch eine gezielte Gegenstandswahl bewußt zweideutig zwischen Darstellungs- und Eigenwert der Farbe hält, betont er mit dem systematisierten Duktus fast demonstrativ das Kontrollierte, Geregelte, eben Mittelbare seiner Malverfahren. Keineswegs will bei diesem Farbauftrag jeder Strich einen spontanen Seheindruck widerspiegeln oder vermitteln.[114] Den Ausdruck der »roughness of spontaneous discovery«, den etwa Shiff in einem Bild mit weitgehend parallel organisierter, diagonal ausgerichteter Faktur sieht[115], kann man allenfalls im Vergleich mit der glatten Oberfläche akademiekonformer Arbeiten so benennen, nicht aber im Hinblick auf den weit ungeordneteren, skizzenhafter wirkenden Farbauftrag der Malerei eines Pissarro, Renoir oder Monet. Dies jedoch, nicht mehr die akademische Praxis oder Norm, ist im Entwicklungszeitraum der kleinen Apfelstudien und Compotier-Stilleben der Bezugspunkt, von dem sich Cézanne künstlerisch absetzt. Indem er ›formulierte‹ und kalkulierte Mittel deutlich zwischen Beobachtung der Natur und sehendes Subjekt stellt, entgeht Cézanne einer Formel spontaner und unmittelbarer Wiedergabe, einer falschen Authentizität, wie sie gerade 1877 allzu viele gemäßigte Epigonen des Impressionismus in den offiziellen Salon trugen. Nicht nur er, sondern auch Pissarro und Monet arbeiteten Ende der siebziger Jahre an der Entwicklung neuer bildsprachlicher Mittel, die dem Bild eine ausgeführte, geschlossenere Erscheinung geben sollten, in dem Sinne, daß bildimmanente Bezüge und Regeln über die unmittelbare Umsetzung der gesehenen Impression dominierten.[116]
»Machen wir gute Bilder, stellen wir keine Skizzen aus, seien wir sehr streng mit unseren Bildern, das zählt mehr . . . «[117]; mahnte Pissarro 1878 in einem Brief an Caillebotte. Er entsprach damit den Forderungen von Kritikern wie Zola und Huysmans, die nach dem Künstler verlangten, welcher die Konsequenzen aus dem angeblich zu sehr dem schnellen, subjektiven Eindruck ergebenen Impressionismus zieht und »die Formel verwirklicht«.[118]
In ihrer schrittweisen Objektivierung von Farbe und Faktur weist Cézannes Kunst auf die, allerdings weitaus stärkere und demonstrativere, Systematisierung der Bildmittel bei den Neo-Impressionisten Georges Seurat und Paul

Signac voraus. Ihnen sollten sich Mitte der achtziger Jahre, nach Phasen der Zusammenarbeit mit Cézanne 1877 und 1881, Pissarro und Guillaumin anschließen. Beide arbeiteten, ebenso wie Cézanne und vielleicht unter seinem Einfluß, Ende der siebziger Jahre an einer regelmäßigeren, in ihrer Eigenschaft als spontanes, persönliches Ausdrucksmittel zurücktretenden Faktur, die letztlich den Pointillismus vorbereitete. Signac erwarb 1884 ein Bild Cézannes, das ebenso wie der *Compotier mit Glas und Messer* eine systematisch schraffierte Faktur zeigt.[119] Er betont in seinem Buch *D'Eugène Delacroix au Néo-Impressionisme* die Bedeutung des Cézanneschen Vorbildes in Farbwahl und Duktus für die Entwicklung des Pointillismus: »Indem Cézanne, ohne den Wunsch nachzuahmen oder besondere Geschicklichkeit zu zeigen, die unterschiedlichen Elemente der aufgeteilten Farbtöne in eckigen und klaren Pinselstrichen nebeneinandersetzte, ging er der methodischen Farbteilung der Neo-Impressionisten direkt voraus.«[120]

Den auf einen methodischen Prozeß der Bildentstehung hinweisenden Malverfahren entspricht Cézannes systematische Vorgehensweise bei ihrer Entwicklung. Sie findet ihren Ausdruck vor allem in den Motivwiederholungen der Stilleben. Während das von den Impressionisten wie auch von Pissarro und Cézanne noch Mitte der siebziger Jahre mehrfach praktizierte gleichzeitige Arbeiten zweier Maler vor ähnlichem Motiv die subjektive Seh- und Malweise des Einzelnen verdeutlicht, dient das wiederholte Malen desselben Motivs bei einem Maler der Kontrolle und Objektivierung – des Sehens, des Gesehenen oder der Malverfahren. Die Arbeitsweise in Studien, die nicht primär als ›études‹ im eigenen Recht Resultate eines spontanen Gestaltungsvorgangs sind, sondern der systematischen Entwicklung dienen, und das Arbeiten in Reihen allgemein, widersprechen der impressionistischen Konzeption von Spontaneität und Unmittelbarkeit. Ein ähnliches methodisches Abrücken von dieser Konzeption zeigt sich Ende der siebziger Jahre auch bei Pissarro, der zur Vorbereitung einzelner Arbeiten kleinere Skizzen auf Pappe erstellte.[121] Doch sind genau die nach Vorstudien entstandenen Arbeiten Pissarros die skizzenhaftesten Bilder jener Jahre. So kann man vor allem in Cézannes Reihen der siebziger Jahre die historische Brücke zu Seurats kontrollierter Vorbereitung großer Kompositionen und seiner Entwicklung des Pointillismus in Studienreihen erkennen. Sie gehen auch hier, in ihrer systematisch suchenden, experimentierenden Funktion, Seurats mit der Methodik wissenschaftlicher Untersuchungen vergleichbarer Arbeitsweise voran, ohne die szientifische Grundhaltung des Pointillisten jemals anzustreben.

Zugespitzt, wenn auch im eigenen Werk nicht immer verwirklicht, vertrat vor allem Emile Zola 1880 in *Le roman expérimental* eine Kunst, die sich nicht allein die Inhalte der Wissenschaft, sondern auch deren Methodik zunutze macht: die genaue Beobachtung, die systematische Analyse und logische Ordnung. Er selber erstellte für jeden Band seines Romanzyklus der Rougon-Macquart umfangreiche, vorbereitende »ébauches«, »Entwürfe«, und forderte den Künstler in der Rolle des Forschers.[122]

Bei Cézanne wandelt sich die Rolle des Lernenden, der 1872 zu Schulungszwecken eine Landschaft Pissarros kopiert, um 1877 in die Rolle des arbeitenden, suchenden und forschenden Künstlers, der in seiner Kopie-Version nach Guillaumins *Seine in Bercy* neue Mittel ebenso ausprobiert wie demonstriert. Der gewandelten Auffassung von Kunst und Künstlerrolle verleiht er

34 *Hortense Fiquet im roten Sessel*
Um 1877

explizit im *Stilleben mit Suppenterrine*, implizit jedoch vor allem in den Stilllebenreihen Ausdruck.
Anders als bei Seurat, münden Cézannes Reihen nicht in ein endgültiges Werk, und die Technik der parallelen Pinselstriche wird im einzelnen Bild zwar annähernd, aber nie zur Gänze durchgeführt – eine programmatische Entscheidung. Denn in den Compotier-Stilleben etabliert Cézanne zunächst bewußt eine Reihenfolge: Nach den beiden sehr unterschiedlichen ersten Bildern, von denen eines den Compotier links und ohne weißes Tuch, das andere rechts und mit weißem Tuch zeigt, kehrt Cézanne in den folgenden drei Bildern zur ersten Anordnung, nun mit weißem Tuch, zurück, Compotier und Äpfel dabei als Konstanten beibehaltend. Er verleiht der Entwicklung, die gerade durch diese Beständigkeit in der Motivwahl betont wird, auch dadurch Ausdruck, daß er von einem einfarbigen Hintergrund über die Rauten- zur Blättertapete wechselt. Doch wirken mehrere Faktoren gegen die eindeutige Definition einer ›Endlichkeit‹ implizierenden, streng linearen Entwicklung, so daß man die Compotier-Stilleben letztlich nicht als ›Reihe‹ bezeichnen kann. Cézanne wählt für die drei letzten Bilder denselben Hintergrund, gleichzeitig bleibt die Reihenfolge von *Compotier mit Brot und Messer* und *Compotier mit Apfelteller* offen, so daß diese beiden Bilder weniger Entwicklungsschritte denn Variationen zu sein scheinen. Auch sind Zweifel an der Deutung des *Compotier mit Glas und Messer* als formale Ultima ratio angebracht, erstens, weil Cézanne Anfang der achtziger Jahre seine Arbeit wiederum mit kleinen, nun stilistisch ganz unterschiedlichen Apfelstudien fortsetzt und den parallelen Duktus im Stilleben aufgibt, vor allem aber, weil er im *Compotier mit Glas und Messer* ganz bewußt darauf verzichtet, den organisierten Duktus vollständig durchzuführen. Hinzu kommt als weiterer, wichtiger Faktor, daß in der Entwicklung der Compotier-Stilleben die Betonung der Ausschnitthaftigkeit von der motivischen Ebene der endlosen Tapetenmuster auf die formale Ebene des fortlaufenden Duktus verlagert wird. Die Bedeutung dieser Verschränkung des Prinzips ›Entwicklung‹ mit dem des ›Nicht-Endgültigen‹ wird offensichtlich, setzt man die Compotier-Stilleben nicht in Bezug zu Seurats ›Reihen‹, sondern zu Monets ›Variationen‹.
Im Unterschied zu ›Reihen‹ sind ›Variationen‹ nicht grundsätzlich hierarchisch aufgebaut und eröffnen damit im Prinzip die Möglichkeit einer ›unendlichen‹ Zahl von Bildern.[123] Variationen beziehungsweie Versionen gab es in der Geschichte der Kunst häufig aus verkaufstechnischen Gründen, wie fast identische Motivwiederholungen bei Stilleben Willem Kalfs und Siméon Chardins zeigen[124], aber auch die zahlreichen, in der Gefängnishaft gemalten Apfelstilleben Courbets.[125] Variationen zeigen aber meist das Interesse eines Malers an einem bestimmten Thema, einer bestimmten Aufgabenstellung, bei der er auf eigene frühere oder fremde Vorlagen zurückgreift oder, wie bei Cézanne, ein bestimmtes Motiv leicht verändert rekonstruiert. Auch die Wechselhaftigkeit eines Motivs kann zum Ausgangspunkt für in ihrer Zahl prinzipiell unbegrenzte, oft zyklisch aufgefaßte Variationen werden. Ein Beispiel dafür sind Monets Bilder der *Gare St. Lazare* von 1877.[126] Acht dieser Arbeiten konnte Cézanne 1877 auf der dritten Impressionistenausstellung sehen, an der er selbst teilnahm.[127]
In den Bildern fängt Monet flüchtige Momente ein, die aus dem Bahnhof ausfahrenden Züge und, geradezu sinnbildhaft, den Rauch der Lokomotiven.

Die Nebeneinanderstellung mehrerer Momentaufnahmen verdeutlicht das Phänomen des Veränderlichen, des ›Nicht-Endgültigen‹. Monets Ausgangspunkt ist, wie das gewählte Motiv zeigt, eine als wechselhaft, sich stets verändernd geschilderte, sichtbare Welt, die eine Mehrfachbehandlung desselben Motivs ermöglicht beziehungsweise erforderlich macht. Monets Idee der ›Unvollendbarkeit‹ rekurriert damit primär auf die Realität, sie zeigt er im Prozeß. Cézanne hingegen bezieht sich deutlich auf die mit dem Prinzip der Entwicklung verbundene ›Unvollendbarkeit‹ der Malerei. Sie sieht er als autonom, mithin in ihren Mitteln entwickelbar und als ›unendlichen‹ Prozeß. Die Motivwiederholungen seiner Stilleben dienen daher nicht dazu, eine »Grundstruktur sichtbar zu machen, die sich dem Wandel widersetzt«[128], wie einmal vor den Bildern der Montagne Sainte-Victoire konstatiert wurde, sondern müssen im Kontext der umfassenden Feststellung Meyer Schapiros gesehen werden: »His art is a model of steadfast searching and growth.«[129]

KONZEPTION: ›OPTIQUE‹ – STILLEBEN DER ACHTZIGER UND NEUNZIGER JAHRE

»Pour l'artiste, voir c'est concevoir, et concevoir, c'est composer.«
(Paul Cézanne)[1]

Die systematische Entwicklung objektivierter künstlerischer Mittel und die Relativierung von ›Unmittelbarkeit‹ und ›Vollendung‹ in den Stillebenreihen und -variationen der siebziger Jahre bilden die wesentliche Grundlage für Cézannes Arbeit der folgenden Jahrzehnte. Prägnante, oft großformatige Einzelwerke kennzeichnen nun im Bereich der Stilleben sein Œuvre. In exemplarischen und herausragenden Werken werden nicht nur wesentliche Entwicklungsschritte seiner Raum- und Volumendarstellung nachvollziehbar, sondern Cézanne thematisiert seine Konzeption nun auch immer deutlicher.[2] Theoretische Äußerungen Cézannes zu seiner Kunst sind in größerer Zahl erst aus den Jahren nach 1895 bekannt.[3] Doch können einige dieser in Briefen und Gesprächen vermittelten Überlegungen und Lehrsätze bereits im Zusammenhang mit früher entstandenen Arbeiten herangezogen werden, da sie auf in der Malerei gewonnenen Erfahrungen beruhen und folglich in den Jahren vor 1895 entwickelt wurden.
Schon die Maler Rivière und Schnerb, die Cézanne 1905 in seinem Atelier besuchten, stellten fest: »Gewisse seiner Lehrsätze waren Antworten auf Fragen, die er sich aus den Schwierigkeiten seiner Kunst heraus hatte stellen müssen, über die er lange nachgedacht hatte und an die Gesprächspartner vielleicht nie gedacht hatten.«[4] Erst über die Bilder Cézannes erschließt sich daher das Verständnis seiner Theorie.

Störung der Perspektive – Das *Stilleben mit Kommode*

Auf einem Tisch (Abb. 35), dessen Beine vom unteren Bildrand überschnitten werden, befinden sich ein weißer, grün-violett schattierter Teller mit zahlreichen gelb-orange-roten Äpfeln, ein kugeliges, hellblaues Gefäß mit runder Öffnung, das von einem rautenförmigen Bastnetz umfangen wird, der grüne Topf mit beigem Fuß, den Cézanne bereits in mehreren Stilleben zuvor verwendet hat, und die bemalte Zuckerdose, die schon im *Stilleben mit blauer Tasse und Birnen* von 1866 erscheint.[5] Ein weißes Tuch, das in der rechten unteren Bildecke auftaucht und sich in starren Falten schräg über den Tisch schiebt, hebt den Apfelteller aus der Waagerechten. Hinter diesem sorgfältig arrangierten Ensemble füllen Front und linke Seitenwand einer rotbraunen Kommode mit breiten Schubladen mehr als vier Fünftel des Hintergrundes. Nur am linken Bildrand sieht man den Ausschnitt einer ornamentierten Tapete über einem braunen Zierstreifen und einer Wandverkleidung aus dunkelgrünem Marmor.[6] Rechts und links neben und unter dem Tisch wird der braune Fußboden des Raumes sichtbar.

35 *Stilleben mit Kommode*
Um 1886

Die Farben der Gegenstände auf dem Tisch bilden einen zweifachen, leicht abgeschwächten Komplementärkontrast zwischen dem Rot-Orange-Gelb der Äpfel und dem grünem Topf einerseits, Äpfeln und hellblauem Gefäß andererseits. Die rosafarbenen Flecken, die das blaue Gefäß im Original aufweist und die auf anderen Bildern deutlich zu sehen sind, wurden hier von Cézanne fortgelassen, um den Komplementärkontrast nicht zu stören.[7]
Die farblich leuchtenden Äpfel und Gefäße, das grün-violett schattierte, weiße Tuch und die helle, bunt gemusterte Zuckerdose treten optisch vor den von Brauntönen dominierten Hintergrund. Die unterschiedliche Tiefenwirkung der Farben wird, wie schon in Bildern der späten siebziger und frühen achtziger Jahre, zur Herstellung hintereinanderliegender Raumpläne genutzt. Wie in den früheren Arbeiten zielen dabei einzelne Bildelemente, die optisch in den Vordergrund tretende, gemusterte Tapete, der vorne abgeplattete Teller und die aufgeklappte Öffnung des grünen Topfes, auf eine Hintereinanderstaffelung flächiger Ebenen. Hinzu kommen verwischte Konturen an der nach vorne weisenden Faltenkante des Tuches und an der Kommodenecke, welche die tiefenräumliche Wirkung an diesen Stellen zurücknehmen, sowie durch mehrfachen Farbauftrag polsterartig verdickte Schattenzonen, die gegenläufig zu den optischen Tiefen nach vorne treten. Auch sie waren bereits charakteristisch für viele Stilleben der siebziger Jahre.
Das *Stilleben mit Kommode* zeigt jedoch nicht mehr die regelmäßige, in weiten Teilen parallel organisierte, zum Teil gegenstandsübergreifende Faktur früherer Bilder. Die Farbe ist nur noch an manchen Stellen in Gruppen parallel liegender Striche, weitgehend jedoch in breiteren Flecken aufgetragen. Verschiedenfarbige Pinselstriche sind leicht vertrieben, Nuancierungen eines Farbtons oft mehr nebeneinander gestupft als gestrichen. Der Farbauftrag orientiert sich nicht an den Volumina der Gegenstände; formbezeichnend ist der Duktus auch hier nur dann, wenn er flächige Muster wiedergibt – auf der Zuckerdose, in der Tapete und im Bastgeflecht des blauen Topfes. Stoffliche Differenzierung findet kaum statt. Die in früheren Bildern auftretenden dunkelblauen Umrandungen der Gegenstände, die eine weniger plastische als graphische Wirkung hatten, fehlen.
Den veränderten Duktus des *Stilleben mit Kommode* wendet Cézanne auch in kleinen Ölbildern an, vor allem aber in seinen Stillebenaquarellen der Jahre nach 1885 (Abb. 36 und 37). Die Aquarelle zeigen wenige Früchte, meist auf oder neben einem Teller liegend. In und über ihren in zahllosen dünnen Bleistiftstrichen erfaßten Umrissen liegt die Farbe in einzelnen Flecken. Diese haben in einigen Aquarellen noch die Form kurzer Striche, die parallel nebeneinanderliegen und leicht entlang der Umrisse ihre Lage ändern.[8] Zuweilen wurde diese farbige Schraffur durch dünne Bleistiftschraffuren vorbereitet. In anderen etwas später entstandenen Aquarellen ist die Farbe dann in wenigen, breiteren Flecken aufgetragen, die sich an den Rändern der Gegenstände überlagern und deren Mitte freilassen.[9] Plastizität der Form wird hier mit dem Weiß des Papiers als optisch nach vorne tretende Wölbung im Kontrast zu dunkleren, lokalfarbigen Tönen erzielt.
Transparentes Übereinanderlagern verschiedener Töne findet sich auch in einigen der kleinen Apfelstilleben in Öl um 1885.[10] In den meisten Arbeiten, vor allem den größeren Bildern, werden diese Flecken jedoch opak neben- und übereinandergesetzt und untereinander vertrieben (Abb. 38).[11] Plastizität

erzielt Cézanne dabei fast immer durch die unterschiedliche Tiefenwirkung der präzise ausgewählten Farben, mithin dem Prinzip der in den siebziger Jahren entwickelten Modulation. Gegen Ende der achtziger Jahre beginnt er, die Ölfarbe stärker zu verdünnen, so daß die Oberfläche der Bilder nach und nach jene noch im *Stilleben mit Kommode* bemerkten Farbpolster verliert und die Farbe dünn und matt, aber leuchtend die Bildoberfläche bedeckt.

Die Anzahl der kleinformatigen Studien in Öl ist um 1885 gering, verglichen mit der Fülle der Apfelstudien, die Mitte der siebziger Jahre entstand. Die Zahl der Aquarelle hingegen, in denen nun erstmals auch einzelne Früchte zum Bildgegenstand werden, steigt Anfang der achtziger Jahre im Werk Cézannes deutlich an. Dies kann, ebenso wie die Anwendung der Technik einander überlagernder Flecken, darauf hinweisen, daß der Aquarellmalerei bei der Entwicklung des veränderten Farbauftrags besondere Bedeutung zukommt, daß sie, durch die Entwicklung der Modulation in ihren formalen Ausdrucksmöglichkeiten begünstigt, nun ihrerseits auf die Farbgestaltung der Ölbilder zurückwirken kann.

Der Farbauftrag in abgestuften und vertriebenen Flecken betont die Bildoberfläche weit weniger deutlich als die regelmäßig parallele Faktur der späten siebziger Jahre. Die Flecken kommen der Darstellung von Volumina und der Betonung räumlicher Aspekte stärker entgegen. Sie entsprechen damit Cézannes konzentrierter, die Stilleben der achtziger und frühen neunziger Jahre prägender Beschäftigung mit den Darstellungsmöglichkeiten von Gegenstandsvolumen und Raumtiefe.

Das *Stilleben mit Kommode* (Abb. 35), das in seiner Trennung zweier Farb-Raumpläne noch an die Arbeiten der späten siebziger Jahre anschließt, ist zugleich eines der ersten Bilder, in dem Cézanne zu einer deutlich durch die lineare Konstruktion erzielten Darstellung des Tiefenraumes wechselt. Während in den Arbeiten der siebziger Jahre die Seiten der Truhen- und Tischplatten meist von den Bildrändern überschnitten wurden, sind im *Stillleben mit Kommode* die seitlichen, leicht konvergierenden Kanten des Tisches beide sichtbar. An ihnen wird Raumtiefe ablesbar. Hinter dem Tisch befindet sich kein flacher Wandabschluß, wie es die Tapetenhintergründe der siebziger Jahre waren, sondern ein dreidimensionales Möbel. Unter und neben dem Tisch ist, bisher eine Ausnahme in Cézannes Stilleben, der Boden des Raumes angegeben.[12]

Im *Stilleben mit Kommode* arbeitet dabei das Prinzip der Raumdarstellung durch farbige, flächige Pläne dem eines ansatzweise linearperspektivischen Tiefenraumes noch entgegen: Links ist der Boden hochgezogen und geht in die flächige, tapezierte Wand über, rechts wird er in seiner Abgrenzung zur vertikal aufstrebenden Kommode nicht definiert. Deren Tiefenflucht bleibt so an dieser Seite unbestimmt. Zugleich klappt die linke Seitenwand der Kommode optisch nach vorne und läßt das Möbel fast als abschließende Hintergrundfläche erscheinen, da seine Ober- und Unterkante nicht sichtbar sind. Die Kommode befindet sich viel zu dicht hinter dem Tisch, vor ihr können die Gegenstände nur nach vorne plastische Ausdehnung gewinnen.[13] Die Spannung zwischen flächigen und tiefenräumlichen Elementen der Raumdarstellung findet in den Stillebengegenständen ihre Entsprechung: Der blaue Topf ist eine fast kugelige Form, die als einzige mit einem Glanzlicht und einer tiefen Öffnung deutlich Volumen nach vorne gewinnt. Seine Run-

dung wird durch das flächige Muster des Bastnetzes optisch eher betont als geschwächt. Er erscheint bezeichnenderweise im *Stilleben mit Kommode* zum erstenmal und kommt fortan häufig vor. Auch das sonderbar veränderte Tuch, starr, fast kristallin und kräftig durchschattiert, ist viel deutlicher eine eigenständige, raumgreifende Form als die weichen Falten früherer Stoffe. Der grüne Topf hingegen und die Zuckerdose – bereits zuvor in Bildern gezeigte Gegenstände – sind mehr durch ihren Umriß als durch ihr Volumen definiert, wölben sich kaum vor und wirken an den Rändern wie ausgeschnitten. Auch in Auswahl und Darstellungsweise der ›alten‹ und ›neuen‹ Gegenstände kommt so die Spannung zwischen dem ›alten‹ Prinzip der farbigen, flächigen Pläne und dem ›neuen‹ Tiefenraum zum Ausdruck.
Bei der Gestaltung des Bildraumes folgt Cézanne jedoch nur ansatzweise, in den konvergierenden Linien des Tisches und der von links nach rechts fluchtenden Kommode, den Regeln der konventionellen Fluchtpunktperspektive. Gleichzeitig stört er gerade an diesen Stellen die Perspektive deutlich. Die Seitenkanten des Tisches sind leicht und ungleichmäßig aus der perspektivischen Flucht gezogen, die Tischplatte bricht, verdeckt unter dem weißen Tuch, optisch auseinander – ihre rechte Seite liegt deutlich höher als die linke. Entsprechend zerfällt auch die Front der Kommode in zwei Teile: Links scheint sie in die Tiefe zu fluchten, ihre rechte Hälfte jedoch klappt fast unmerklich in die Frontalansicht zurück.
Die zweite etwas kleinere Fassung des *Stilleben mit Kommode* zeigt ebenfalls den Bruch von Tischplatte und Kommode in der Bildmitte.[14] Es handelt sich also bei den beschriebenen Merkmalen keineswegs um zufällige, etwa der Spontaneität des Malvorgangs entspringende Verformungen, sondern um die Durchführung einer zuvor konzipierten Vorstellung. Cézanne folgt in beiden Bildern ganz bewußt nicht der perspektivischen Regel eines einheitlichen Fluchtpunktes und damit der Idee eines feststehenden und einheitlichen Blickpunktes. In der kleineren Fassung des *Stilleben mit Kommode* ist die Spannung zwischen flächigen und räumlichen Elementen noch deutlich weniger akzentuiert, vor allem durch einen engeren Bildausschnitt an der linken Seite und einen die Konturen aller Gegenstände stärker verwischenden, nachlässigeren Farbauftrag. Dahingegen betont Cézanne im größeren Bild diese Spannung und damit auch die Brüche durch eine präzisere Ausführung. Er macht so die kalkulierte Veränderung des Bildraumes anschaulicher.
In Cézannes Landschaften der achtziger Jahre treten ebenfalls erkennbare Störungen der konventionellen Perspektive auf. Ähnlich wie bei den seitlichen Tischkanten zieht er auch dort konvergierende Linien leicht auseinander und vergrößert Hintergrundmotive, wie schon im Falle der Kommode.[15] In zwei Darstellungen der Montagne Sainte-Victoire von etwa 1885 gibt es, wenn auch weniger offensichtlich als im *Stilleben mit Kommode*, ebenfalls eine Zäsur in der Mittelachse des Bildes, dort verdeckt durch das zentrale Motiv eines Baumes.[16] Fritz Novotny hat, wie viele nach ihm, diese Störungen als das »Ende der wissenschaftlichen Perspektive« bezeichnet.[17] Doch man darf annehmen, daß Cézanne eine Veränderung der Perspektive im Auge hatte, die nicht auf der Wissenschaft der Geometrie, sondern der Wahrnehmung basierte.

36 *Stilleben mit Früchten*
1885–90

37 *Stilleben mit Pfirsichen*
1885–90

Wahrnehmungsphysiologie und Cézannes analytische ›optique‹

Sowohl für die Darstellung des dreidimensionalen Raumes wie auch der in ihm befindlichen Körper boten die Regeln der konventionellen Fluchtpunktperspektive oder, wie man im 19. Jahrhundert auch sagte, der »perspective des ateliers« ausreichend Anleitung. Daß Cézanne mit diesen Regeln durchaus vertraut war und seine Veränderungen der Perspektive keineswegs aus Naivität oder Unkenntnis geschahen[18], zeigen Bilder wie das *Stilleben mit Spiegel* von etwa 1880, in denen er perspektivische Regeln stimmig anwendet.[19] Im 19. Jahrhundert erschien eine Fülle von Lehrbüchern, welche Künstler im richtigen Gebrauch der Perspektive unterwiesen. Camille Pissarro kannte Pierre-Henri de Valenciennes Buch *Elements de perspective pratique à l'usage des artistes* von 1820, das mit speziellen Anmerkungen für Landschaftsmaler versehen war, und empfahl es als das »immer noch beste und zweckmäßigste Werk.«[20] Cézanne selber soll Jean-Pierre Thénots *Règles de la Perspective pratique mises à la portée de toutes les Intélligences* besessen haben.[21] Vom selben Autor erschienen weitere Bücher, wie *Morphographie ou l'Art de représenter fidèlement des corps solides* und *Cours d'études de Fleurs et de Fruits.*[22] Thénots Schwerpunkt lag weniger auf der Landschaftsmalerei als auf der Darstellung stereometrischer Körper nach den Regeln der Fluchtpunktperspektive. So war die Wahl gerade seiner Abhandlung vielleicht kein Zufall für den ›Stillebenmaler‹ Cézanne. Unlängst hat Theodore Reff in zwei Skizzenbüchern Cézannes aus der Mitte der sechziger beziehungsweise der neunziger Jahre zwei kleine Zeichnungen entdeckt, in denen Cézanne perspektivische Schemata nach Tableaus solcher Standardwerke skizzierte.[23]

Sehr genau hat sich Cézanne demnach mit den Regeln der konventionellen, linearperspektivischen Raum- und Volumenkonstruktion beschäftigt, bevor und während er sie in Teilen modifizierte und damit für seine Kunst als normatives System außer Kraft setzte.

Cézannes grundsätzliche Skepsis gegenüber verbindlichen akademischen Regeln mag ein erster Grund für seine Veränderung der Atelierperspektive gewesen sein. Schon 1878 rügt er in einem Brief an Zola die »Professorenaugen«[24] seines früheren Zeichenlehrers aus Aix und äußert noch 1905 gegenüber Rivière und Schnerb »lebhaft seine Abscheu vor dem fotografischen Auge, vor der Zeichnung mit automatischer Genauigkeit, die man an dieser École des Beaux-Arts lehrt ...«.[25] Damit lehnte Cézanne nicht etwa in fortschrittskritischem Sinne die Fotografie als Medium ab – sie diente ihm sogar mehrfach als Vorlagenmaterial für Bilder[26] –, sondern wies eine Übertragung ihrer Optik und akribischen Detailgenauigkeit in die Malerei zurück.

Der entscheidende Grund für die Aufgabe der konventionellen Perspektive aber liegt im Kernpunkt von Cézannes künstlerischer Konzeption. Die Atelierperspektive ist eine Darstellungskonvention, eine »kühne Abstraktion von der Wirklichkeit«[27], die auf der idealen, konstruierten Vorstellung eines einäugigen und unbeweglichen Blickpunkts basiert. Die konzeptuelle Grundlage von Cézannes Kunst aber ist, das wiederholt er als Leitgedanken immer wieder, die Wahrnehmung der Realität, der Natur.

Dabei unterscheidet er begrifflich genau zwischen einem nur passiv die äußeren Eindrücke aufnehmenden Sehen und einer entwickelten, reflektierten Optik, die Unterschiede dabei durchaus polarisierend. In Hinblick auf Monet

38 *Äpfel auf einem Teller*
1885–87

spricht er von dessen »vision« und soll gesagt haben: »Monet, das ist nur ein Auge«[28], »Monet beschränkt sich auf eine einzige Sicht (vision) von den Dingen...«[29]. »Vision« bedeutet Sicht und Sehkraft, im übertragenen Sinne auch Vision. In Bezug auf seine eigene Wahrnehmung verwendet Cézanne hingegen fast immer den Begriff ›optique‹, einen wissenschaftlichen Terminus. Sehen muß für ihn, das betont er immer wieder, mit Nachdenken verbunden werden – das Auge allein genüge nicht.[30] Cézanne bezeichnet seine Beobachtung der äußeren Realität als »étude de la nature«[31], als »Studium der Natur«, und damit als einen analytischen und reflektierten, nicht aber passiven oder meditativen Vorgang. Zweck dieses Studiums ist die Schulung des Sehens durch die gleichzeitige Beobachtung von Naturvorbild und eigener Wahrnehmungsweise, die Entwicklung einer eigenen und reflektierten, von Wahrnehmungsschablonen befreiten ›optique‹: »L'optique se développant chez nous par l'étude nous apprend à voir.«[32] (»Die Optik, die sich bei uns durch das Studium entwickelt, lehrt uns sehen.«)

Deutlich impliziert dieser in einem Brief geäußerte Lehrsatz den steten Rückbezug des Vorgangs auf sich selbst und das Naturvorbild zugleich und damit seine notwendigerweise permanente Weiterentwicklung. ›Optique‹ wird zugleich als Mittel und als Resultat einer Analyse definiert, weniger als Reflexion über das ›Was‹, sondern vielmehr das ›Wie‹ der Wahrnehmung.

Cézannes Überlegungen stehen vor dem Hintergrund einer Kunstdebatte, die, sowohl unter dem Eindruck der impressionistischen Malerei als auch wissenschaftlicher Erkenntnisse, das Auge, die Sehweise des Malers als bestimmenden Faktor seiner Kunst betrachtete – bis hin zur Bezugnahme auf Phänomene der Wahrnehmungsphysiologie oder der Diagnose von Augenfehlern bei Monet und Cézanne.[33] Dabei wurde fast immer auf das Farbensehen Bezug genommen[34], mit dessen physiologischen Grundlagen sich Cézanne in Ansätzen bereits in den siebziger Jahren, in seinen an Delacroix orientierten Experimenten zur Farbwirkung auf das Auge, auseinandergesetzt hat.

Die in der zweiten Hälfte des 19. Jahrhunderts verbreiteten wissenschaftlichen Untersuchungen zur optischen Wahrnehmung widmeten sich jedoch fast ausnahmslos auch der Wahrnehmungsweise von Volumen und Raum und somit jenem Thema, mit dem sich Cézanne, wie die Betonung räumlicher Aspekte in seinen Bildern Mitte der achtziger Jahre zeigt, nun gezielt auseinandersetzte.[35] 1867 erschien die französische Ausgabe einer der wichtigsten Publikationen der Wahrnehmungsphysiologie, Hermann von Helmholtz' *Optique physiologique*. 1869 wurden seine Aufsätze in der *Revue scientifique* veröffentlicht, die Cézanne vielleicht über seinen Freund Marion kannte.[36] Den Bezug seiner Erkenntnisse zur bildenden Kunst stellte von Helmholtz selbst in der Schrift *L'Optique et la peinture* her, die 1878 in dem mehrfach aufgelegten Buch *Les principes scientifiques des Beaux-arts* von E. Brücke veröffentlicht wurde.[37] Hier werden in anschaulicher, allgemein verständlicher Weise wissenschaftliche Erkenntnisse vermittelt, wie die Unterscheidung zwischen Farbwahrnehmung, die retinal, das heißt auf der Netzhaut stattfindet, und Raum- beziehungsweise Formwahrnehmung, die durch zweiäugiges Sehen ermöglicht und von Formvorstellungen begleitet wird. Zahlreiche französische Autoren verarbeiteten oder referierten in kürzeren, oft populärwissenschaftlichen Schriften Helmholtz' Erkenntnisse, wie Laugel in

L'Optique et les Arts oder Jamin in *L'Optique et la peinture*.[38] Andere bezogen sie zum Teil explizit auf die zeitgenössische Kunst. In der *Gazette des Beaux-Arts* erschienen 1881 und 1882 drei Aufsätze, in denen der Wissenschaftler Georges Guéroult die unterschiedliche Position der beiden Augen und ihre Bewegung als Grundlage der Erkenntnis räumlicher Zusammenhänge benennt.[39] Diese Texte sind vor allem interessant, da Guéroult mehrfach Rückschlüsse auf die Malerei des Impressionismus zieht, die er als »vision indirecte« (»indirekte Sicht«), als die Wiedergabe eines einzigen, schnellen, ungezielten Blicks definiert. Cézanne, der sich in jenen Jahren meist in Paris aufhielt, konnte diese Aufsätze ohne weiteres kennen oder über die Vermittlung Pissarros, Monets und Renoirs von ihnen erfahren haben. Der Kunsttheoretiker Armand Sully-Prudhomme, der in seiner Schrift *L'expression dans les Beaux-Arts* von 1883 zweiäugiges Sehen als Grundbedingung räumlicher Wahrnehmung anführt, nennt die Schriften von Helmholtz' als wichtigste Quelle für alle nachfolgenden Studien.[40] Für Sully-Prudhomme, das mag einen Eindruck vom Stand der Debatte Anfang der achtziger Jahre vermitteln, gelten die Erkenntnisse von Eugène Chevreul und Hermann von Helmholtz bereits als notwendige Wissensgrundlage für die auf den Sinnesempfindungen beruhende Kunst. Und nicht zuletzt in dem Buch von Jean Regnier, das sich im Besitz Cézannes befand, wird auf die Zweiäugigkeit des Sehens verwiesen und der Sehwinkel des Menschen »vermessen«.[41] Die populärste Auswirkung der optischen Wissenschaften zeigte sich in den beliebten Stereoskopen, welche ebenso wie die dazugehörigen Fotografien in Zeitungsinseraten und Katalogen angeboten wurden.[42] Ihre Geschichte und Funktionsweise wurde in zahlreichen Schriften erläutert[43], und die herkömmliche Fotografie, eine der großen Herausforderungen für die Malerei des 19. Jahrhunderts, in diesem Zusammenhang als »einäugiges« Medium herausgestellt.[44] Das Wissen um die binokulare und die sukzessiv erfolgende Raumwahrnehmung kann so im letzten Viertel des 19. Jahrhunderts als Allgemeinwissen gelten, das gerade im Bereich der bildenden Kunst immer wieder seinen theoretischen Niederschlag fand und dort, wie die Fülle der Publikationen und wiederholte Neuauflagen der wichtigsten Texte zeigen, auf großes Interesse stieß.
Es gibt in Cézannes Terminologie Hinweise darauf, daß er zumindest mittelbar Kenntnis von Theorien zur Optik hatte.[45] Er bezeichnet das Auge als »notre organ visuel« (»unser visuelles Organ«), in dem sich eine »sensation optique« (ein »optischer Eindruck«) bildet[46]; er stellt am Beispiel runder Objekte fest: »[Das Auge] wird konzentrisch infolge des vielen Schauens und Arbeitens.«[47] Letzteres könnte sich auf die in der wissenschaftlichen Literatur beschriebene Anpassung des Kristallkörpers im Auge beim Betrachten runder Dinge beziehen.[48] Er postuliert: »Die im Raum gesehenen Körper sind alle konvex«[49], und: »Alles ist sphärisch und zylindrisch.«[50] Das Phänomen der optischen Sphärizität, der Achsenkrümmung, wird in den Schriften der Wahrnehmungsphysiologie als Folge binokularen Sehens beschrieben und kann in Selbstversuchen beobachtet werden. Schon die beiden Maler Rivière und Schnerb bringen diese Aussagen Cézannes mit seiner Reflexion optischer Phänomene in Verbindung.[51] Und Bemerkungen Cézannes an anderer Stelle zeigen, daß er durchaus optische Selbstversuche, vergleichbar mit den in wissenschaftlichen Texten beschriebenen, durchführte.[52] So forderte er Emile Bernard auf, zum besseren Erkennen der Farbwerte eine schmale Platte auf

seiner Nase hin- und herzubewegen – angeregt durch ein Selbstportrait von Chardin mit Brille und Augenschirm, in dem er die Darstellung eines solchen Hilfsmittels vermutete.[53] Er beruft sich damit auf einen Maler, dessen Bilder, vor allem die Stilleben, ihrerseits eine intensive Auseinandersetzung mit Wahrnehmungsphänomenen bezeugen, und dessen Überlegungen, ebenso wie die Cézannes, wohl im Kontext zeitgenössischer, wissenschaftlicher Wahrnehmungsmodelle standen.[54]

Daneben zeigt Cézannes konsequente Verwendung des Begriffs ›sensation‹ anstelle von ›impression‹, daß er zwischen den Eindrücken des rein retinalen Sehens, vor allem von Farben, und einer reflektierenden Wahrnehmung, vor allem räumlicher Zusammenhänge, ebenso genau unterschied wie zwischen ›vision‹ und ›optique‹. Dieselbe Unterscheidung zwischen ›impression‹ und ›sensation‹ findet sich auch bei Sully-Prudhomme. Dieser nennt die erste, grundlegende visuelle Begegnung mit der äußeren Welt ›impression‹; der »Widerhall der Reizung in unserem Gehirn« bedinge hingegen ein neues Phänomen, die ›sensation‹.[55]

Einzelne Erkenntnisse der physiologischen Optik, die nicht nur in wissenschaftlichen Quellen zugänglich waren, sondern vielfach auch in Schriften, die sich direkt auf die Malerei bezogen, können Cézanne Anhaltspunkt oder Bestätigung für seine Überlegungen gegeben haben; bestimmte terminologische Besonderheiten weisen auf eine zumindest mittelbare und selektive Kenntnisnahme solcher Ideen hin. Mehr als Anhalts- und Ausgangspunkte eigener Beobachtungen und Überlegungen konnte die Wissenschaft jedoch für Cézannes Suche nicht liefern. Folgerungen für die künstlerische Darstellungsweise wurden in diesen Schriften nur im Bereich der Farb-, nicht der Form- oder Raumdarstellung gezogen. Für Cézanne aber war die Analyse und Reflexion der räumlichen Wahrnehmung nicht Selbstzweck, sondern unmittelbar mit der Konzeption einer, notwendigerweise modifizierten, Darstellungsform des Bildraumes verbunden. Im Rahmen einer künstlerischen Konzeption, die auf der tatsächlichen, ihrer Bedingungen bewußten und sie reflektierenden Wahrnehmung beruht, war die Beibehaltung der konventionellen Perspektive, die von einem idealen, einäugigen und unbeweglichen Blickpunkt ausgeht, letztlich nicht mehr uneingeschränkt möglich.

Es liegt daher nahe, die senkrecht durch die beiden Fassungen des *Stilleben mit Kommode* verlaufenden Brüche als Ausdruck der Reflexion zweiäugigen Sehens zu betrachten. Die linke Kommodenseite wird mehr von links, die rechte mehr von rechts gesehen, was zum Aufklappen der fluchtenden Flächen führt. Auch der Tisch, von einer höheren Position aus betrachtet, teilt sich durch zwei verschiedene Blickpunkte. In ihrer geringen Divergenz können diese Blickpunkte durchaus auf die leicht unterschiedlichen Positionen der beiden Augen im Raum bezogen werden.

Damit will Cézanne jedoch keineswegs eine Erhöhung der räumlichen Illusion erreichen, wie dies beim Stereoskop angestrebt ist. Seine Darstellung zerstört gerade die Illusion des Bildes als Fenster, welche durch die konventionelle Perspektive erzielt wird. Paradoxerweise wird so, gerade durch die Abweichung von der nur im Zweidimensionalen anwendbaren Darstellungsmethode der einheitlichen Fluchtpunktperspektive, das Bild als eigengesetzliche, plane Fläche in seiner Spannung zum dargestellten Illusionsraum erst offensichtlich.

In *Stilleben mit Kommode* bringt Cézanne seine analytische und reflektierte Wahrnehmungsweise zum Ausdruck, das heißt, die gebrochene Tischkante und Kommodenfront sind nicht Darstellungen dessen, was man sieht, oder, da Cézanne keine Illustration physiologischer Erkenntnisse beabsichtigte, der Art und Weise, wie man sieht, sondern das Bild vermittelt, daß der Maler gleichzeitig mit der Wahrnehmung der äußeren Realität auch die Bedingungen der Wahrnehmung selbst reflektiert. Man kann diese Abweichungen von der konventionellen Perspektive, vor allem den Bruch in der Mittelachse des *Stilleben mit Kommode*, als Ausdruck des analytischen Aspekts von Cézannes ›optique‹ bezeichnen.
Die analytische ›optique‹ bedeutet aber nicht nur eine Reflexion des Verhaltnisses von Betrachter und Realität, sondern ist unmittelbar verknüpft mit Cézannes grundsätzlicher Neukonzeption des Verhältnisses von Maler und Bild, Bild und Betrachter.

Subjektive ›optique‹ statt geometrischer ›perspective‹ – Das *Stilleben mit Ingwertopf und Korb*

Im *Stilleben mit Ingwertopf und Korb* von etwa 1890 ist der Raum hinter dem zentralen Stillebenensemble in die Tiefe geöffnet (Abb. 39). Eine grau-blaue Bodenfläche wird am linken Bildrand durch die Staffelung eines nur teilweise sichtbaren hohen Möbels, eines bemalten Wandschirmpaneels und zweier Leinwandecken begrenzt und schräg nach rechts oben in die Raumtiefe geführt. Ein Stuhl, von dem nur die vorderen Beine und ein Teil der Sitzfläche dargestellt sind, bildet den Abschluß dieser Reihe vor einem vom oberen Bildrand überschnittenen, schmalen Wandstreifen. Dem rigiden Ausschnitt an der linken und oberen Bildkante entspricht an der rechten Seite das einzelne, schief ins Bild hineinragende Bein eines weiteren nicht mehr sichtbaren Möbelstücks. Im Vordergrund steht ein mit Gegenständen fast überfüllter Tisch, dessen vordere Beine vom unteren Bildrand überschnitten werden.
Im *Stilleben mit Ingwertopf und Korb* ist die Trennung zweier Farb-Raum-Zonen, anders als im *Stilleben mit Kommode*, durch zahlreiche farbliche Bezüge zwischen den verschiedenen Raumebenen deutlich zurückgenommen. Das von rosafarbenen Flecken durchsetzte Graublau des Ingwertopfes wiederholt sich im Boden des Raumes und den Gegenständen auf dem hohen Möbel links. Im Wandschirm finden sich ähnliche gelb-orange und weiße Töne wie in einigen Äpfeln und Gefäßen auf dem Tisch. Eine grüne Leinwandecke im Mittelgrund korrespondiert mit den Birnen vorne, eine blaue mit der hinteren Wand. Ablesbar wird die Raumtiefe damit vor allem an der fluchtenden Seitenkante des Möbels links hinter dem vorderen Tisch sowie der Staffelung der flächigen, klar begrenzten Paneele, der verkleinerten Darstellung des Stuhls und der Angabe der den Raum abschließenden Wand. Der Eindruck eines Tiefenraumes wird so kaum mehr mit farbperspektivischen Mitteln erzielt.
Die schon im *Stilleben mit Kommode* vermittelten Störungen der konventionellen Perspektive treten im *Stilleben mit Ingwertopf und Korb*, in dem räumliche Aspekte stärker betont sind, noch deutlicher hervor. Der Raum hinter

dem Tisch ist nach oben klappend in Aufsicht dargestellt, die weder der Ansichtigkeit des linken Möbels noch der halben Aufsicht des vorderen Tisches entspricht. Auch in diesem Bild ist die Tischfläche unter dem Tuch gebrochen, ihre linke Kante nach außen gezogen. Auffällig sind die unterschiedlichen Ansichten, in denen die Stillebengegenstände wiedergegeben sind. Die gemusterte Zuckerdose und einige Früchte sind von vorne, der Ingwertopf deutlich von oben gesehen. Auf den Korb blickt man gleichzeitig von vorne und von oben, auf das Milchkännchen von schräg links. Selbst die Kanten der Möbel und Leinwände auf der linken Bildseite scheinen unterschiedlichen Fluchtpunkten zuzustreben.
In der Forschung wurden diese Deformationen des Raumes und der Gegenstände oft Cézannes Bemühen um Stabilität und Auslastung der Komposition zugeschrieben.[56] Zuweilen galten sie auch, in Verbindung mit der plastischen Vereinfachung der Formen und der farblichen Homogenität der Bilder, als Ausdruck seiner Erkenntnis vom »Zusammenbestehen« der Dinge.[57]
Man kann jedoch auch die Mehransichtigkeit, wie dies Marianne Teuber bereits bei den wesentlich geringeren vertikalen Verschiebungen im *Stilleben mit Kommode* getan hat, zunächst wiederum in Bezug zur Formenwahrnehmungslehre der Optik setzen.[58] Dort wird regelmäßig erläutert, daß erst Bewegung vor dem Gegenstand eine elementare Kenntnis von Formen und Raum vermittelt und Formwahrnehmung möglich macht. Die mehrfachen Blickpunkte im *Stilleben mit Ingwertopf und Korb* können so zunächst als Folge und Ausdruck der analytischen ›optique‹ gesehen werden, welche die Vorgehensweise der räumlichen Wahrnehmung reflektiert und objektiviert. Neben dem zweiäugigen Sehen wird die sukzessive Wahrnehmung als Grundlage des Raum- und Volumensehens deutlich. Damit sind beide Prämissen der konventionellen Perspektive, das einäugige und das unbewegliche Sehen, außer Kraft gesetzt.[59]
In der Vervielfältigung der Blickpunkte aber wird vor allem eine über die Reflexion der Wahrnehmungsvorgänge entscheidend hinausgehende Bedeutung der ›optique‹ deutlich. Die Zusammenführung unterschiedlicher, zum Teil schon in früheren Arbeiten verwendeter bildsprachlicher Mittel weist darauf hin, daß ›optique‹ nicht nur analytisch das Verhältnis von Betrachter und Realität reflektiert, sondern daß sie zugleich zu einer neuen Definition des Verhältnisses von Realität und Bild und vor allem des Subjekts zum Bild führt: Radikaler als in den ausschnitthaften Bildern der siebziger Jahre schneidet Cézanne im *Stilleben mit Ingwertopf und Korb* an allen vier Bildrändern Objekte zum Teil abrupt ab und zeigt so deutlich, daß es sich in jeder Richtung um einen Ausschnitt aus einem größeren Zusammenhang handelt. Besonders akzentuiert wird das Ausschnitthafte am oberen Bildrand, wo nur die Sitzfläche des Stuhls sichtbar ist, und an der rechten Seite, wo ein einzelnes Möbelbein ins Bild ragt. Durch die Ausschnitte wird vermittelt, daß das Bild nicht eine im akademischen Sinne ideale, abstrakt konstruierte Komposition ist, sondern einen Aspekt der gesehenen Realität erfaßt. Auch Bilder von Edgar Degas zeigen häufig ähnlich rigide Ausschnitte, doch sind es bei ihm oft Straßenszenen mit überschnittenen Figuren, bei denen, wie im Portrait des *Comte Lepic*, die Mitte des Bildes frei bleibt.[60] So entsteht der Eindruck, der Maler habe einen Aspekt des bewegten Motivs willkürlich erfaßt. Beim unbeweglichen Stillebenmotiv wird der Akzent dabei noch deutlicher

39 *Stilleben mit Ingwertopf und Korb*
Um 1890

auf die Abhängigkeit des Dargestellten vom Gesichtsfeld des Malers, von dessen freier und subjektiver Blickpunktwahl gelegt.
Die Ausschnitte und Blickpunkte bei Cézanne entsprechen jedoch zum Teil nicht dem, was man als Ausschnitt aus einem sogenannten natürlichen Gesichtsfeld oder als übliche Position des Schauenden im Raum bezeichnen möchte. Mehrfach werden in Cézannes Bildern, wie in der deutlichen Aufsicht auf den hinteren Teil des Bodens im *Stilleben mit Ingwertopf und Korb*, Raum und Gegenstände aus einem ungewöhnlich steilen Blickwinkel gezeigt. In kleinformatigen Stilleben sind die zentralen Motive zuweilen in starker Nahsicht wiedergegeben, was das rigide Überschneiden benachbarter größerer Gegenstände durch die Bildränder zur Folge hat (Abb. 38).[61]
Oft noch deutlicher als Cézanne setzt wiederum Edgar Degas solch außergewöhnliche oder betonte Blickwinkel ein – als extreme Aufsicht auf eine Szene oder als ›voyeuristische‹ Schlüssellochperspektive – und läßt durch diese Lenkung den Betrachter den Blick in seiner Eigenart nachvollziehen und gewahr werden.[62] Anregung für außergewöhnliche, oftmals steil nach unten weisende Blickwinkel boten zeitgenössische Fotografien ebenso wie japanische Holzschnitte – Medien, die gerade in der zweiten Hälfte des 19. Jahrhunderts zu einem Aufbrechen der künstlerischen Sehgewohnheiten beigetragen haben. Duranty, der mit Degas eng befreundet war, deutete einen Zusammenhang zwischen der Fotografie und den hohen Blickpunkten der Malerei schon in seiner 1876 erschienenen Rezension der zweiten Impressionistenausstellung an.[63] Auch japanische Drucke zeigen oft ungewöhnliche Blickpunkte und pointierte Motivüberschneidungen durch die Bildränder.[64] Während bei Degas die intensive Auseinandersetzung mit Fotografie und japanischer Kunst und ihre Auswirkung auf seine Bildraumgestaltung und Blickpunktwahl bekannt ist, kann man diesen Zusammenhang bei Cézanne nur vermuten. Auch er hatte in den achtziger Jahren mehrfach die Gelegenheit, japanische Drucke zu sehen.[65]
Die Wahl eines ungewöhnlichen Blickwinkels betont wiederum die Möglichkeit des Malers, eine Situation aus einer frei gewählten räumlichen Position zu sehen und wiederzugeben und damit die Subjektivität seines Blickpunktes. Werden mehrere, zum Teil ungewöhnliche Blickpunkte miteinander und mit akzentuierter Ausschnitthaftigkeit verbunden, wird das wahrnehmende Subjekt noch gezielter vergegenwärtigt. Die Verbindung mehrerer Blickpunkte innerhalb einer Darstellung bringt die Komponente der Veränderlichkeit und somit Zeitlichkeit ins Bild. In den Serien Claude Monets, die um 1890, parallel zum *Stilleben mit Ingwertopf und Korb*, ihre konsequente Ausprägung erfahren, wird der Blickpunkt ebenfalls zeitlich definiert.[66] Monet jedoch zeigt in jedem Bild seiner *Kathedralen von Rouen* nur einen Zeitpunkt und einen Blickpunkt. Veränderlich ist in der Zusammensicht der Bilder primär die farbliche Erscheinung des Motivs, unter anderem bedingt durch den Wechsel der Jahres- und Tageszeiten. Bei Cézanne hingegen ist nicht das Objekt, sondern das betrachtende Subjekt ›veränderlich‹. Dessen einzelne Blickpunkte beziehungsweise Augenblicke des Sehens werden in einem Bild zusammengeführt. Veränderlichkeit oder Bewegung wird dabei allerdings im Sinne einer Summe nach und nach eingenommener, jeweils fixer Blickpunkte sichtbar, nicht im Sinne von Dynamik. Eine Reflexion des Phänomens Zeit an sich ist im Werk Cézannes nicht feststellbar – Zeitlichkeit, mit Raumwahrnehmung

und -darstellung verbunden, ist ein konstituierender Faktor der ›optique‹.[67] In Monets Teilung der Augenblicke und deutlicher noch in Cézannes Synthese mehrerer Blickpunkte wird vor allem das wahrnehmende Subjekt präsent, die subjektive Wahrnehmung deutlich gemacht. Sie wird zur vermittelnden Instanz zwischen Realität und Bild.[68]

Subjektive Wahrnehmung bedeutet nun jedoch nicht mehr, wie in Cézannes Frühwerk, ein betont emotionaler oder gar imaginativer Akt. Die Reflexion der Wahrnehmung schließt ihre Objektivierung mit ein, und im Gegenzug evoziert die Selbstbeobachtung der Wahrnehmung gerade die Erkenntnis ihrer Subjektivität.[69] Statt der geometrisch-mathematisch bestimmten Darstellungskonvention der ›perspective‹ wird bei Cézanne die selbstreflexive, subjektive ›optique‹ zur konzeptionellen Grundlage der Bildgestaltung.

Sully-Prudhomme hat 1883 das Bild des Malers als »anthropomorph« bezeichnet, im Gegensatz zur Darstellung des Foto-Auges, das die ideale, perspektivische Sichtbarkeit der Dinge zeige.[70] Cézanne, der den Begriff ›perspective‹ bezeichnenderweise nur dann verwendet, wenn er tatsächlich die konventionelle Perspektive meint, und ansonsten von seiner ›optique‹ spricht, definiert die Bedingungen seines Sehens nicht verallgemeinernd als »anthropomorph«, wie Sully-Prudhomme, sondern in seinen Bildern wie Aussagen als subjektiv.

An die Stelle des statischen Verhältnisses, in dem die Bildordnung auf eine ideale Sichtbarkeit hin berechnet ist, tritt eine Bildordnung, deren Faktor relativ ist: der Prozeß eines sich selbst bewußten Sehens. Dieser sich stets am neuen Motiv neu entwickelte Vorgang beeinhaltet die Möglichkeit des immer wieder Hinsehens und damit wiederum die Idee der ›Unvollendbarkeit‹.[71] Die Vervielfältigung der Blickpunkte in einem einzelnen Bild erweist sich so auch als Fortsetzung der von Cézanne bereits zuvor in den Compotier-Stillleben zum Ausdruck gebrachten Konzeption des ›Unvollendbaren‹. Sie läßt sich zunächst auf das Malen und nun auch auf das Sehen beziehen. Die Mehrfachblickpunkte der Stilleben bilden damit zugleich die Parallele zu den im selben Zeitraum in Cézannes Landschaftsmalerei dominierenden ›Variationen‹ eines Motivs, vor allem der ab Mitte der achtziger Jahre immer wieder gezeigten *Montagne Sainte-Victoire*.

Wenn Cézanne noch 1906 in einem Brief erwähnt, daß er, vor der Landschaft sitzend, nur den Kopf wenden und unter einen anderen Blickwinkel sehen müsse, damit sich die Motive vervielfältigten, und daß er so Monate vor derselben Ansicht malen könne[72], dann wird auch hier deutlich, wie sehr die Vorstellung der Unvollendbarkeit auf der reflektierten Subjektivität der Wahrnehmung beruht, nicht auf dem Ansinnen, das »Immergleiche« der »Naturstruktur« zu extrahieren.[73]

Im *Stilleben mit Ingwertopf und Korb* macht Cézanne anschaulich, daß das Bild durch das Sehen des Subjekts bedingt ist. In diesem neu definierten Verhältnis erweist sich der Bildraum als weniger und weniger nach festgelegten, a priori formulierten Regeln konstruiert. Er ist kein ›Lagerraum‹ für in ihm befindliche Dinge, kein übergreifendes Ordnungssystem mehr, sondern existiert offensichtlich durch den Vorgang des Sehens auf die Dinge.[74] Die Bildgegenstände zeigen so immer zugleich den Blick des Subjekts, der sie trifft. Im Bild ist die Trennung zwischen subjektiv und objektiv damit aufgehoben. Bernard äußert in seinem Artikel über Cézanne den Gedanken, der Künstler solle »vor der Natur ein Bild entwickeln, das im eigentlichen Sinne sein eigenes war«,[75] und Gasquet läßt Cézanne sagen: »... mir scheint, daß ich das subjektive Bewußtsein der Landschaft wäre und meine Leinwand ihr objektives Bewußtsein.«[76] Cézanne selber bezieht sich nicht, wie Bernard, auf Leonardos *Tractatus*, und das an Kant orientierte Zitat bei Gasquet entstammt unter Umständen der Interpretation des Autors.[77] Cézanne verband seine Überlegungen wahrscheinlich mit einer lateinischen Schrift, den *Saturnalien* des Macrobius. Seine Wertschätzung für die lateinische Literatur war bekannt, und »Latein war ihm vertraut.«[78] Einen Brief an Bernard schließt er mit dem Gruß »de l'entêté macrobite«, »vom eigensinnigen Macrobius«.[79] ›Macrobite‹, ein französisches Synonym für ›Methusalem‹, läßt sich zwar als verfrühter Hinweis des damals 67jährigen auf seine Langlebigkeit verstehen, eher jedoch als Anspielung auf den römischen Philosophen Macrobius.[80] Das vierzehnte Kapitel des siebten Buches der *Saturnalien* ist ein Disput über das Sehen.[81] Das Zusammenwirken von Auge und Gehirn wird als Voraussetzung für die erkennende Wahrnehmung ermittelt – am Modell eines Apfels. Die Dinge werden sichtbar, so die Schlußfolgerung, weil der wissende Blick des Menschen sie trifft. In dem hier entworfenen dialektischen Modell, das Sehen und Gesehenes untrennbar miteinander verbindet und nicht primär nach dem Wesen der Dinge, sondern dem Erkenntnisgehalt der Wahrnehmung fragt, kann Cézanne Parallelen zu seiner Konzeption gefunden haben, die sich auf das Entwickeln ebenso wie das Vermitteln der durch Sehen gewonnenen Erfahrung konzentriert.

Bilder, die eine Lehre sind – Stilleben und Konzeption

Die Störungen der Perspektive treten im Werk Cézannes in keiner anderen Gattung so massiv und deutlich auf wie in seinen Stilleben. Dies mag nur auf einer ersten, jedoch letztlich allzu konkreten Ebene damit zusammenzuhängen, daß sich die Bedingungen räumlicher Wahrnehmung am näher gelegenen Motiv deutlicher bemerkbar machen als etwa vor einer Landschaftsansicht. Doch zeigen auch Cézannes Portraits der achtziger und neunziger Jahre Blickpunktverschiebungen und abrupte Ausschnitte in weitaus geringerem Maße.[82]

Unter den Stilleben ist es gerade das *Stilleben mit Ingwertopf und Korb* (Abb. 39), in dem die Konzeption der ›optique‹ durch Mehrfachblickpunkte und Ausschnitte beispielhaft anschaulich wird. Das Bild aber zeigt keineswegs, wie der in der Forschung geläufige Nebentitel *Der Küchentisch* suggeriert, ein Kücheninterieur.[83] Links auf dem hohen Bord sieht man eine Palette, eine Stofftasche und einen Flakon, dahinter den ab Mitte der achtziger Jahre häufig in Stilleben gezeigten, von Cézanne in seiner Jugend dekorierten Wandschirm sowie Ausschnitte von bemalten Leinwänden. Das auf der gegenüberliegenden Seite schräg ins Bild ragende Möbelbein läßt in diesem Zusammenhang an eine weiter rechts im Raum befindliche Staffelei denken – ohne daß die irritierende Wirkung jenes ungewöhnlichen Motivs durch diese Erklärung verlorenginge. Cézanne zeigt sein Atelier; die Gegenstände auf dem Tisch sind folglich, trotz der für ihn wenig typischen Unordnung, keine Küchengeräte, sondern Stillebenobjekte. Das blaue, von einem Bastnetz

40 *Stilleben mit Milchkrug, Zuckerdose und Obst*
Um 1890

umfaßte Gefäß, genannt der *Ingwertopf*, markiert im *Stilleben mit Kommode* den Beginn der konzentrierten Untersuchung von Volumen- und Raumwahrnehmung beziehungsweise Raumdarstellung, auch dort begleitet von der bemalten Zuckerdose. Die Form des Topfes geht zwar auf fernöstliche Vorbilder zurück,[84] wie ein ganz ähnliches, mit einem ostasiatischen Blumen- und Vogelmuster verziertes Exemplar in einigen Stilleben Eugène Boudins zeigt.[85] Da jedoch in Cézannes Bildern konkrete Anspielungen auf den Japonismus fehlen, kann das Gefäß nicht als Zitat gesehen werden, mit dem eine Verbindung zur japanischen Ästhetik bewußt hergestellt werden soll. Cézannes Wahl hängt wiederum, wie bereits bei den Tapetenhintergründen der siebziger Jahre, mit ähnlichen strukturellen Merkmalen seiner und der japanischen Kunst zusammen, die sich auch im Ingwertopf ausprägen. Ebenso wie bei einer in anderen Stilleben dargestellten schwarzen Flasche mit Bastnetz scheint Cézanne an der Gegensätzlichkeit von kugeliger beziehungsweise zylindrischer Form und geometrischem Muster, von Volumen und Flächigkeit interessiert gewesen zu sein – eine formale Spannung, welche die gesamte Struktur seiner Bilder zunehmend prägt und für die Gestaltung japanischer Drucke in gleicher Weise charakteristisch ist.

Doch hat der Ingwertopf offenbar eine weitere gerade im Kontext des *Stilleben mit Ingwertopf und Korb* interessante Bedeutung. Ein dem Gefäß Cézannes vergleichbares Exemplar befand sich in den sechziger Jahren des 19. Jahrhunderts im vielbesuchten Studio des Pariser Fotografen Disdéri. Es erscheint dort regelmäßig als Atelierrequisit und Pinselhalter auf sogenannten ›cartes de visites‹, die Disdéri von bekannten zeitgenössischen Salonmalern anfertigte, nicht jedoch auf den Portraitfotografien anderer Persönlichkeiten.[86] In gleicher Weise als Pinselhalter genutzt, sieht man den Ingwertopf auch auf einer Atelierdarstellung des englischen Malers Charles Digham Wingfield.[87] Und ein Stilleben Vincent van Goghs von 1885 zeigt den Ingwertopf ebenfalls zusammen mit Malerrequisiten wie einem Strohhut, einem Flakon und einem weiteren Gefäß, aus dem offenbar Pinselstiele herausragen.[88] Der mit Bast umfaßte Ingwertopf scheint damit im 19. Jahrhundert kein ungewöhnliches Atelierrequisit gewesen zu sein, auch wenn sich bisher sein Ursprung ebensowenig wie seine Verbreitung eindeutig bestimmen lassen.[89] Schließlich ist der Obstkorb im *Stilleben mit Ingwertopf und Korb* vielleicht nicht zufällig ein Gegenstand, der zuvor nur im *Stilleben mit Suppenterrine* von etwa 1877 erscheint, in dem Cézanne ebenfalls ein Stilleben im Atelier gezeigt und einen wichtigen Entwicklungsschritt seiner Kunst thematisiert hat.[90]

Cézanne stellt so ein für ihn charakteristisches und anspielungsreiches Stillebenensemble in seinem Atelier dar, verzichtet jedoch weitgehend auf Utensilien oder gar Relikte, welche auf einen konkreten Arbeitsvorgang und ›die Hand des Meisters‹ hinweisen könnten. Doch ist ersichtlich, daß der Maler selbst nicht abwesend, sondern als Schauender im Bild ist. Analog dazu, als Folge dieser Vergegenwärtigung einer vor allem visuellen Präsenz, findet auch der Betrachter keinen ›Zugang‹ zum Bildraum, erhält keinen ›Zugriff‹ auf die Gegenstände, die allein zum Anschauen bestimmt sind. In dieser Distanz zwischen realer Welt des Tisches und artifizieller Bild-Welt wird die bei Cézanne schon immer latente, nun aber durch den Atelierkontext thematisierte, direkte Verknüpfung des Stilleben mit konzeptionellen Inhalten deutlich.

»Jeder Teller, jede Platte, jede Frucht, jedes Glas ... wurde ihm der Anlaß zu Erklärungen und zur Reflexion«, berichtet Emile Bernard.[91] Gerade das Stillleben erweist sich als geeignete Bildgattung zur Verwirklichung einer Konzeption, welche die Reflexion und Bewußtmachung von Wahrnehmung zu einem ihrer grundlegenden Faktoren macht. Die Vertrautheit mit den immer wieder verwendeten Anschauungsmodellen erlaubt eine Wahrnehmungshaltung, die nicht nach der »Identität der Gegenstände«[92] sucht, sondern sich auf das Sehenlernen, die Entwicklung der Wahrnehmung selbst konzentriert.[93]

Neben der Vertrautheit der Dinge ist es die Unbeweglichkeit des Motivs, durch die das Stilleben zugleich zum idealen Demonstrationsmodell wird: Die Veränderung der Bildform wird nicht auf Eigenschaften des Gesehenen, etwa eine »Dynamik des Sichtbaren«[94], sondern des Sehens selbst zurückgeführt. Dem Betrachter, mit den realen Dingen und ihren Eigenschaften ebenso wie der Maler vertraut, wird durch die Unberührbarkeit und Unbetretbarkeit der visuelle ›Zugang‹ und vor allem, im Nachvollzug der Blicke, der ihm Wahrnehmung als Vorgang bewußt macht, die Bedingtheit des Bildes durch die ›optique‹ vor Augen geführt. Gerade das Stilleben kann daher den Betrachter Sehen lehren, gemäß einer Forderung Cézannes, der Maler solle »Bilder produzieren, die eine Lehre sind.«[95]

Cézanne wendet in seinen Arbeiten ein historisch eng mit der Renaissanceperspektive verbundenes Thema der Stillebenmalerei, das Spiel mit Illusion und Wahrnehmung im Trompe-l'œil, in sein Gegenteil. Der optischen Täuschung durch die Steigerung illusionistischer Perspektive und imitativer Stofflichkeit, die vergessen lassen will, daß das Bild ein Bild ist, setzt er, durch die Vergegenwärtigung der ›optique‹, die Objektivierung des Bildes als Bild entgegen. Realität und Bild werden als deutlich voneinander verschiedene Ebenen vorgeführt, oder wie Cézanne es nannte: »L'art est une harmonie parallèle à la nature ...« (»Die Kunst ist eine Harmonie parallel zur Natur«).[96] Cézannes Bilder stehen so in der Tradition einer Thematisierung von Wahrnehmung im Stilleben und der dadurch ausgelösten Frage nach dem Verhältnis von Realität und Bild, die sich von den Trompe-l'œil-Stillleben des 17. Jahrhunderts über Chardins Arbeiten bis zum Kubismus verfolgen läßt, und sie bezeichnen zugleich eine neue, die moderne Auffassung.[97]

Die Kubisten haben in ihren Stilleben, in denen sie in der Nachfolge Cézannes perspektivische Regeln weit radikaler negierten, den Illusionscharakter von Malerei und Bildgegenstand nicht zuletzt dadurch kommentiert, daß sie reale Gegenstände in die Bilder hinein collagierten. Es ist vor allem Cézannes enge Bindung konzeptioneller Inhalte an die Stilleben der achtziger und frühen neunziger Jahre, auf die sich der Kubismus beziehen konnte. Während jedoch die Vorgehensweise des Kubismus mehr und mehr von beobachtungsunabhängigen, abstrakten Vorstellungsformen ausgeht, beginnt Cézanne in der Regel »sur nature«, mit diesem Begriff sowohl Landschaft wie auch Figur und Stillebenmodell bezeichnend.[98] Juan Gris hat, deutlich polarisierend, den Unterschied in der Konzeption herausgestellt: »Cézanne macht aus einer Flasche einen Zylinder, ich jedoch gehe von einem Zylinder aus, um ein Individuum eines speziellen Typs zu machen, aus einem Zylinder mache ich eine Flasche... Cézanne bewegt sich auf die Architektur zu, ich gehe von ihr aus ... «.[99]

Die von Gris hervorgehobene und bei Cézanne zu beobachtende Vereinfachung der Gegenstandsformen und die Reduzierung stofflicher Qualitäten treten im Stilleben besonders deutlich zutage, da beides traditionell den Reiz und Inhalt dieser Gattung ausgemacht hat. Tatsächlich aber werden, im *Stilleben mit Ingwertopf und Korb* wie in anderen Bildern, die Formen einzelner Obstsorten – Äpfel, Birnen, Pfirsiche – noch durchaus unterschieden. Individuelle Formeigenarten – wie Dellen und Verwachsungen – läßt Cézanne jedoch außer acht. Durch den Wegfall dieser Merkmale und stofflicher Darstellung entfallen Hinweise auf jene Qualitäten der Gegenstände, die nicht auf der optischen Wahrnehmung beruhen – Duft, Geschmack, Textur. Wenn auch eine, vor den späten Landschaften definierte, »begriffsblinde«[100] Wahrnehmungshaltung Cézannes vor den Stilleben nicht festzustellen ist, so wird doch, durch die Konzentration auf das visuell Erfahrbare, die eindeutige sprachliche Benennbarkeit der Bildgegenstände zwar nicht aufgelöst, aber deutlich zurückgenommen.
Nie jedoch reduziert Cézanne, wie Juan Gris und in seiner Nachfolge weitere Autoren definieren, die Bildgegenstände seiner Stilleben auf geometrische Kürzel.[101] Apfel und Kugel können als die beiden, nur in der Theorie aufgestellten, Pole seiner Gegenstandsdarstellung betrachtet werden.
»Mit einem Apfel will ich Paris in Erstaunen setzen!«, lautet ein von Gustave Geffroy überliefertes Postulat Cézannes aus dem Jahr 1894.[102] Es bringt, neben der emblematischen Bedeutung dieses Gegenstandes, das Festhalten am gegenständlichen Ausgangspunkt, am gesehenen Motiv zum Ausdruck.
»Behandeln Sie die Natur gemäß Zylinder, Kugel und Kegel und bringen Sie das ganze in die richtige Perspektive, so daß jede Seite eines Objektes, einer Fläche nach einem zentralen Punkt führt«,[103] lautet andererseits der vielzitierte Satz aus einem Brief an Emile Bernard von 1904. Bereits die Verwendung des Begriffs »perspective« zeigt, daß Cézanne, wie Theodore Reff erläutert hat, hier eine konventionelle Regel der perspektivischen Volumendarstellung anhand von in Lehrbüchern und Zeichenkursen geläufigen geometrischen Übungsmodellen nachformuliert.[104] Weder jedoch werden in Cézannes Bildern natürliche Gegenstände auf jene Grundformen reduziert, noch folgt er konsequent der zitierten perspektivischen Regel. Er definiert in diesem Satz den theoretischen Gegenpol zu den realen Gegenständen der Wahrnehmung, die Formen der abstrakten Konstruktion. Beide tauchen in seinen Bildern nicht auf.

Arrangement und Komposition

Da Cézannes Stillebenmalerei vor allem den Vorgang der Wahrnehmung und die Bedingtheit des Bildes durch die subjektive ›optique‹ reflektiert und zum Thema macht, bleibt die Beobachtung vor der Natur sein Ausgangspunkt; da seine ›optique‹ aber, wie Bernard treffend feststellte, »mehr in seinem Gehirn als in seinem Auge« war[105], oft nur noch mittelbar. Statt »Demut«[106] vor der Natur offenbaren die Stilleben vielmehr Cézannes kalkulierten Umgang mit den Dingen, die willentliche Gestaltung einer Kunst-Welt im Atelier. »Theorien…, sie sind immer einfach«, stellt Cézanne in einem Brief an Emile Bernard fest. Die ernsthaften Schwierigkeiten lägen darin, den Beweis für das,

41 *Ingwertopf mit Früchten und Tuch*
1888-90

was man denkt, zu erbringen.[107] Cézannes Stilleben lassen erkennen, daß er der Anforderung, für das neuen Bedingungen unterstellte Verhältnis von Realität, Subjekt und Bild neue, gleichwohl innerbildliche Kohärenz erzeugende Darstellungsmodi zu finden, bereits auf der Ebene der Wahl und des Arrangements seiner Gegenstände begegnet. Gerade das Stilleben bietet dem Maler die Möglichkeit, Gegenstände frei zu wählen und anzuordnen. Schon bei der Farbgestaltung und Entwicklung der Modulation in den Arbeiten der siebziger Jahre hatte Cézanne durch die Wahl farblich geeigneter Gegenstände eine Doppeldeutigkeit zwischen Darstellungswert und Eigenwert der Bildfarbe erhalten. Schon dort spielten stoffliche Eigenschaften und individuelle Farbausprägungen keine Rolle; die äußerst differenzierte Farbgebung folgte statt dessen zunehmend autonomen Harmonie- und Wirkungsgesetzen.

In den Stilleben der achtziger und frühen neunziger Jahre wählt Cézanne meist Dinge mit einfachen, charakteristischen, nicht selten stereometrischen Grundmustern nahestehenden Formen – kugelförmige Äpfel, Orangen und nun auch Melonen, zylindrische Flaschen, kegelförmige Birnen und nicht zuletzt den blauen Ingwertopf, der in Arbeiten ab Mitte der achtziger Jahre immer wieder dargestellt wird. Er legt so auch durch die Wahl von Gegenständen mit geeigneten Formeigenschaften und deren sorgfältig kalkuliertes Arrangement, zum Beispiel das Anheben und Kippen von Tellern durch künstlich gestärkte Stoffe oder untergelegte Bücher, die Basis der Volumen- und Raumgestaltung im Bild und bindet diese an die Realität zurück. Das Gleichgewicht zwischen den beiden Polen, der Gegenstandsform und der geometrischen Form, wird austariert, die Distanz zwischen beobachteter Realität und autonomer Bildgestaltung bewußt verringert.

Auch der schrittweisen Auflösung des perspektivisch konstruierten Raumkastens kommt Cézanne auf der Ebene von Motivwahl und -anordnung entgegen. Eine in dieser Annäherung von Arrangement und Komposition zentrale Funktion hat dabei der in Stilleben ab Mitte der achtziger Jahre häufig verwendete Paravent.[108] Er ist kein fernöstliches Requisit, auch wenn Wandschirme ein wiederkehrendes Motiv japanischer Darstellungen sind, sondern ein von Cézanne in seiner Jugend selbst bemaltes Stück, genannt *Les Environs d'Aix-en-Provence*. Er zeigt auf seiner Vorderseite ländliche Festszenen nach Lancret, auf seiner Rückseite ornamentale Muster im Stil des Neo-Rokoko.[109] Der mehrteilige Wandschirm verbindet Flächigkeit mit Dreidimensionalität; die Eigenschaft, den Bildhintergrund in mehrere Facetten zu zerlegen, sollte Jahrzehnte später sein kleineres Pendant, den Fächer, zum geeigneten Motiv in Stilleben Pablo Picassos machen.[110]

Der Wandschirm ist als mobile und in sich flexible Schein-Wand geeignet, im Bild eine irritierende Raumwirkung zu erzeugen, bei der offenbleibt, ob sie auf Eigenschaften des realen Motivs, der Wahrnehmung oder auf Maßnahmen der Bildkonstruktion zurückgeht. In allen Bildern verstärkt Cézanne diese Mehrdeutigkeit, indem er durch enge Bildausschnitte und Überschneidungen des Schirms mit anderen Gegenständen eine definitive Angabe räumlicher Bezugspunkte vermeidet. So geben weder eine Standfläche noch eine Oberkante Aufschluß über die Position der einzelnen Paneele zueinander.[111]

In ähnlicher Weise verwendet Cézanne immer wieder schräg im Hintergrund lehnende, ausschnitthaft wiedergegebene Rückseiten von aufgespannten

Leinwänden, deren Verhältnis untereinander, zum Wandschirm oder zum Raum nicht näher bestimmbar ist. Deutlicher noch als der bemalte Wandschirm stellen sie den Atelierkontext vieler Stilleben explizit heraus (Abb. 43).[112]

Die mehransichtigen Hintergründe zahlreicher Stilleben werden damit partiell auf einen Befund in der Realität zurückgeführt; die flächigen, nicht zwingend der Flucht des gesamten Raumes folgenden Elemente kommen den unterschiedlichen Blickwinkeln und der veränderten Bildraumgestaltung auf motivischer Ebene entgegen.

Hintergrundmotive wie den Wandschirm, die Keilrahmen, nur ausschnitthaft gezeigte Möbelstücke und häufig auch die Wanddekorationen seiner Ateliers entwickelt Cézanne in Arbeiten der frühen neunziger Jahre zu mehr und mehr die Bildfläche betonenden Elementen weiter, indem er räumliche Bezüge schrittweise reduziert. In einigen Stilleben schaffen breite, senkrecht verlaufende, dunkle Zonen nicht definierbare Hintergrundsituationen, die ursprünglich vielleicht auf den Wandschirm oder fluchtende Wände zurückgehen und nunmehr primär als flächige Strukturen erkennbar sind (Abb. 41 und 58).[113]

In anderen Bildern verläuft der braune Streifen einer Wanddekoration waagerecht im Hintergrund und ändert seine Höhe unversehens, ohne daß die Darstellung einer fluchtenden Wand dies begründen würde.[114] In *Blumen in blauer Vase* von etwa 1887/88 (Abb. 42) scheint sich rechts eine Wandöffnung zu befinden, deren Laibungen wie in einem Vexierbild aus der Tiefenflucht klappen; dasselbe Motiv ist im Blumentopf mit Birnen von etwa 1890/92 (Abb. 43) völlig zur flächigen Bildstruktur geworden, da hier das Laub der Pflanze die untere Laibung gezielt verdeckt.[115]

Eines der am häufigsten auftretenden Bildelemente ist ein schräg im Bild verlaufender Streifen, der offenbar die Grenze zwischen zwei Flächen – Boden und Wand oder zwei Wandzonen – markiert. Seine Lage, zuweilen auf Höhe der Tische, meist im unteren Teil der Bilder, weist auf einen Blick hin, der über die in vorderer Bildebene befindlichen, in Ansicht dargestellten Gegenstände hinweg nach unten gerichtet ist (Abb. 40, 42 und 45).[116] Der Streifen wird in seinen räumlichen Bezügen zunehmend ambivalent und nur noch in seiner Lage im flächigen Bildgefüge definierbar. Er weist, als Chiffre des aus verschiedenen Blickwinkeln ›Gesehenen‹, immer auf den Ausgangspunkt der Beobachtung zurück und wird dabei zum verfügbaren Element einer autonomen, von der unmittelbaren Anschauung unabhängigen Bildkonstruktion weiterentwickelt. Eine ebensolche Chiffre stellt auch die in der Mitte geteilte Tischplatte vieler Stilleben der achtziger und neunziger Jahre dar.

Daß Cézanne keineswegs nur in seinen Bildern von *Badenden*, sondern auch im Stilleben nicht immer unmittelbar nach der Natur arbeitete, sondern ein Bild aus dem Kopf vermittels solcher Chiffren des Gesehenen zusammensetzen konnte, zeigen das *Stilleben mit Ingwertopf und Obst* (Abb. 44) aus Baden und das *Stilleben mit Ingwertopf, Obst und Büchern* (Abb. 45) aus Washington.[117]

In diesen Bildern ist die zentrale Motivgruppe, der Ingwertopf mit Obstteller, Birnen und Tuch, bis in die Falten des Tuches hinein identisch. Dieselbe Gruppe zeigt auch ein Aquarell, das vermutlich zwischen den beiden Ölbildern entstanden ist und, farblich kaum ausgestaltet, offenbar zur Klärung der linearen Bezüge diente (Abb. 41).[118] Im Hintergrund des Badener *Stilleben mit*

42 *Blumen in blauer Vase*
Um 1887/88

43 *Blumentopf mit Birnen*
Um 1890/92

44 *Stilleben mit Ingwertopf und Obst*
Um 1890

45 *Stilleben mit Ingwertopf, Obst und Büchern*
Um 1894/95

Ingwertopf und Obst von etwa 1890 bilden diagonale und vertikale Streifen, dunkle Flächen und Winkel einen undefinierbaren räumlichen Hintergrund, der noch umgedrehte Leinwände und Möbel erahnen läßt. Im mehrere Jahre später entstandenen Bild aus Washington ist, neben einigen Objekten auf der rechten Tischseite, der Hintergrund zu dieser vom Aquarell oder Ölbild übernommenen Motivgruppe frei hinzukonstruiert. Er zeigt nun links einen hohen Tisch mit Büchern, rechts eine herabhängende Draperie. Dabei erweckt Cézanne im Badener Bild noch den Eindruck eines, wenn auch nicht genau definierbaren, Tiefenraumes hinter dem Stillebenensemble und akzentuiert ihn noch durch die nachträgliche Übermalung einer nach hinten weisenden Ecke. Im Washingtoner Bild hingegen schließt eine Wand den rechten Teil des Bildes flach ab. Ein Tuch, das hier vom oberen Bildrand überschnitten herabhängt, gewinnt trotz des Faltenwurfs keinerlei plastische Wirkung und erscheint optisch auf derselben Ebene wie die Wand.[119]
An den Gemeinsamkeiten und Unterschieden der beiden Arbeiten wird exemplarisch deutlich, wie Cézanne zum einen ohne direkte anschauliche Auseinandersetzung mit dem realen Motiv ein Stillleben konstruieren konnte, zum anderen, wie sich die Hintergrundmotive seiner Stilleben zwischen 1890 und 1895 weniger und weniger eindeutig auf einen Handlungs- oder Stellraum beziehen lassen. Sie werden zu Elementen der Bildflächengestaltung. Dem Verhältnis verschiedener Bildzonen zueinander kann sich daher nur noch in Betrachtungen und Beschreibungen angenähert werden, die von einer ergänzenden Rekonstruktion der räumlichen Situation absehen und die gezielt hergestellte Ambivalenz der Gestaltung zwischen Zwei- und Dreidimensionalität erfassen.
Durch die Stärkung der Bildfläche tritt die autonome, sich vom gesehenen Arrangement mehr und mehr, aber nie vollends lösende Konstruktion des Bildes in den Vordergrund. Der Faktor der ›logique‹, die Reflexion auf die innerbildliche Kohärenz, gewinnt an Gewicht.
Die Maler Rivière und Schnerb berichteten nach ihrem Besuch in Cézannes Atelier 1905: »Die Komposition muß nach Cézanne das Ergebnis von Arbeit sein. Jedes Motiv, so wie es in das Blickfeld des Malers gerät, muß durch das Studium zu einem vollkommen im Gleichgewicht stehenden Ganzen werden, ... durch die Logik (logique) der Reproduktion. ... Es ist also die Logik, die das Bild komponiert, und die Beobachtung wird sie nicht vollständig ersetzen können ... «.[120]
Cézanne selber beharrt wiederholt auf der Zusammengehörigkeit, der Verschränkung von ›optique‹ und ›logique‹: »Im Maler gibt es zwei Dinge: das Auge und das Gehirn, beide müssen sich gegenseitig helfen: Man muß an ihrer gegenseitigen Entwicklung arbeiten; am Auge durch das Sehen nach der Natur, am Gehirn durch die Logik der organisierten Eindrücke (sensations organisées), welche die Ausdrucksmittel (moyens d'expression) liefert«.[121]
Das Verhältnis von ›optique‹ und ›logique‹ wird als wechselseitige, permanente Entwicklung definiert. ›Optique‹ bedeutet die Reflexion der Wahrnehmung unter dem Aspekt der ›logique‹, ›logique‹ die Reflexion auf die immanenten Anforderung des Mediums nach Maßgabe der ›optique‹. Auch die ›logique‹ ist so, analog der ›optique‹, eine Vorgehensweise. Ein im Wortsinn berechenbares Regelwerk, ähnlich der konventionellen Perspektive, stellt Cézanne mit ihr nicht auf.[122]

Cézanne hat dazu einen Lehrsatz formuliert, der, ebenso wie das vorangegangene Zitat, der Interdependenz aller Faktoren Ausdruck verleiht und der verdeutlicht, daß die »Elliptik«[123] seiner Formulierungen nichts anderes ist als der Versuch, dem Vorgang der beständigen Rückvergewisserung und der gegenseitigen Hilfe zwischen Arrangement, ›optique‹, ›logique‹ und Bildkomposition sprachlich Rechnung zu tragen: »Pour l'artiste, voir c'est concevoir, et concevoir, c'est composer.« (»Für den Künstler bedeutet Sehen Erdenken, und Erdenken bedeutet Komponieren.«)[124]
Auch im Rahmen kunsttheoretischer Formulierungen läßt sich Cézannes Position damit einordnen: zwischen die Deutung der Vorgehensweise Claude Monets durch den Kritiker Lecomte: »Monet ne conçoit pas«[125] (»Monet konzipiert nicht«), der vom Maler selbst in seinen Äußerungen nicht widersprochen wurde, und das Postulat von Juan Gris: »Peindre est prévoir« (»Malen ist vorausschauen«).[126]

Die Logik der Konstruktion – Das *Stilleben mit Amor*

»...le chant de l'arabesque en liaison avec la couleur, la fixité de la forme...«
(Henri Matisse über Cézanne)[1]

Im *Stilleben mit Amor* von etwa 1895 (Abb. 46), seinem letzten Stilleben mit einem weit in die Tiefe geöffneten Bildraum, verdeutlicht Cézanne, daß die Geschlossenheit der Komposition nicht auf der Wiedergabe eines ausbalancierten Arrangements, sondern der bildautonomen Konstruktion beruht.[2]
Man blickt im Vordergrund auf die ins Bild ragende Ecke einer ockerfarbenen Platte, die vom unteren Bildrand überschnitten wird. Auf ihr befinden sich ein weißer Teller, gelb-rote und grüne Äpfel, zwei große, rotbraune Zwiebeln mit grünem Laub und eine als Ausschnitt sichtbare blaue Draperie mit schwarzem Ornamentmuster. In der Bildmitte steht eine weiße Statuette, der Gipsabguß eines damals Pierre Puget zugeschriebenen Amor, plastisch in blau-grau-grünen Tönen durchgeformt (Abb. 49).[3] Links im Bild sieht man ein weiteres Stillebenarrangement mit blauer Draperie und zwei Äpfeln vor blau-grünem Hintergrund. Es ist der Ausschnitt eines Bildes-im-Bild, die rechte Seite des von Cézanne um 1893 gemalten *Stilleben mit Pfefferminzlikörflasche* (Abb. 57).[4] Die in originaler Größe zitierte Arbeit steht diagonal im Bild, ihre Unterkante verläuft in spitzem Winkel zur linken Kante der Tischplatte. Über den Gegenständen liegt schräg auf der Wand ein breiter, brauner Streifen.
Links wird das Stilleben-im-Stilleben vom Bildrand, rechts von einer weiteren aufgespannten Leinwand überschnitten. Diese zweite, offensichtlich unbemalte Leinwand befindet sich in starker Verkürzung direkt hinter Rumpf und Kopf der Amorstatuette. In der oberen, rechten Ecke des *Stilleben mit Amor* schließt ein drittes Bild-im-Bild die Reihe der Leinwände ab. Es zeigt, vom oberen Bildrand überschnitten, den unteren Teil eines sogenannten *Écorché* – des Gipsabgusses eines damals Michelangelo zugeschriebenen Anatomiemodells.[5] Sockel, Beine, ein Teil des Rumpfes und des aufgestützten rechten Armes der Figur sind von kräftigen dunkelblauen Strichen umrissen, die plastische Formung durch Farbe ist hingegen so stark zurückgenommen, daß eher der Eindruck einer aquarellierten Zeichnung als der eines Ölbildes entsteht. Auf dem Boden vor diesem Bild-im-Bild liegt ein großer, grüner Apfel.
In der Farbgebung und im dünnen, matten Farbauftrag ähnelt das *Stilleben mit Amor* dem Pariser *Stilleben mit Ingwertopf und Korb* (Abb. 39).[6] Auch hier werden zwar hellere und leuchtendere Farben im Vordergrund, etwas dunklere und gedecktere im Hintergrund verwendet, eine akzentuierte farbperspektivische Trennung ist jedoch vermieden. Das Rot, Gelb und Grün der Äpfel vorne wiederholt sich in den Früchten des Stillebens links dahinter und

46 *Stilleben mit Amor*
Um 1895

im großen Apfel vor dem *Écorché*-Bild, das blau-violett abschattierte Weiß des *Amors* kehrt im *Écorché* wieder, das helle, mit Violett und Grün schattierte Ocker der vorderen Tischplatte im hinteren Teil des Stillebens. Statt rosagrauer Töne, wie im *Stilleben mit Ingwertopf und Korb*, vereinheitlichen hier blau-graue Flecken die Gesamtwirkung.
Auffälliger als die Verbindung durch korrespondierende Töne und eine gleichmäßige Helligkeit ist die Verschränkung der unterschiedlichen Bildebenen auf der Bildfläche. Das *Stilleben mit Amor* zeigt, deutlicher noch als das *Stilleben mit Ingwertopf und Korb*, trotz der Öffnung des Raumes nach hinten keinen homogenen und gerichteten Handlungs- oder Stellraum mehr, in dem die Objekte gesehen werden können. Das Bildgefüge ist aus den Gegenständen konstruiert. Cézanne längt die Amorstatuette um fast ein Drittel ihrer tatsächlichen Höhe, entgegen seiner sonstigen Gewohnheit, Stillebenmotive in Originalgröße darzustellen. An dieser großen, fast die ganze Bildhöhe einnehmenden Figur wandert der Blick nach oben: Sockel und Beine sind in Aufsicht, der armlose Rumpf frontal, der Kopf in leichter Untersicht wiedergegeben. Mit der Amorfigur überspannt Cézanne Vorder-, Mittel- und Hintergrund, um ihre Achse komponiert er das Bild. Die mittlere der drei Leinwände bildet den Hintergrund des Amors. Ihre Kanten umfassen seine geschwungenen Formen, die dunkleren Zonen der Leinwand beziehen sich auf seine Umrisse. Bild und Amor, Hintergrund und Vordergrund werden auf diese Weise verbunden. Das Ablesen des Tiefenraumes ist so an den Kanten dieser Leinwand nur noch eingeschränkt möglich – ihr Bezug zu einem, hier nicht mehr existierenden, übergreifenden und perspektivischen Raumgefüge ist weitgehend durch den Bezug zur Figur ersetzt.
Die Tiefenerstreckung des Bodens wird somit zwar, ähnlich wie im *Stilleben mit Ingwertopf und Korb*, an der Staffelung flächiger Elemente auf der linken Bildseite ablesbar, doch ist sie grundsätzlich gestört. Die helle Bodenfläche klappt deutlicher nach oben, eine hintere Begrenzung durch eine Wand, wie im *Stilleben mit Ingwertopf und Korb*, fehlt. Bei einer dunklen Linie im Hintergrund läßt Cézanne offen, ob sie die Bodenkante einer Wand oder die Unterkante des *Écorché*-Bildes darstellt.
Zudem verkleinert er die im hinteren Teil des Raumes befindlichen Gegenstände nicht, wie es perspektivischen Regeln und optischen Erfahrungen entspräche. Ebenso wie das im Vordergrund befindliche *Stilleben mit Pfefferminzlikörflasche* ist die *Écorché*-Figur des hinteren Bildes-im-Bild in originaler Größe wiedergegeben, wie in den zahlreichen Zeichnungen Cézannes nach diesem Modell. Und der auf dem Boden davor liegende grüne Apfel ist, ungeachtet seiner Position, ebenso groß wie die Äpfel im Vordergrund.
Anders als im *Stilleben mit Ingwertopf und Korb*, blickt der Betrachter im *Stillleben mit Amor* nicht mehr mit dem Maler, dessen Blicke nachvollziehend, in den Raum; ein Raum außerhalb des Bildraums kann von ihm nun nicht mehr vorgestellt, das heißt weitergedacht werden. Obwohl das Bild rechts eine offene Fläche, links, oben und unten angeschnittene Gegenstände zeigt, fehlen Anhaltspunkte und berechenbare Regeln für eine imaginäre Weiterführung des Raumes. Die Darstellung erscheint so nicht mehr als Ausschnitt aus einem größeren Zusammenhang, sie weist nicht über die Bildränder hinaus. Kein Realitätsausschnitt wird hier ins Bild projiziert, sondern eine autonome bildliche Einheit konstruiert.

47 *Amor*
1886–89

48 *Amor*
Um 1888–90

49 Gipsabguß des ehem. Pierre Puget zugeschriebenen *Amor*

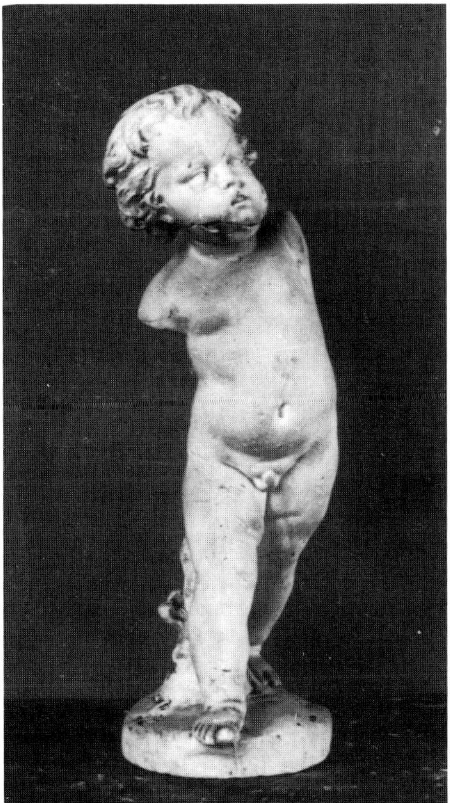

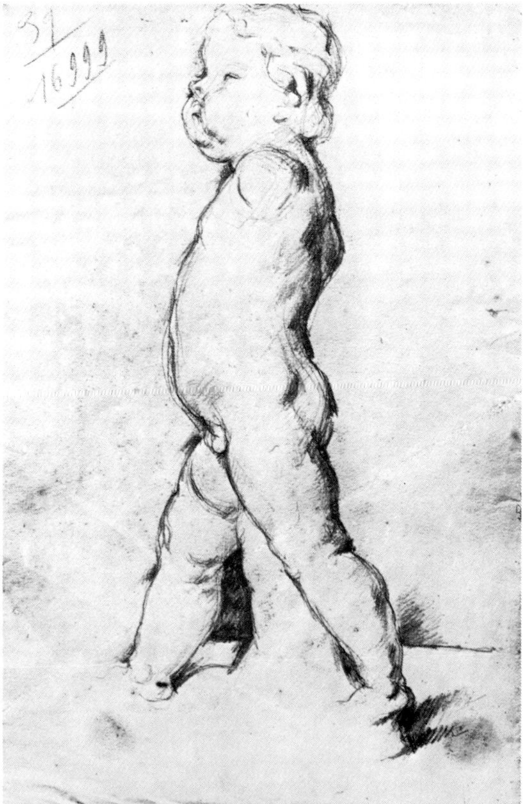

Mehrfach werden im *Stilleben mit Amor* verschiedene Bildebenen miteinander verschränkt. Der braune Wandstreifen links oben ist ein Motiv des *Stilleben mit Pfefferminzlikörflasche*. Anders jedoch als im Original, wo er parallel zur Kante der darunterliegenden, dunklen Wandzone verläuft, liegt der Streifen hier schräg im Bild. Da er auch nicht mehr parallel zur Unterkante des Bildes-im-Bild verläuft, entsteht der Eindruck, es handele sich bei ihm um das Dekor der Wand neben dem *Amor*, ohne sich hingegen in diesen Zusammenhang perspektivisch stimmig einzufügen. Diese Wand aber, vor der das *Stillleben mit Pfefferminzlikörflasche* scheinbar lehnt, erweist sich letztlich als identisch mit der des Bildes-im-Bild. Der Streifen irritiert so die Trennung beider Ebenen.
Auch das räumliche Verhältnis von Tischplatte und Bodenfläche läßt sich nicht eindeutig bestimmen. Nur in der rechten, unteren Ecke deutet die dunklere Tönung des Bodens an, daß sich die Tischplatte räumlich höher befinden könnte. In der Mitte hingegen stoßen zwei Flächen aneinander, und links neben dem *Amor* löst sich die trennende Linie fast ganz auf, so daß an dieser Stelle räumliche Unterschiede vollständig aufgehoben sind und die Bildfläche betont wird.
Die Ornamente der blauen Draperie in der linken, unteren Ecke des *Stilleben mit Amor* berühren die desselben blauen Tuches im Bildzitat des *Stilleben mit Pfefferminzlikörflasche* – nur minimale Farbunterschiede wahren die Trennung beider Bildebenen.
Auch indem Cézanne die untere Ecke der *Écorché*-Darstellung mit dem grünen Apfel verdeckt und die Zonen daneben nicht in ihrer Zugehörigkeit zu der einen oder anderen Ebene definiert, bewirkt er bewußt eine Uneindeutigkeit der Raumsituation und damit der Gattungszugehörigkeit der *Écorché*-Darstellung zwischen dreidimensionaler Skulptur-im-Bild und zweidimensionalem Bild-im-Bild – was in der Rezeption zuweilen zur Identifizierung einer zweiten Skulptur führte.[7] Das wohl deutlichste Motiv der Verschränkung ist die große Zwiebel auf der linken Seite der Tischplatte. Ihr grünes Laub wird von der Knolle durch eine Linie getrennt, die genau der Unterkante des *Stilleben mit Pfefferminzlikörflasche* entspricht. Es gehört so beiden Bildebenen zugleich an und verklammert sie auf der Fläche.
Bildebene und Bild-im-Bild-Ebene, Skulptur, Gemälde und Darstellung einer Skulptur werden als prinzipiell gleich definiert – innerhalb eines, seinen Autonomieanspruch betonenden Werks.

Die dekorativen Meister

Die Darstellung einer Plastik als zentrales Stillebenmotiv ist ungewöhnlich für Cézanne und erscheint nur noch ein weiteres Mal, im ebenfalls um 1895 entstandenen *Stilleben mit Amor und Draperie*.[8] Das Motiv einer zweiten Figur kommt nur im Londoner *Stilleben mit Amor* vor. Bildzitate im Stilleben verwendet Cézanne bereits um 1877; mit dem Stilleben-im-Stilleben setzt er nun seine ganz persönliche Genealogie des Bildes-im-Bild fort und stellt eine eigene Arbeit neben die Werke zweier Alter Meister. Die Bilder und Leinwände im *Stilleben mit Amor* zeigen, daß es sich auch hier um ein Atelierstillleben handelt, hinter dessen ungewöhnlicher Motivwahl und komplexer for-

50 *Amor*
Um 1890

maler Gestaltung man die differenzierte Formulierung eines künstlerischen Standpunktes annehmen muß.
Die Zusammenstellung von Skulpturen und Bildern in einem Stilleben erinnert zunächst an Darstellungen von ›Attributs des Arts‹, jener in Frankreich seit dem 18. Jahrhundert geläufigen und beliebten Spielart des Stillebens, die Cézanne in historischen Beispielen und zeitgenössischen Adaptionen des Themas gekannt haben wird.[9] Doch unterscheidet sich sein *Stilleben mit Amor* von all diesen Bildern grundsätzlich, da es anstelle von Künstlerutensilien Früchte und Zwiebeln zeigt; von den meisten ›Attributs des Arts‹ weicht es jedoch auch dadurch ab, daß Arbeiten von Michelangelo und Puget den Platz des noch im 19. Jahrhundert gängigen Antikenzitats einnehmen.[10] In Cézannes Wahl gerade jener Werke muß man eine gezielte Stellungnahme vermuten, bei der es keineswegs, wie behauptet wurde, »jeder ›alte Meister‹ tut«.[11] Dabei richtet sich jedoch weder das Zitat eines Michelangelo-Modells noch einer Figur Pierre Pugets gegen die offizielle Geschmacksnorm. Beide Meister erfreuten sich allgemeiner Wertschätzung, auch die Arbeiten des lange mißachteten Barockbildhauers Puget nahmen schon seit den fünfziger Jahren des 19. Jahrhunderts einen eigenen Saal im Louvre ein.[12]
Gipsabgüsse des *Amor* und des *Écorché*, deren Originale bereits Ende des 19. Jahrhunderts verschollen waren, befanden sich in Cézannes Besitz und stehen noch heute in seinem Atelier in Aix-en-Provence (Abb. 62). Der zu Cézannes Zeit dem Barockbildhauer Pierre Puget, heute meist Frans Duquesnoy zugeschriebene *Amor*, eine pummelige Figur mit weich geformter Oberfläche, ist im Original 45 cm hoch (Abb. 49). Über einer betonten Schrittstellung neigt sich der Rumpf nach links, durch das Hochziehen der rechten Schulter und die Neigung des Kopfes dreht sich der Körper leicht um die eigene Achse. Der damals als Arbeit Michelangelos geltende, sogenannte *Écorché*,[13] »Muskelmann«, ist ein 23 cm hohes Anatomiemodell, dessen bloßgelegte Muskeln deutlich ausgeführt sind. Die Figur stellt einen auf dem linken Bein knienden Mann dar, der die Arme hinter dem Kopf verschränkt und in komplizierter Körperdrehung den rechten Ellenbogen auf das aufgestellte Bein stützt.
Beide Figuren sind Studienmodelle, wie sie zu Cézannes Zeit in den Malerateliers verbreitet waren.[14] Sie dienten, wie viele andere Gipsabgüsse antiker und neuzeitlicher Werke, vor allem der Schulung des ›Dessin‹, die im Mittelpunkt der Ausbildung in den privaten Ateliers und den Kursen der École des Beaux-Arts stand.[15]
Auch für Cézanne hatten die Gipsabgüsse von *Amor* und *Écorché* die Funktion von Zeichenmodellen.[16] Unter seinen rund 300 Zeichnungen nach Werken alter Kunst entstanden etwa zwei Drittel nach Skulpturen. Darunter bilden die Blätter nach Arbeiten Pugets, unter anderem dem *Milon von Kroton*, dem *Ruhenden Herkules* aus dem Louvre und dem kleinen *Amor*, sowie jene nach Michelangelos *Écorché* die größten Konvolute. Obwohl Cézanne den *Écorché* möglicherweise schon in den sechziger Jahren besaß[17], werden beide Figuren nicht in seinen Anfangsjahren an der Académie Suisse oder in den Kursen an der Zeichenschule von Aix-en-Provence, sondern erst ab Ende der siebziger Jahre zum Gegenstand von Zeichnungen.
Zwischen 1877/80 und etwa 1895 entstehen sechzehn Blätter nach dem *Écorché*, elf Zeichnungen und, um 1895, vier Aquarelle nach dem *Amor*.[18] Auch wenn keine dieser Arbeiten das Original des *Écorché*-Bildes im *Stilleben*

51 *Amor*
1895–1900

mit Amor, keine eine direkte Vorstudie für die Darstellung des *Amor* ist, so bilden sie doch eine Vorgeschichte des Bildes. Die Skizzenblätter und Aquarelle geben Aufschluß über die Gründe der Wahl gerade dieser Vorbilder und damit verbundene Bedeutungsinhalte ihrer Präsentation im *Stilleben mit Amor*.

In den Zeichnungen nach *Amor* und *Écorché* stellt Cézanne die Figuren aus unterschiedlichen Blickwinkeln und von allen Seiten dar, erfaßt nach und nach verschiedene Aspekte der dreidimensionalen Vorbilder. In den ersten Blättern von etwa 1879/80 geben mehrfach nebeneinandergelegte, gebrochene Striche lose die Umrisse der Figuren an. Beim *Écorché* werden dabei jeweils unterschiedliche Körperpartien durch breite Schraffuren plastisch herausgearbeitet – ein Merkmal, das die Blätter nach dem im Original weniger durchgeformten *Amor* in abgeschwächter Form ebenfalls aufweisen (Abb. 52).[19] Dabei konzentriert sich Cézanne auch beim *Écorché* nicht auf die Darstellung einzelner Muskelpartien, im Sinne eines zeichnerischen Anatomiestudiums, sondern auf die Erfassung der komplizierten Pose und vor allem der Licht- und Schattenwirkung auf der plastischen Oberfläche.

In den achtziger Jahren beginnt Cézanne, um die Umrisse der Figuren herum dunkle Schattenzonen zu schraffieren (Abb. 47 und 48).[20] Sie verdichten sich beim *Écorché* vor allem zwischen Kopf und angewinkeltem Arm, zwischen Bein und aufgestütztem Arm (Abb. 53 und 55)[21]. Häufig gehen dunkle Binnenschraffuren unmittelbar in die um die Figuren herum schraffierten Dunkelzonen über, so daß sich diese an manchen Stellen aus den Umrissen heraus zu entwickeln oder sich um den Körper herum abzulagern scheinen. Sie finden ihre Parallele in den dicken Farbpolstern aller Schattenstellen von Ölbildern der siebziger und achtziger Jahre, was bereits andeutet, daß sie nicht primär, als ein dunkler Fond, der Betonung plastischer Werte dienen.

Deutlich erscheinen diese Dunkelzonen vor allem auf einzelnen, gegen Mitte der achtziger Jahre entstandenen Blättern, auf denen Cézanne, zeitlich parallel zur tiefenräumlichen Gestaltung im Ölbild, einen strukturierten, Raum andeutenden Hintergrund angibt. Eine *Écorché*-Zeichnung mit einem Hintergrund aus dunklen Linien und Flächen zeigt dabei die tiefsten Dunkelheiten entlang der Rückenlinie des Écorché, um seinen Kopf und in seinen Armbeugen (Abb. 54)[22]. Hintergrund und Figur werden so eng aneinander gezogen. Die dunklen Zonen schließen sich Ende der achtziger Jahre eng um die mehrfach gezogenen Körperlinien zusammen, so daß der räumliche Hintergrund mehr und mehr als flächiger Umraum definiert wird. Besonders deutlich werden diese Umräume in den Aquarellen nach dem *Amor*, die in zeitlicher Nähe zum Londoner Stilleben entstanden sind. So sind in einem Aquarell sowohl die mehrfach nebeneinandergesetzten, dünnen und gebrochenen Umrißlinien wie auch der Hintergrund in Blauviolett gemalt (Abb. 51)[23]. Die Umrißlinien gehen dort, wo sie heller werden und sich auflösen, unmittelbar in den gleichfarbigen Hintergrund über. Es entsteht der Eindruck, dieser würde sich als farbiger Umraum um die Figur herum und vor allem in den Körperwinkeln ablagern.

Aus den gebrochenen Umrißlinien und den dunklen Umräumen entwickelt Cézanne den für sein Spätwerk charakteristischen Zeichenstil, den man vor allem in Zeichnungen nach dem *Écorché* von etwa 1893-96 findet (Abb. 56)[24].

52 *Écorché*
Um 1879–82

Die Figur wird nun aus breit gesetzten Bündeln kurzer, kurviger Striche herausgebildet, die sich vernetzen, an manchen Stellen zu dunklen Zonen verdichten und untereinander verschränken, so daß die Umrisse des *Écorché* vergegenwärtigt werden. Auch die Binnenzeichnung besteht aus solchen Strichbündeln. Auf diese Weise entsteht der Eindruck von Plastizität durch die Relationen des auf der Fläche ausgebreiteten, sichtbaren Strichwerks. Anstelle eines geschlossenen Konturs, an dem der Blick entlang gleitet, ist die Figur von gebrochenen Strichen und Strichbündeln umgeben, die sich, wie Gertrude Berthold es treffend ausdrückt, »quer zum Umriß erstrecken«.[25] Die Umrißstriche werden auf diese Weise nicht, wie durchgezogene Linien, als zugehörig zur umschlossenen Fläche oder zur Figur empfunden. Sie verlieren mit ihrer formumschließenden auch ihre formabschließende Funktion. Sie beziehen sich ebenso auf die umgebende Fläche wie den plastischen Körper und verschränken, wie die farbigen Umräume des Aquarells, Figur und Grund, statt die Form illusionistisch von der Fläche zu lösen oder in einen angegebenen Raum zu stellen.

Cézannes Definition der Zeichnung als »ein Kontrastverhältnis von zwei Tönen, weiß und schwarz«, seine Ablehnung einer von der Farbe unabhängigen »reinen Zeichnung« (»dessin pur«) wird vor diesen Arbeiten anschaulich.[26]

In einigen der zwischen 1890 und 1895 entstandenen Zeichnungen nach dem *Amor* konzentriert sich Cézanne auf die Neigung, die nach links gebogene Spannungsachse des Körpers (Abb. 50).[27] Er betont sie zusätzlich durch eine leicht diagonale Lage der Figur auf dem Blatt oder das Fortlassen des linken Beines. In den späten Blättern des *Écorché*, aber auch in Arbeiten nach großen Skulpturen Pierre Pugets im Louvre, wie dem *Milon von Kroton*, wird deutlich, daß Cézanne mit den Linienbündeln eine Entsprechung für die durch divergierende Bewegungsrichtungen spannungsvollen, raumgreifenden Posen seiner Vorbilder entwickelt hat. Den Ausdruck der Körperhaltung erfaßt er dabei weder vermittels einer objektiven Beschreibung der Formen, noch subjektiviert er ihn durch eine gestische Linie, die Ausdrucksspur seiner zeichnenden Hand. Er übersetzt sie vielmehr in gekurvte, rhythmisch zueinander in Beziehung gesetzte Strichbündel, die hinsichtlich der Bewegung wie des Licht- und Schattenspiels einen der Wirkung der Figuren entsprechenden, jedoch eigenständigen Ausdruckswert haben. Physiognomische Expression hingegen, welche den *Écorché* als ›Enthäuteten‹ im Sinne von ›Geschundenen‹ kennzeichnen könnte, interessiert Cézanne ebensowenig wie narrative Elemente, beispielsweise den Löwen im *Milon von Kroton*, welche die ikonographische Bedeutung der Figur definieren würden.[28]

Die in den Zeichnungen entwickelte Bindung von Figur und Grund und die Betonung bewegter Körperspannung prägen auch die Gestaltung des *Stilleben mit Amor*, wie vor allem am zentralen Motiv exemplarisch deutlich wird. Cézanne längt den Putto, in deutlicher Abweichung vom Original, um ein Drittel seiner Größe. Er gibt dem eher plumpen Modell dadurch eine elegantere, gestrecktere Form und Linienwirkung und betont zudem die spiralförmig in die Höhe gedrehte Körperachse. Diese hebt er durch die Ansicht im Dreiviertel-Profil, das gelängte, nach vorne gestellte Bein und den leicht nach hinten geneigten Oberkörper weiter hervor. Erst die Längung, im Grunde eine Deformation, verleiht dem *Amor* größere Raumwirkung und

53 *Écorché*
Um 1879–82

54 *Écorché*
Um 1881–84

macht ihn zum Dreh- und Knotenpunkt der Komposition. Zugleich zieht Cézanne, wie bereits beschrieben, durch die um den Körper liegenden, dunklen Zonen die dahinter befindliche Leinwand, analog zu den Umräumen in Zeichnung und Aquarell, optisch an die Figur heran. Durch diese Metapher der Bindung von Figur und Bildgrund und die gesteigerte Körperspannung und -bewegung der Figur betont er auch im Bild gerade jene Eigenschaften der Kunst Pugets, die er in seinen Zeichnungen umsetzt.

In den Zeichnungen ebenso wie, in exemplarischer Form, im *Stilleben mit Amor*, interpretiert Cézanne somit ganz bestimmte Eigenschaften seiner Vorbilder – ihre rhythmisch bewegte, raumgreifende Gestaltung, bei der die Zwischenräume ebenso wichtig sind wie die Körpermasse, die dadurch bewirkte Bindung an den umgebenden Raum und das betonte Licht- und Schattenspiel ihrer Oberflächen, das eine ›farbige‹ Wirkung erzielt. Diese formalen Eigenschaften der Werke Michelangelos und Pugets rühmt er in mehreren überlieferten Zitaten, bezeichnet sie dabei aber nicht mit dem historischen Stilbegriff des Barock, obwohl auch zu seiner Zeit diese Merkmale bereits als typisch für diese Epoche galten. Cézanne wählt statt dessen den in der Kunstdebatte des späten 19. Jahrhunderts virulenten Begriff des Dekorativen. Dieser umfaßt Bedeutungsinhalte, die weit über den Kontext angewandter Kunst hinausgehen und sich nicht auf eine dekorative Funktion der Werke beziehen, sondern, wie auch aus Cézannes Zitaten deutlich wird, auf bestimmte Formmerkmale, eine bestimmte Ästhetik.

So sagte er gegenüber Gasquet: »Er, Puget, ist es, der den Marmor bewegt. Und das ist dekorative Plastik, wie die Plastik sein soll... Vor ihm war die Plastik starr, in einem Block aus gleichmäßig spiegelndem Licht befangen. Er, er hat gemalt, hat Schatten entstehen lassen. Er hat sich des umhüllenden Schattens bedient...«.[29]

Und Emile Bernard schreibt in seinem 1904 erschienenen Artikel: »Paul Cézanne glaubt, daß es zwei Arten von plastischer Kunst gibt, die eine bildhauerisch und linear, die andere dekorativ und koloristisch. Was er bildhauerische Plastik nennt, würde weitgehend durch den Typ der Venus von Milo vertreten. Was er dekorative Plastik nennt, verbindet er mit Michelangelo, mit Rubens. Die eine dieser plastischen Künste ist unterwürfig, die andere frei; in der einen ist der Umriß das Wichtigste, in der anderen die Schwellung, die Farbe, die Begeisterung. Ingres gehört zur ersten, Delacroix zur zweiten.«[30]

Daß die Verwendung des Begriffs dekorativ nicht aus der Feder der Chronisten stammt, sondern von Cézanne selbst in positivem Sinne verwendet wurde, zeigt eine Briefstelle von 1902, in der er dem Maler Camoin empfiehlt: »... machen Sie Studien nach den großen dekorativen Meistern, Veronese und Rubens, doch so, als wenn Sie nach der Natur arbeiteten.«[31]

Und Maurice Denis notiert in seinem Tagebuch, unmittelbar nach einem Besuch bei Cézanne und deshalb sicher authentisch, dessen Bemerkung: »Ich möchte dekorative Landschaften machen wie Hugo d'Alési, ja mit meiner kleinen Sensibilität.«[32]

Cézannes Absicht bei der Wahl Alter Meister war es damit nicht, deren »schöne Formeln«[33], wie er es nannte, zu übernehmen oder seiner Verpflichtung gegenüber einem historischen Ideal durch ein Stilzitat Ausdruck zu verleihen. Eine sklavische Nachahmung ihrer Sprachmittel lehnte er ab und

55 *Écorché*
Um 1887–90

56 Écorché
1893–96

definierte statt dessen: »Der Louvre ist ein gutes Lehrbuch, doch er sollte immer nur Vermittler sein.«[34] Er nimmt jene formalen Merkmale der Vorbilder, die er dekorativ nennt, als Ausgangspunkt für die Entwicklung einer eigenen Formensprache und Bildgestaltung, die ihrerseits ebenfalls als dekorativ bezeichnet werden kann. Sein Zitat dekorativer Plastiken im *Stilleben mit Amor* bezieht sich damit nicht in erster Linie auf eine historische Position, sondern auf seine Auseinandersetzung mit einer zeitgenössischen ästhetischen Kategorie und Gestaltungsweise.
Cézannes Spätwerk wurde in der Forschung häufig als barock bezeichnet, nicht nur, um die zuweilen üppigen Arrangements, sondern vor allem die geschwungene, rhythmische Linienführung und die harmonische, intensive Farbigkeit zu kennzeichnen.[35] Die zeitgenössische Kritik hingegen charakterisierte gerade die späten Stilleben Cézannes häufig als »décoratif«[36], was angesichts von Cézannes eigener Benennung gerade jener Eigenschaften, die er aufgreift und interpretiert, als sinnvoll erscheint.

Das Dekorative

Der Begriff des Dekorativen war Ende des 19. Jahrhunderts alles andere als eindeutig fixiert. Je nachdem, wer ihn verwandte oder auf welchen Künstler seitens der zeitgenössischen Kritik Bezug genommen wurde, differierte seine Bedeutung. Die stark auf die Fläche bezogene, ornamentale Konturenbetonung und wenig nuancierte Farbe der japanischen oder synthetistischen Kunst galten ebenso als ›décoratif‹ wie die atmosphärische Farbgebung und Konturenauflösung impressionistischer Bilder, beispielsweise der Serien Claude Monets.[37] Vor allem die symbolistische Kunstkritik machte ›le décoratif‹ zu einem ihrer zentralen Schlagworte, ohne daß der Begriff deshalb zwingend im Kontext symbolistischer oder synthetistischer Kunst festgeschrieben werden muß.[38]
Auf einer allgemeinen Ebene wurde das Dekorative als Gegenpol zur naturalistischen Abbildlichkeit definiert, als Auflösung der illusionistischen Bild-Raum-Bühne. Dekorativ war die Gestaltung eines Bildes mit eigenständigen, von der unmittelbaren Gegenstandsbeschreibung unabhängigen Darstellungsmitteln, war das Zusammenwirken formaler Werte zu einer autonomen, die Einheitlichkeit der Bildoberfläche betonenden Gesamtwirkung. Dabei zielte die dekorative Gestaltung nicht auf Abstraktion, sondern auf ein »Ineinander-Umschlagen … von ›dekorativen‹ Formen und ›gegenständlich‹ bedeutenden Formen.«[39]
Im 1885 erschienenen Buch *Du dessin et de la couleur* des Malers und Graphikers Félix Bracquemond wird »décoration« als abstrakter Überbegriff des »ornamentalen Prinzips« (»principe ornemental«) definiert, als »unvermeidbare Transformation der Natur durch die Künste«.[40] Im weitesten Sinne benennt Bracquemond damit ein Verfahren der Umformung, der Vereinfachung und Stilisierung des Naturvorbilds bei der Übertragung in das Medium Kunst, eine Transformation, »…die der Form und Eigenart der Oberfläche, die bedeckt werden soll, gehorchen muß.«[41] Oberfläche bezieht sich dabei, in der weitgehend auf Malerei und Zeichnung bezogenen Abhandlung, auf die Flächigkeit des zweidimensionalen Bildträgers.

Auch Bracquemond sieht bei einem Künstler wie Michelangelo das »ornamentale Prinzip«, die dekorative Gestaltung hervorragend verwirklicht, »...weil die Natur, gewissenhaft befragt, nachgeahmt, durch den Willen des schöpferischen Genies zur gleichen Zeit gefügig gemacht, unterworfen wird...«.[42] Die gestalterische Umwandlung des Motivs durch die schöpferische Persönlichkeit wird als Grundlage der dekorativen Kunst gesehen.
Im Grunde entspricht die Definition des Dekorativen auf dieser allgemeinen Ebene weitgehend dem, was anhand von Cézannes Gestaltungsweise im *Stillleben mit Amor* als Konstruktion bezeichnet wurde – die Dominanz der, von einer souveränen Künstlerpersönlichkeit vorgenommenen, bildautonomen Gestaltung. Daher konnte Cézanne selbst den in seinen Augen dekorativen Meister Michelangelo zugleich auch als einen Konstrukteur bezeichnen. Er rät Camoin in einem Brief: »Es ist eine gute Konstruktionsmethode, die Sie zu gewinnen trachten müssen... Michelangelo ist ein Konstrukteur und Raffael ein Künstler, der, so groß er auch sein mag, immer ans Modell gefesselt ist. – Wenn er zum Nachdenken übergehen will, sinkt er unter seinen großen Rivalen.«[43]
Bracquemond gehörte den Kreisen um Pissarro und Degas an und hatte zum Teil gleichzeitig mit Cézanne an mehreren Ausstellungen der Impressionisten teilgenommen.[44] Es ist möglich, daß Cézanne Bracquemonds Buch kannte, in dem neben Michelangelo gerade auch die von ihm an anderer Stelle gewürdigten Meister Paolo Veronese und Nicolas Poussin als Vorbilder dekorativer Gestaltung hervorgehoben werden.[45] Es ist jedoch vor allem umgekehrt anzunehmen, daß Bracquemonds Ausführungen zum Dekorativen entscheidend durch diese Künstlergruppe geprägt wurden, welche, wie Georges Lecomte in seinem Artikel *L'art contemporain* ausführt, die Entwicklung der zeitgenössischen dekorativen Kunst entscheidend beförderte. Mit hoher Wahrscheinlichkeit kannte Cézanne diesen 1892 erschienenen Artikel, da er teilweise auf einen im selben Jahr in Brüssel gehaltenen Vortrag Lecomtes zur Kunst Cézannes sowie eine zugleich erschienene Artikelserie zur zeitgenössischen Malerei zurückgeht und zahlreiche Bemerkungen über seine Kunst enthält.[46] Lecomte, der in engem Kontakt zu Monet und Pissarro stand und den Cézanne vermutlich ebenfalls persönlich kannte[47], vertrat eine vor allem an der Kunst jener Maler geschulte Auffassung des Dekorativen. Er führt die systematische Entwicklung eigenständiger Mittel als unabdingbare Basis dekorativer Bildgestaltung, genannt »l'ornementation«, dabei in erster Linie auf Cézannes künstlerische Arbeit Ende der siebziger Jahre zurück:
»Ohne Zweifel haben die Meister aller Zeiten ihre Bilder nach dem Zusammenspiel von Linien komponiert, die außerhalb jeder präzisen Bezeichnung interessierten: die Töne sind in einnehmenden Harmonien zusammengestellt und vervollständigen die lineare Ornamentik. Und wir können uns an kein wirklich hohes Kunstwerk erinnern, das nicht zugleich bezeichnend (caractéristique) und dekorativ gewesen wäre... Aber was an unserer Epoche wirklich besonders ist, das ist das Systematische und das Absolute dieser Tendenz... Nach und nach abstrahieren sie [die impressionistischen Maler, A.d.V.] von der Realität... sie komponieren, fern der Natur. [...] Es ist vor allem M. Cézanne, der einer der ersten Verkünder der neuen Tendenzen war und dessen Anstrengungen einen bemerkenswerten Einfluß auf den Werdegang des Impressionismus ausübten... Das, was wir aus seiner ehrlichen, so

vereinfachenden Kunst behalten müssen, ist die Synthese der Linien und der Töne in Hinblick auf die Ornamentik (ornementation)...«[48]
Bei Bracquemond und Lecomte werden damit zunächst grundlegende Eigenschaften dekorativer Gestaltung benannt, die in bedeutenden Werken aller Epochen verwirklicht wurden. In der zeitgenössischen Auffassung galten darüber hinaus jedoch ganz bestimmte Formmerkmale als Kennzeichen des Dekorativen. Vor allem eine betonte Flächenordnung, die Gestaltung zweidimensionaler Geschlossenheit, welche eine enge Bindung von Figur und Grund anstrebt und letztlich der Umwandlung der natürlichen Gegenstände in die Autonomie des Bildes Ausdruck verleiht, war ein wesentliches Merkmal dekorativer Werke. Dabei fällt auf, daß abstrakte Begriffe wie jener der ›ornementation‹, der sich auf die große Einheit des gemalten Bildes bezieht, häufig unmittelbar mit der Bezeichnung ganz konkreter, oft noch aus dem Bereich der angewandten Kunst stammender formaler Elemente übereingehen, wie dem Ornament und der Arabeske. So galt eine geschwungene und gekurvte Liniengestaltung als formales Kennzeichen des Dekorativen und wurde in diesem Sinne in den Bildern der Maler von Pont-Aven eingesetzt. Doch Georges Lecomte rühmte auch Bilder Camille Pissarros, aufgrund ihrer »höchst ornamentalen Zeichnung« (»son dessin puissament ornemental«), als »beschreibend« und in hervorragender Weise »dekorativ« zugleich.[49]
Oftmals alternativ wurde eine differenzierte, in sich harmonische, die Bildwirkung vereinheitlichende Farbgebung, wie in der impressionistischen Malerei, als dekorativ angesehen, da sie ebenfalls eine flächige Erscheinung des Bildes bewirkte. So äußert Renoir bereits 1877 in einem Essay: »...je mehr die Farbtöne in ihrer Harmonie variieren, desto dekorativer wird die Malerei sein«.[50] Der Kritiker Mauclair schreibt 1895, wenn auch mit negativem Unterton, über die rein farbige Bildgestaltung der Impressionisten: »Ihr großes Wort,... das ist das Dekorative, mit anderen Worten, eine Malerei, die auf dem Reiz der Farbe selbst beruht, angewandt an Deformationen von Lebewesen, Blumen, Accessoires, nach dem gundsätzlichen Prinzip der Ornamentik (ornementation).«[51]
Georges Lecomte jedoch sieht, sowohl in Hinsicht auf die Kunst von Renoir und Pissarro als auch von Puvis de Chavannes, die »Kenntnis des Kolorits« und die »Schönheit der Linien« als Eigenschaften dekorativer Malerei, die einander keineswegs ausschließen, sondern notwendig ergänzen müssen.[52]

Ornament und Harmonie – Das *Stilleben mit Pfefferminzlikörflasche*

Lassen sich die Kategorien und Eigenschaften dekorativer Gestaltung auf grundsätzlicher Ebene bereits mit dem *Stilleben mit Amor* und Cézannes späten Zeichnungen nach Meistern des Dekorativen in Verbindung bringen, so ist es doch vor allem sein um 1893/95 entstandenes *Stilleben mit Pfefferminzlikörflasche*[53] (Abb. 57), das sich im Rahmen der zeitgenössischen Definition als explizit dekoratives Werk erweist.
In diesem Bild bedeckt die zu Falten aufgeworfene blaue Draperie beinahe den gesamten Tisch. Da so weder seine in die Tiefe weisenden Kanten noch seine verkürzte Platte oder die Standflächen der Gegenstände sichtbar werden, vermeidet Cézanne die Darstellung eines Tiefenraums beinahe völlig.

57 *Stilleben mit Pfefferminzlikörflasche*
Um 1893/95

Der räumliche Abstand zwischen dem Stillebenensemble und der dahinterliegenden, durch dunkle Zonen strukturierten Wand bleibt somit unbestimmbar, eine flächige Bildwirkung wird erzielt.
Die beherrschende Bildfarbe ist ein intensives, nuancenreiches Blaugrün, das sich, heller im oberen, dunkler im unteren Teil der Wand ebenso wie in der Draperie findet. Auch in den grünen Tönen der Likörflasche[54] und den bläulichen der Glaskaraffe, durch die der blaugrüne Hintergrund hindurchscheint, wird diese Farbgebung wieder aufgegriffen. Einzelne andersfarbige Akzente bilden nur das weiße, grünlich-blau schattierte Tuch, das rote Etikett der Flasche und die roten, gelben und grünen Äpfel. Durch die harmonische Farbgebung wird die Wirkung des Bildes vereinheitlicht, durch die gleiche Helligkeitsstufe der Töne in Vorder- und Hintergrund die Flächigkeit und Geschlossenheit der Komposition weiter betont.
Statt horizontaler, vertikaler oder verkürzter, in die Tiefe weisender Geraden bestimmen geschwungene, gekurvte Linien und Ornamente die Wirkung des Bildes. Mit dunklen Strichen, die in den Lokalton vertrieben werden, betont Cézanne die gewellten Umrisse der doppelt gebauchten Likörflasche und der kugeligen, in einen schlanken Hals ausschwingenden Glaskaraffe. Eine ganze Reihe solcher Gegenstände mit gekurvten Formen führt Cézanne ab Anfang der neunziger Jahre neu in seine Stilleben ein: eine weiße Zuckerdose mit geschnörkelten Rokoko-Henkeln, eine ornamental geschwungene Stuhllehne, einen Tisch mit gewellter Unterkante, ein Paneel des Wandschirms mit floralen und ornamentalen Mustern, Auberginen an gebogenen Stengeln, bauchige Granatäpfel, Zwiebeln mit ausschwingenden Keimen (Abb. 40).[55] Meyer Schapiro hat die Zwiebel, mit ihrer im Gegensatz zum Apfel »offeneren und gewellteren Form« und »größeren Linienbewegung«, als »Formthema« von Cézannes Spätstil bezeichnet.[56]
Explizit formuliert Cézanne das Linienthema des Ornaments in den Mustern der blauen Draperie – einem in seiner Funktion eindeutig dekorativen Gegenstand. Diese setzt er gegen Ende der achtziger Jahre zunächst nur als Randmotiv in einigen Stilleben ein (Abb. 38),[57] läßt sie dann als Vorhang am seitlichen Bildrand faltig herabfallen und macht sie schließlich im *Stilleben mit Pfefferminzlikörflasche* zum zentralen Motiv. Die Ornamente des Tuches sind zunächst Gestaltungselemente der Fläche. Doch indem Cézanne den Stoff faltet und knittert, bricht er den Rapport der Muster und macht die Draperie zu einem dreidimensionalen Objekt, dessen ultramarinblaue Linienschwünge nun eine Tiefenerstreckung zeigen könnten. Statt dessen aber greifen sie häufig über die in derselben Farbe gemalten Falten des Tuches hinweg oder verbinden sich mit ihnen zu neuen Ornamenten. Die flächige Eigenschaft des Motivs wird dadurch zwar zurückgenommen, jedoch nur zugunsten einer neuen, bildlichen Flächenordnung, in der sich die Linien über die Tiefenräume hinwegsetzen. Die blaue Draperie wird vom dekorativen Motiv zum dekorativen Bildelement und, in der Verbindung beider Bedeutungsebenen, zur Metapher dekorativer Bildgestaltung.
Die Übertragung von Eigenschaften eines Motivs auf die formale Ebene des Bildes erinnert an Cézannes Gestaltung der Compotier-Stilleben in den späten siebziger Jahren, wo die Flächigkeit und Ausschnitthaftigkeit der gemusterten Tapetenhintergründe übersetzt wurden in die des vereinheitlichenden, auf die Bildfläche bezogenen Duktus. Die Tapetenhintergründe der

späten siebziger Jahre, ebenfalls dekorative Bildelemente, können daher als motivische Vorläufer der blauen Draperie gelten, ebenso wie der vereinheitlichende Duktus und die auf Eigenständigkeit zielende Farbgebung jener Jahre als formale Ausgangspunkte der prononciert dekorativen Gestaltung in Cézannes Stilleben des Spätwerks. So läßt sich, wie George Lecomte und andere Autoren bereits in den neunziger Jahren erkannten, die Entwicklung einer modernen Konzeption des Dekorativen von den siebziger Jahren bis zum Ende des Jahrhunderts erkennen und maßgeblich auf Cézanne zurückführen. Im *Stilleben mit Pfefferminzlikörflasche* ist sie sowohl durch die Harmonie der Farben wie die ornamentale Zeichnung prägnant verwirklicht.
Die Stilleben von Henri Matisse sind die besten Beispiele einer von dieser Position aus weiterentwickelten, nun noch deutlicher auf die Fläche bezogenen, dekorativen Bildgestaltung, in der gemusterte Tapeten und ornamentierte Draperien, in ähnlicher Weise wie bei Cézanne, Elemente und Metaphern des Dekorativen sind. Matisse bezog sich vermutlich auf das *Stilleben mit Pfefferminzlikörflasche*, als er vor einem Bild Cézannes mit Glaskaraffe von einer »Harmonie in Blau«[58] sprach und Cézannes Werk mit den Worten rühmte: »... le chant de l'arabesque en liaison avec la couleur, la fixité de la forme ... «.[59]

Cézannes Definition im *Stilleben mit Amor* – Dekorative Plastizität

Im *Stilleben mit Amor* verbindet Cézanne ein dekoratives Stilleben eigener Hand mit der Darstellung von Arbeiten ›dekorativer‹ Meister. Er thematisiert damit das Dekorative zunächst im motivischen Bereich, verwirklicht es aber zugleich auf formaler Ebene, indem er die Bildebenen miteinander in enge Verbindung bringt oder sogar auf der Bildfläche verschränkt. Pugets *Amor* fungiert nicht nur als Zitat dekorativer Kunst, sondern verkörpert zusammen mit der an ihn herangezogenen Leinwand die dekorative Bindung von Figur und Bildgrund. Dargestellt ist kein perspektivisch-illusionistischer Tiefenraum, kein Realitätsausschnitt, sondern eine in sich abgeschlossene, autonome Einheit, in der die Spannung zwischen Bildraum und Bildfläche gleichwohl erhalten bleibt.
Die für ein Stilleben Cézannes einzigartige und außergewöhnliche Zusammenstellung von Kunstwerken eigener und fremder Hand muß als differenzierte Reflexion und Definition dekorativer Gestaltung vor dem Hintergrund der zeitgenössischen Kunst und Kunstdebatte verstanden werden. Ein Bild mit einer so komplexen Aussage wie das *Stilleben mit Amor* ist dabei für Cézanne um 1895 letztlich nicht ungewöhnlich. Zahlreiche oft gut identifizierbare Bild-im-Bild-Zitate in Arbeiten der frühen neunziger Jahre[60], ein Selbstportrait, das ihn mit Palette und Staffelei zeigt[61] und der wiederkehrende Atelierkontext seiner Stilleben sind deutliche Hinweise, nicht allein auf eine verstärkte Auseinandersetzung mit künstlerischen Fragen, sondern auf Cézannes Anliegen, die eigene Konzeption und Position auch zu manifestieren. So ist es sehr wohl möglich, daß das *Stilleben mit Amor* aus Anlaß oder als Folge der ersten Einzelausstellung Cézannes entstanden ist, die Ende 1895 in der Galerie von Ambroise Vollard stattfand und Arbeiten aller Schaffensperioden umfaßte.[62] Hinzu kommt, daß sich Cézanne gerade in den Jah-

ren um 1895, nach einigen Teilnahmen an Gruppenausstellungen, einer verstärkten, öffentlich diskutierten Rezeption seiner Werke gegenüber sah. Vielleicht entstand das *Stilleben mit Amor*, eines der kultiviertesten und intellektuellsten Werke Cézannes, nicht zuletzt in Reaktion auf Stimmen, die ihn als »Naiven« oder »Primitiven« bezeichneten[63], vielleicht war es eine Antwort auf die Rezeption jüngerer, meist synthetistischer Maler, wie Gauguin und Bernard, die ihn, so stellte Lecomte bereits fest, als Zeugen oft abweichender ästhetischer Auffassungen vereinnahmen wollten.[64]

Cézanne definiert im *Stilleben mit Amor* seine eigene Auffassung dekorativer Gestaltung. Er führt vor, daß bildliche Einheit und zweidimensionale Geschlossenheit nicht zwingend zu einem Verlust räumlicher Tiefe führen müssen, daß seine durch ›optique‹ und ›logique‹ transformierte Bildkonzeption nicht im Widerspruch zu einer dekorativen Gestaltung steht, sondern sie im Gegenteil gerade ermöglicht. Er zeigt zugleich, indem er seine eigene Arbeit in den Kontext sowohl dekorativer Plastiken wie natürlicher Gegenstände stellt, daß die Vereinheitlichung der Bildfläche nicht auf Kosten plastischer Gegenstandswirkung gehen muß. Die Verbindung des Dekorativen mit ›plastique‹ findet sich auch in Cézannes theoretischen Äußerungen.[65] ›Plastique‹ meint dabei, wie die gleichzeitige Nennung von Malern wie Bildhauern zeigt, nicht Skulptur, sondern Plastizität. Durch diese Verbindung bezieht Cézanne eine bestimmte Position im Rahmen der zeitgenössischen Debatte des Dekorativen. Er lehnt eine Definition und Richtung dekorativer Malerei ab, die sich an der betonten Flächenordnung, der nicht abgestuften, ›flachen‹ Farbe und der ornamentalen, den Gegenstand umschließenden und verflachenden Kontur der japanischen Kunst orientierte, insbesondere den Cloisonnismus der synthetistischen Maler um Paul Gauguin: »Ich habe den Mangel an Modellierung oder Abstufung nie gewollt und werde ihn nie akzeptieren; das ist ein Unsinn. Gauguin war kein Maler, er hat nur chinesische Bilder gemacht.«[66] Die schwarzen, geschlossenen Konturlinien jener Malerei bezeichnete er kategorisch als »Fehler, der mit aller Kraft bekämpft werden muß.«[67]

Cézannes Stellungnahme findet eine Entsprechung in der Auffassung von Georges Lecomte, der sich nicht zuletzt am Beispiel der Arbeiten Cézannes orientiert hat. Auch Lecomte warnt vor der Zerstörung plastischer Gegenstandswirkung durch ein dominantes Flächenornament und eine unnuancierte, stilisierte Farbgebung: »Natürlich wird man an einer exquisiten Ornamentik nur Freude empfinden, wenn die Suche danach nicht zu offensichtlich ist und nicht auf Kosten des Charakters der Dinge (caractère des choses) unternommen wurde ...«.[68]

Die Dominanz der Oberflächeneffekte auf Kosten des »caractère des choses« wird als Folge einer allein aus dem Gedächtnis und der Vorstellung schaffenden Malerei und damit als Kennzeichen von Wirklichkeitsferne angesehen. Cézanne wie Lecomte wenden sich somit in ihrer Ablehnung des allzu aufdringlichen Flächenornaments nicht primär gegen eine bestimmte Art formaler Gestaltung. Sie lehnen die damit verbundene Konzeption dekorativer Malerei ab, die nicht vom Dialog des Künstlers mit dem Naturvorbild, dem Motiv ausgeht, sondern in der die Idee und der Traum den Blick auf die Realität als Ursprung künstlerischer Gestaltung ersetzen sollen, wie es Gauguin 1895 forderte.[69] Dagegen meinte Lecomte: »Die aufmerksame Un-

58 *Stilleben mit Äpfeln und Orangen*
Um 1899

tersuchung, die wir von dieser idealistischen Renaissance gemacht haben, läßt uns allerorten befürchten, daß diese Künstler, von ihrem sehr starken Verlangen nach Synthese und Dekoration geleitet, dabei die Wirklichkeit und den Charakter der Erscheinungen vernichten werden, um es zu befriedigen... Aber, in der Malerei ist das Dekorative nur als Verlängerung und logische Entwicklung des Wirklichen akzeptabel.«[70]
Cézanne hat sich gleichfalls immer wieder, vor allem in Briefen an den synthetistischen Symbolisten Bernard, ausdrücklich gegen jede Art von Ideenmalerei gewandt: »Der Künstler sollte jede Meinung verwerfen, die nicht auf der intelligenten Beobachtung des Charakteristischen beruht. Er soll sich vor dem literarischen Geist hüten, der den Maler so oft veranlaßt, sich vom wahren Weg zu entfernen: dem konkreten Studium der Natur, um sich allzu lange in ungreifbaren Spekulationen zu verlieren.«[71]
Das Studium der Natur als die Basis seiner ›optique‹ bleibt für Cézanne konzeptioneller Ausgangspunkt der dekorativen Gestaltung – seiner Kunst, die eine Harmonie »parallel zur Natur«[72] sein will. Die Natur aber liegt für den Menschen, wie er betont, »mehr in der Tiefe als auf der Oberfläche«[73]; und er postuliert: »Die im Raum gesehenen Körper sind alle konvex.«[74] Plastizität wird als Folge der gewahrten Anschauung und Ausdruck des »Charakters der Dinge«, der spezifischen Form der Körper betrachtet und damit zum Zeichen für den Dialog des Künstlers mit der Wirklichkeit.
Im *Stilleben mit Amor* zeigt Cézanne aus diesem Grund bewußt, und in Abweichung von traditionellen Stillebenformen wie den ›Attributs des Arts‹, Bildwerke in Verbindung mit natürlichen Gegenständen. Die keimende Zwiebel ist in diesem Kontext mehr als ein probater Gegenstand, dessen bauchiger Korpus und ausschwingendes Laub dekorativen Formmerkmalen entsprechen. Sie verkörpert in prägnanter Weise die Natur als Bezugs- und Ausgangspunkt dekorativer Bildgestaltung. In diesem Sinne bildet sie den Gegenpol zu den abstrakten Linienornamenten der blauen Draperie, die sowohl im *Stilleben mit Amor* wie auch im *Stilleben mit Pfefferminzlikörflasche* in ähnlicher Weise wie das Zwiebellaub unterschiedliche Bildebenen auf der Fläche verklammern.

Expression – Die Ausdrucksfunktion des Dekorativen

Reflexion und Definition im *Stilleben mit Amor* führen zu einer Verlagerung der Schwerpunkte innerhalb von Cézannes Konzeption des Dekorativen. Das Experiment der betont tiefenräumlichen Gestaltung, das im *Stilleben mit Amor* seinen Höhepunkt findet, ist abgeschlossen; die zwischen 1895 und 1906 entstandenen Stilleben Cézannes zeigen nun auch in den Hintergründen die zunehmende Vermeidung gerader Kanten und fluchtender Linien zugunsten von Draperien oder floraler Muster des Wandschirms. Häufig läßt Cézanne schwere Stoffe wie in Anspielung auf die Arrangements barocker Bild-Raum-Bühnen seitlich im Bild herabhängen, macht jedoch gerade durch diese motivische Anleihe die Aufhebung des Illusionscharakters in seinen Arbeiten offensichtlich.
Die Wirkung der späten Stilleben wird weitgehend von geschwungenen, gekurvten Linien und gebauchten Formen beherrscht. Doch das dominie-

rende, abstrakte Linienornament der blauen Draperie im *Stilleben mit Pfefferminzlikörflasche*, dessen von linearen Akzenten beherrschte Bildwirkung Camille Pissarro sogar zum Ausruf »Das ist wie ein Ingres« veranlaßte[75], wird in den Bildern nach 1895 durch die floralen Muster zweier Teppiche ersetzt. Die im Ingres-Vergleich anklingende, für Cézanne ›gefährliche‹ Tendenz zum flächig-linearen, abstrakten Ornament wird damit durch Muster zurückgenommen, die zum einen deutlicher von der Farbe als von der Linie bestimmt sind, und die zum anderen den Bezug zwischen Natur und dekorativer Bildgestaltung implizieren.

Cézanne wendet sich von der durch kühles Blaugrün bestimmten, elegant-rationalen Farbgebung zahlreicher Stilleben der frühen neunziger Jahre ab und konzentriert seine Palette um 1895/96 auf eine nuancenreiche Fülle warmer, rot-orange-gelber Töne, die er durch komplementäres Grün akzentuiert (Abb. 58).[76] Vor allem in Bildern nach der Jahrhundertwende verdüstert er diese üppig-leuchtende Farbigkeit häufig durch dunkle Rostrot- und Brauntöne, Rotviolett und tiefes Blauschwarz.[77]

Gerade eine Betrachtung der späten Stilleben Cézannes nicht unter dem Aspekt des ›Barocken‹, sondern des ›Dekorativen‹, erweist sich nun auf einer weiteren Ebene als sinnvoll. Meyer Schapiro stellt angesichts der späten, sogenannten ›roten‹ Stilleben Cézannes fest: »Das Barocke ist nur eine der Besonderheiten der Spätzeit Cézannes. Am meisten fällt uns in den neunziger Jahren die Wiederkehr ganz starker Gefühle auf; das wird wohl mit dem neuerlichen Bemühen um größere Bewegtheit und eine kompliziertere Bildordnung zusammenhängen.«[78] Er spricht an anderer Stelle von Cézannes Fähigkeit, in seinen Stilleben Stimmungen auszudrücken[79] und entspricht mit dieser Feststellung dem Eindruck von Charles Sterling, der eines der ›roten‹ Stilleben als »pathetisch« empfand.[80] Mit dem Begriff des ›Dekorativen‹ aber können beide Komponenten erfaßt werden, sowohl die bei Schapiro als ›barock‹, in der vorangegangenen Untersuchung gemäß der Wortwahl Cézannes als »dekorativ« bezeichneten formalen Merkmale, wie auch deren emotive, zuweilen expressive Wirkung, die zahlreiche späte Werke prägt. »Es ist auch aufgrund dieser Intensität der Wirkung..., daß die Kunstwerke eine mehr oder weniger akzentuierte Tendenz in Richtung Dekoration aufweisen«, stellt Bracquemond bereits 1885 fest.[81] Ein Kernpunkt der dekorativen Ästhetik im ausgehenden 19. Jahrhundert ist die Ausdrucksfunktion der formalen Mittel, eine neue Auffassung ihrer Wirkung, ihres ›effet‹. Die eigenständigen, von ihrer primär deskriptiven Funktion befreiten Gestaltungsmittel Farbe und Linie sind nicht nur Komponenten der autonomen Bildkonstruktion; ihnen wurde eine eigene, unmittelbar gefühlsauslösende Ausdruckskraft zugesprochen.

»Die Farbe übt auf die Moral des Menschen eine Wirkung aus, die in Folge der äußeren und der individuellen Umstände variiert, aber eine reale Wirkung ist, mit der man rechnen muß«, schrieb der Kritiker Chesneau bereits 1881 in seinem Vorwort zum Buch *Dessins de décoration des principaux maîtres*.[82] Der Wissenschaftler Guéroult reflektierte in seinem, auch auf die Impressionisten Bezug nehmenden Aufsatz *Du rôle des mouvements des yeux dans les émotions ésthetiques* die emotive Wirkung von Farben und vor allem Linien[83], und Gauguin resümierte 1885 in einem Brief: »Ich schließe, es gibt edle und trügerische Linien etc...«[84]

Die formalen Mittel haben dabei keine symbolische Bedeutung, sondern eine suggestive Wirkung im Verhältnis der Töne und in der Korrespondenz der Linien. Diese Wirkung soll sich an den subjektiv-ästhetischen Sinn des Betrachters, seinen Geschmack und seine individuelle Empfindsamkeit, richten – unabhängig vom gezeigten Bildgegenstand oder Thema. So stellt Denis in seiner Interpretation des Cézanneschen Werks rückblickend klar, daß die Überzeugung von der Korrespondenz zwischen »äußeren Formen« (»formes extérieures«) und »subjektiven Zuständen« (»états subjectifs«) von Landschafts- und Stillebenmalern eingeführt wurde, nicht etwa von symbolistischen »Seelenmalern«, die symbolisch-allegorische Sujets bevorzugten.[85] Maler wie Monet oder Seurat konnten die Auffassung unmittelbar suggestiver Bildmittel daher ebenso wie van Gogh oder Gauguin vertreten – sie setzt sich über die Kategorien von Impressionismus, Neo- beziehungsweise Postimpressionismus oder Symbolismus hinweg.[86]
Auch in Cézannes theoretischen Aussagen spielen die Begriffe der »Wirkung« (»effet«) und der »Verhältnisse« oder »Korrespondenzen« (»rapports«) eine wichtige Rolle. So formuliert er in einem seiner Lehrsätze: »Die Malerei ist die Kunst, Wirkungen zu kombinieren, das heißt Verhältnisse zwischen Farben, Umrissen und Flächen herzustellen.«[87]
Und in einer von Bernard übermittelten »Opinion« heißt es dann: »Die Wirkung schafft das Bild, sie vereint es und konzentriert; man muß sie auf die Existenz eines dominanten Flecks abstellen.«[88]
Formulierungen wie die des »dominanten Flecks« (»tache dominante«) weisen, wie andere Bemerkungen Cézannes, auf seine neuerliche Auseinandersetzung mit der Malerei von Eugène Delacroix, vor allem aber auch mit deren Interpretation durch Charles Baudelaire hin. Cézanne hatte die 1892 herausgegebenen Tagebücher von Delacroix[89] ebenso gelesen wie die in den achtziger Jahren erschienenen Schriften Baudelaires. Sie lobte er ausdrücklich, da sie der Kunst von Delacroix gerecht würden.[90] Baudelaire hob wiederholt die suggestiven, emotiven Qualitäten der Farbgestaltung von Delacroix hervor und schrieb 1846: »Es gibt heitere Farbtöne und ausgelassene, ausgelassene und traurige, reiche und fröhliche, reiche und traurige, gewöhnliche und originelle.«[91]
1859 führt er zum Thema des »dominanten Flecks« aus: »Es gibt offensichtlich einen besonderen, irgendeiner Partie des Bildes zugewiesenen Farbton, welcher zum Schlüssel wird, der die anderen regiert.«[92] Und fährt fort: »Jeder weiß, daß Gelb, Orange, Rot Vorstellungen von Freude, Fülle, Ruhm und Liebe erwecken und repräsentieren.«[93]
Neben zahlreichen anderen Zeitgenossen Cézannes, die sich hinsichtlich der Empfindungsinhalte von Farben und Linien auf Delacroix als Vorbild und Baudelaire als Zeugen beriefen, hat vor allem Paul Gauguin deren Ideen aufgegriffen, für sich neu formuliert, und sie dabei wiederum in direkten Bezug zu Cézanne gesetzt.[94] Es ist durchaus möglich, daß Cézanne bereits Ende der siebziger Jahre, während seiner vom Vorbild Delacroix' angeregten Entwicklung eigenständiger, formaler Mittel, auch deren eigenständige, suggestive Wirkung reflektierte – und daß er diese Überlegungen zu seinem »Ausdrucksmittel der Empfindungen« (»moyen d'expression de sensation«)[95] meinte, wenn er Gauguin später beschuldigte, ihm seine »kleine Empfindung« (»petite sensation«)[96] geraubt zu haben.

59 *Drei Totenschädel auf einem Teppich*
Um 1904

Von Cézannes neuerlicher, intensiver und methodischer Auseinandersetzung mit der Wirkung von Farben zeugt auch ein Tagebucheintrag von Maurice Denis aus dem Jahr 1906: »Er spricht viel von den Kontrasten in der *Hochzeit zu Kana*; er hat ein Schema davon gemacht: Er erkennt dasselbe im *Bouquet* von Delacroix (von Chocquet).«[97]
Nach eben diesem Blumenaquarell von Delacroix, das sich seit 1899 in seinem Besitz befand, hat Cézanne um 1902 eine eigene Fassung in Öl gemalt.[98] Dort vereinfacht und steigert er die zwar kräftige, aber noch weitgehend der Beschreibung des Motivs verpflichtete Farbigkeit der Vorlage zu einem deutlich abstrakteren, in seiner Tiefensuggestion fast ganz zurückgenommenen Farbmuster intensiv leuchtender Töne.
Bei dieser Auseinandersetzung mit den ›dekorativen‹ Meistern Paolo Veronese, dessen koloristische Mittel ebenfalls aufgrund ihrer Wirkungsintensität gerühmt wurden[99], und vor allem Eugène Delacroix geht es Cézanne nun jedoch offenbar um mehr als die Untersuchung der physiologischen Wirkung von Farbkontrasten und einer rein konstruktiven Funktion von Farbe.[100] Es geht ihm auch, wie sein von Bernard überlieferter Ausspruch zeigt, um die psychologische Farbwirkung: »Delacroix war Erfinder und Empfinder der Farbgebungen.«[101]
Auch die Überlieferungen Gasquets, spachlich oft allzu deutlich von der literarischen Emphase des Autors geprägt, bekunden immer wieder Cézannes Bewunderung für die durch Farben ausgedrückten Gefühlsqualitäten der Bilder von Veronese und Delacroix.[102]
Seine Auffassung von der emotiven Ausdruckskraft der formalen Mittel formuliert Cézanne 1904 jedoch selbst ganz explizit in einem Brief an den Maler Louis Aurenche:
»Denn wenn auch eine starke Empfindung (sensation) der Natur – und die meine ist gewiß sehr lebhaft – die notwendige Grundlage für jede künstlerische Konzeption ist und auf ihr die Größe und Schönheit des zukünftigen Werks beruhen, so ist doch die Kenntnis der Mittel, um unser Gefühl (émotion) auszudrücken, nicht weniger wesentlich und läßt sich nur durch sehr lange Erfahrung erwerben.«[103]

Der Blick zurück – *Drei Totenschädel auf einem Teppich*

Deutlicher und eindringlicher als die theoretischen Äußerungen bekundet die evokative Gestaltungsweise einiger später Stilleben Cézannes Einsatz formaler »Mittel, um unser Gefühl auszudrücken«. In *Drei Totenschädel auf einem Teppich*[104] (Abb. 59) greift er zudem auf ein Motiv zurück, das bereits auf den ersten Blick gegen die von Maurice Denis und anderen Autoren interpretierte Gleichgültigkeit seiner Sujets spricht.
Frontal, in Augenhöhe des Betrachters, blicken zwei lebensgroße, ockerbraune Totenschädel aus dem Bild. Hinter ihnen liegt, erhöht und leicht zur Seite gedreht, ein dritter größerer und hellerer Schädel, dessen Augenhöhlen ebenfalls dem Blick des Betrachters antworten. Vor den Totenköpfen leuchten unvermittelt große, rote Blumenmuster aus einem faltigen, dunklen Teppich. Dieser nimmt, offenbar auf einem geschnitzten, nicht näher erkennbaren Möbel liegend, zwei Drittel der Bildfläche ein und bildet die Unterlage

60 *Drei Schädel*
1902–04

der Schädel. Hinten beschließt eine dunkelgrüne, lebhaft mit Ultramarinblau durchsetzte Fläche in räumlich nicht eindeutig bestimmbarem Abstand die Szene.[105]

Ein ebenfalls um 1904 entstandenes Aquarell Cézannes zeigt in fast gleichem Format dasselbe Motiv wie das Ölbild (Abb. 60).[106] Im Aquarell liegen über dünnen, gewellten Bleistiftstrichen geschwungene Linien in Ultramarinblau. Zarte Schatten in hellem Grün und Ocker geben Augen- und Nasenhöhlen der Schädel an, der freigelassene Papiergrund tritt als Wölbung der Köpfe optisch nach vorne. Der Teppich ist farblich kräftiger, in transparenten Lagen blauer, grüner, roter und gelber Töne gestaltet; seine Muster werden von geschlängelten Linien umfaßt. Der Hintergrund, eine offenbar in zwei Farbzonen unterteilte Wand, ist nur von wenigen zarten Flecken in Gelb und Blau durchsetzt. Die Wirkung des Aquarells wird vom Zusammenklang der lichten Farbgebung, dem transparenten Farbauftrag und den dünnen, geschlängelten Umrissen der Köpfe und der Teppichmuster geprägt.

Eine deutlich andere Wirkung, und damit eine klare Bedeutungserweiterung in Rahmen dekorativer Gestaltung, hat das vermutlich nach diesem Aquarell entstandene Ölbild. Die zarten, hellen Töne sind zu einer düster-leuchtenden Farbstimmung geworden. Ein fast schwarzes Ultramarinblau verdunkelt die braunen, mit gebrochenem Rot und Grün versetzten Farbtöne des Teppichs und betont die Augen- und Nasenhöhlen der Schädel als tiefe Löcher. Vor allem auf der rechten Bildseite sind die Lokaltöne soweit verdunkelt, daß Motivgrenzen oder räumliche Verhältnisse undefinierbar werden. Die ockerfarbenen Schädel und vor allem die wie bei Delacroix zur Dramatisierung der Farbwirkung eingesetzte, komplementäre Spannung von Rot und Grün leuchten heraus; vereinzelte kobaltblaue Flecken fügen intensive, mit dem Ultramarin korrespondierende Farbakzente hinzu.

Der leichte, transparente Auftrag der Aquarellfarbe ist im Ölbild einer kompakten, dichten Farbmasse gewichen. Sie bedeckt die Leinwand an den Bildrändern noch flach in mehreren Schichten, türmt sich dann aber in der Mitte des Bildes wulstartig und krustig um die Umrisse der Totenschädel auf. Deren Binnenfarbe wurde von Cézanne wiederum wesentlich dünner aufgetragen. Die dicken Farbwülste ballen sich um die Köpfe; sie scheinen deren Form wie unter einem großen Druck zu deformieren. So werden die Farben nicht allein in ihrem Farbwert, sondern nun auch in ihrer materiellen Wirkung eingesetzt.

Anders als in den Compotier-Stilleben der späten siebziger Jahre, wo der betont rationale Prozeß des Farbauftrags Strich für Strich auf der Fläche sichtbar wurde, erscheint er an diesen Stellen Schicht für Schicht zum Relief verdichtet. Er hat seine Funktion für die Bildkonstruktion oder die Bezeichnung des Motivs weitgehend verloren und erhält einen vor allem emotional gesteigerten Ausdruck. Anders jedoch als im ›style couillarde‹ der Stilleben von 1866, ähnlich allerdings wie in Cézannes späten Zeichnungen nach Puget und Michelangelo, wird ein Gestus, die subjektive Ausdrucksspur der malenden oder zeichnenden Hand, nicht sichtbar. Kein schneller Farbauftrag kündet wie im Frühwerk von der sicher improvisierenden Hand, der Spontaneität und dem Temperament des Malers. Immer wieder strich Cézanne die Farbe in einem beharrlichen Vorgang um die Umrisse der drei Totenschädel, als ob diesem zähen Überarbeiten oder der Wiedergabe der Dinge selbst eine

61 *Schädelpyramide*
Um 1901

existentielle Bedeutung zukäme. In der verdichteten Farbmasse scheint die intensive Emotionalität eines langwierigen Vorgangs konzentriert zu sein. Es ist möglich, daß sich die Arbeit an diesem Bild über mehrere Wochen oder sogar Monate erstreckt hat.[107]

Auch durch den Farbauftrag in zahllosen Schichten stellt Cézanne, wie bereits in den ›Reihen‹ und ›Variationen‹ Ende der siebziger Jahre und den Mehrfachblickpunkten in Bildern der achtziger und neunziger Jahre, die Frage nach der ›Vollendbarkeit‹ seiner Malerei. Gustave Geffroy schrieb 1901 über Cézanne: »Die Leinwände sind nicht beendet, sagt man. Was spielt das für eine Rolle, wenn sie die Schönheit, die Harmonie ausdrücken, die er so tief empfunden hat. Wer bestimmt denn, in welchem präzisen Moment ein Bild vollendet ist?«[108]

In *Drei Totenschädel auf einem Teppich* wird deutlich, daß die Subjektivität des Sehens und Empfindens Ursache des ›Unvollendeten‹ und letztlich ›Unvollendbaren‹ ist, daß sie es aber im selben Zuge auch legitimiert, da die Definition des ›Vollendeten‹, jenseits kanonisierter Kriterien, allein dem Subjekt, dem Maler überlassen ist. In der Vergegenwärtigung des ›Unvollendbaren‹ durch die dicken Farbschichten zeigt sich so eine grundsätzliche inhaltliche Entsprechung zu ihrem formalen Gegensatz, den transparenten, überall die Leinwand offen lassenden Fleckmustern vieler später Landschaftsbilder der *Montagne Sainte-Victoire* und ihrer ebenfalls gewandelten Auffassung des ›Vollendeten‹.[109]

Das Motiv des Totenschädels erscheint bereits mehr als dreißig Jahre zuvor in Cézannes Stilleben der sechziger Jahre. Im 1866 mit dem Palettmesser gespachtelten *Stilleben mit Totenkopf und Kerze* (Abb. 3) stellt er einen Schädel zusammen mit einer heruntergebrannten Kerze, einem aufgeschlagenen Buch und einer gepflückten Rose zum symbolischen Verweis auf Vergänglichkeit zusammen.[110] Auch wenn Cézanne die Bedeutungsinhalte jedes einzelnen Gegenstandes nicht gekannt haben sollte, so fand er doch ähnliche Motivkombinationen in Vanitas-Stilleben, wie in einer in den sechziger Jahren veröffentlichten Gravure nach David Baillys *Stilleben mit Vanitassymbolen* oder in Bildern des Louvre, wie Domenico Fetis *Melancolie*, das er um 1866 als Vorbild für eine Wanddekoration im Jas de Bouffan nahm.[111] Theodore Reff führt den von ihm in Cézannes frühen Totenkopfstilleben interpretierten Ausdruck einer pessimistischen Lebenshaltung vor allem auf die familiäre Situation und nicht auslebbare sexuelle Wünsche zurück.[112] Doch muß man berücksichtigen, daß derartige Motivkombinationen auch als sprechende Stillebenrequisiten in zeitgenössischen Bildern von Bohème-Ateliers auftauchen. Sie sind somit, vor allem angesichts der Haltung Cézannes in den sechziger Jahren, im Kontext einer literarisch-romantischen, Genie, Melancholie und Einsamkeit thematisierenden Künstlerattitüde zu lesen.[113] Daneben ist gerade bei dem 1866 im ›style couillarde‹ ausgeführten *Stilleben mit Totenkopf und Kerze* zu vermuten, daß Cézanne durch die im 19. Jahrhundert keineswegs beliebte oder geläufige Wahl eines solch explizit toten Bildgegenstandes auf die akademische Geringschätzung der ›nature morte‹ reagierte und sie, ähnlich wie im *Stilleben mit Lammhaxe*, provokativ mißachtete.[114]

In *Drei Schädel auf einem Teppich* (Abb. 59) von 1904 ist jedoch die Zeichenhaftigkeit des Motivs als provokatives Sujet vollständig, die als traditionelles Sinnbild des Memento mori weitgehend zurückgenommen. Dies aber bedeutet nicht, daß das Motiv lediglich Vorwand formaler Gestaltung sei, etwa als probate Rundform, oder daß die Wirkung der formalen Mittel ohne Bezug zum Gezeigten erfolge.[115] Das Motiv ist im Gegenteil Cézannes Beweggrund, mit allen affektiven Bedeutungsinhalten dieses Wortes.[116] Cézanne sucht sich mit dem Totenkopf ein Modell, das jenseits konventioneller Symbolgehalte und abgegriffener Zeichenhaftigkeit unmittelbar suggestiv und ausdrucksstark ist. Indem er die Zahl der Köpfe gegenüber seinen früheren Bildern und in Abweichung von traditionellen Darstellungen verdreifacht, potenziert er nicht die symbolischen Inhalte, sondern die expressive Kraft des Sujets. Diese steigert er durch das Weglassen allen zeichenhaften Zubehörs und durch den dekorativen Kontrast zu den dunklen Blumenmustern des Teppichs, vor allem aber durch die Ausdruckskraft der formalen Mittel. Anders als viele symbolistische Maler, so auch Denis und Bernard, verbindet Cézanne die dekorative Gestaltung nicht mit allegorischen Sujets, die sich letztlich oft derselben konventionellen und nicht länger überzeugenden Zeichen- und Symbolsprache bedienen wie traditionelle, akademische Allegorien.[117] Doch in Cézannes Wahl eines Motivs, das durchaus noch einen auch ihm bewußten Rest an Symbolwirkung beeinhaltet, zeigt sich möglicherweise zugleich, daß die Emotionalisierung eines fast obsolet gewordenen Sujets auch zur Aktualisierung seiner Aussage führen soll. Dies aber geschieht, wie Cézanne durch Arrangement und Veränderung der Gegenstände im Bild explizit vermittelt, allein auf visuellem Wege: Im Aquarell blickt nur der hintere Totenschädel aus dem Bild, die Augenhöhlen der beiden anderen bleiben ausdruckslos. Auch in einem einige Jahre zuvor entstandenen Ölbild, das vier zu einer Pyramide aufgeschichtete Totenköpfe zeigt, weisen deren divergierende Blickachsen nicht zum Betrachter (Abb. 61).[118] Die Schädel bleiben so, was sie sind – Objekte.

In *Drei Totenschädel auf einem Teppich* hingegen antworten die Blicke aller drei Totenköpfe dem des Betrachters und werden von Cézanne durch die Deformation der Augenhöhlen in ihrem eindringlich tragischen Ausdruck intensiviert. Die Totenschädel scheinen dadurch ein Eigenleben zu erhalten, das gerade von der Darstellung des explizit Toten im Stilleben jeden Aspekt einer ›nature morte‹ nimmt. Sie werden zum ›Gegenüber‹ und wirken nicht wie Objekte, sondern ihrerseits als Subjekte.[119]

Blick und Gegenblick, die sich im Bild begegnen, sind identisch. Dargestellt ist der gespiegelte Blick des Malers auf die Totenschädel. Der Blick auf die Gegenstände dient nicht dazu, dies wird vor den drei Totenschädeln deutlich, die »innere Struktur der Dinge«[120] zu erkennen. Im Stilleben zeigt sich vielmehr noch einmal Cézannes Konzeption der subjektiven ›optique‹ – die Bildgegenstände zeigen zugleich den Blick des Subjekts, der sie trifft. In *Drei Totenschädel auf einem Teppich* wird dabei vor Augen geführt, daß sich im Spätwerk das Gewicht auf die Emotionalität subjektiver Wahrnehmung verlagert, ohne daß es dabei wie im Frühwerk um die offensive Äußerung von Leidenschaft und Temperament an sich gehen kann. Cézannes Begriff der ›sensations‹ offenbart nun stärkere Gefühlsanteile als in den achtziger und frühen neunziger Jahren und kann mit dem Terminus »Sehdaten«[121] nur höchst unzureichend erfaßt werden. Er bedeutet neben »Wahrnehmung«, (»perception«), nun vor allem »Empfindung«, (»sensation«), manchmal »Gefühl«,

(»émotion«). »Der Literat drückt sich durch Abstraktionen aus, während der Maler vermittels der Zeichnung und der Farbe seine Empfindungen, seine Wahrnehmungen konkretisiert.«[122]

Trotz der betonten Subjektivität des Wahrnehmens und Empfindens begreift Cézanne Sehen nicht als imaginativen oder gar seherischen Akt. Anders als die Symbolisten, welche Idee und Innensicht zum Ausgangspunkt nehmen, beharrt Cézanne auf der Wahrnehmung »sur nature«.[123] Die wesentliche Disposition des schöpferischen Subjekts ist daher für ihn nicht »Vorstellung«, »imagination«, sondern »Sensibilität«, »sensibilité«, ein Begriff, mit dem er Innensicht und Außensicht zugleich erfassen kann: »Die Sensibilität ist dem Individuum eigentümlich; auf ihrer vollkommensten Stufe zeichnet sie den Künstler aus.«[124]

»Sensibilität« ist, so wird hier deutlich, auch die Basis der Verständigung zwischen Maler und Betrachter; sie ist die Grundlage der 1906 geäußerten Absicht Cézannes, dem Publikum zu veranschaulichen, »was wir selbst empfinden und uns verständlich machen«.[125]

Cézanne war sich dabei bewußt, daß seine Kunst, die sich von einer tradierten Wahrnehmungs- und Bildkonzeption ebenso wie von einer konventionellen, primär begrifflich erfaßbaren Zeichensprache gelöst hatte, allenfalls an eine, wie er feststellte, »äußerst begrenzte Zahl von Individuen« gerichtet war.[126] Im Gegensatz zur Überzeugung symbolistischer Theoretiker, welche die Möglichkeit der Objektivierung verfochten, mit dem Resultat einer Allgemeinverständlichkeit der geäußerten Gefühle und Ideen, sah Cézanne deutlich, daß die Basis, um sich einem Durchschnittspublikum verständlich zu machen, noch nicht gegeben war. Statt von »objektivieren« spricht er daher von »veranschaulichen« (»concrétiser«).[127]

Mehrfach soll er sich in den Jahren nach 1900 auf Honoré de Balzacs Novelle *Le chef-d'œuvre inconnu* bezogen haben.[128] Dort wird nicht nur die Vollendbarkeit von Malerei, ganz in Cézannes Sinne, grundsätzlich in Frage gestellt. Auch das Problem der nicht mehr selbstverständlichen Verständigungsbasis, das nicht nur Cézanne, sondern die künstlerische Avantgarde des 19. und 20. Jahrhunderts insgesamt betrifft, wird hier zugespitzt, bis hin zum völligen Fehlen einer »gemeinsamen, sicher umschriebenen Art der Wahrnehmung von Maler und Mitwelt«.[129] Die Aufgabe der Künstler, einen neuen Boden der Verständigung zu schaffen, war es, das Publikum in ihrem Sinne sehen zu lehren.[130]

Cézannes Stilleben *Drei Totenschädel auf einem Teppich* ist so mehr als der suggestive Ausdruck künstlerischer Empfindung oder ein ›autoportrait spirituel‹. Der Blick des Malers auf das Objekt ist in seiner Wahrnehmungs- und Gefühlsintensität reflektiert – die Aktivierung von Wahrnehmungs- und Gefühlspotentialen beim Betrachter wird als Folge eines visuellen Vorgangs sichtbar gemacht. Durch die Veranschaulichung des subjektiven Blicks lotet Cézanne die Frage nach der Kapazität visueller Verständigung und den Möglichkeiten, Wahrnehmung und Erfahrung durch Sehen zu entwickeln, aus – im Verhältis von Realität und Maler ebenso wie von Bild und Betrachter.

62 Stillebengegenstände in Cézannes Atelier in Aix-en-Provence, um 1935

SCHLUSS

Die Entwicklung der Stillebenmalerei bei Paul Cézanne kann in einer Genealogie dreier Bilder exemplarisch überblickt und resümiert werden. Der Grund für die nochmalige Betrachtung jener drei, das Werk von 1866 bis ins letzte Jahrzehnt überspannenden Arbeiten, ist ihr gemeinsamer Nenner: das Motiv des Bildes-im-Bild.[1] In seinen unterschiedlichen Ausprägungen erhellt es schlaglichtartig den Bedeutungs- und Funktionswandel des Stillebens bei Cézanne. Das *Portrait Louis-Auguste Cézanne* (Abb. 7) von 1866 zeigt im Hintergrund ein Stilleben *als* Bild-im-Bild. Das *Stilleben mit Suppenterrine* (Abb. 17), gemalt um 1877, ist bereits ein Stilleben *mit* Bild-im-Bild. Im *Stillleben mit Amor* (Abb. 46) von 1895 schließlich potenziert Cézanne das Motiv zum *Stilleben-im-Stilleben*.

Die vorangegangene Untersuchung dieser Arbeiten hat bereits die zuweilen gestellte Frage beantwortet, ob es sich bei Cézannes Bildern-im-Bild um zufällig im Hintergrund befindliche Gegenstände, um Elemente mit rein formaler, den Bildhintergrund gliedernder Funktion oder um inhaltlich bedeutsame Motive handelt.[2] In jedem Fall stellte Cézanne die Bilder-im-Bild gezielt dar und eröffnete damit eine weiterführende inhaltliche Ebene der Reflexion und Thematisierung künstlerischer Fragen. Dies entspricht Cézannes Gegenstandswahl im Stilleben allgemein. Sie erfolgte gezielt, nicht nur nach formalen, sondern auch inhaltlichen Kriterien.

Die drei Bilder sind Kristallisationspunkte. Sie zeigen die sich verändernde Bedeutung des Stillebens in der Werkentwicklung Cézannes und über sein Œuvre hinaus. Alle drei offenbaren ihre Vielschichtigkeit vor allem dann, wenn sie in ihrem historischen Kontext, in ihrem zeitgenössischen geistigen und künstlerischen Umfeld gesehen werden. Man kann dies über die Stillleben hinaus auf das gesamte Werk Cézannes übertragen. Seine Bilder zeigen, daß er als Maler bewußt im Dialog mit seiner Zeit schuf.

Die relevanten Bezugsfelder erweitern sich dabei von einem zunächst gattungshistorischen zu einem weitergefaßten zeitgeschichtlichen Kontext. Diese Ausdehnung geschieht in dem Maße, in dem Cézannes Stilleben an innovativer Kraft gewinnt und Gattungsgrenzen wie -hierarchien auflöst. Die Stilleben offenbaren bis in die siebziger Jahre wesentliche Bedeutungsinhalte vor allem im Zusammenhang mit historischen oder zeitgenössischen Bildbeispielen. Ab Anfang der achtziger Jahre provozieren sie jedoch den Vergleich mit späteren Arbeiten von Picasso und Matisse und zeigen so ihre zukunftsweisende Bedeutung für die Malerei des frühen 20. Jahrhunderts.

In den drei Bildern reflektiert und resümiert Cézanne jeweils rückblickend einen Werkabschnitt und eröffnet zugleich vorauswirkend eine neue Phase seiner Malerei. Das Portrait des Vaters von 1866, eines der letzten im ›style couillarde‹ ausgeführten Bilder, zeigt ein Stilleben *als* Bild-im-Bild. Das provokant Antiakademische, Realistische der Gattung Stilleben wird in Form und Inhalt vorgeführt. Parallel zu Emile Zolas Theorien manifestiert

Cézanne hier seine Auffassung vom Temperament, der individuellen psychischen Veranlagung des Künstlers als Grundlage der Kunst. Das Stilleben im *Portrait Louis-Auguste Cézanne* bezieht sich so, entgegen einer traditionellen Funktion des Bildzitats im Bildnis, nicht attributiv auf den Portraitierten, sondern auf den Maler selbst. Es erweist sich bereits in diesem frühen Werk als Vermittler künstlerischer Haltung. Diese Funktion wird es, bei zunehmender Differenziertheit und Komplexität der Aussage, in Cézannes Werk behalten. Doch neben der rhetorischen Parallelsetzung von Stilleben und Manifest beinhaltet das Portrait des Vaters bereits die Abwendung von der offensiven Zeichenhaftigkeit des Frühwerks, indem es ein in seiner Gegenstandswahl persönlicheres und für Cézanne charakteristischeres Stilleben *als* Bild-im-Bild in einen privaten Kontext stellt.[3]

Die dadurch bei Cézanne angelegte, für die Stillebenentwicklung des 19. Jahrhunderts insgesamt bezeichnende Wendung ins Persönliche und künstlerisch Charakteristische tritt Anfang der siebziger Jahre deutlich zutage. Das Stilleben übernimmt zunächst Bedeutungsinhalte und Funktionen von Portrait und Künstlerselbstportrait, modifiziert diese jedoch durch die Zurücknahme der allgemeinen Lesbarkeit. Schließlich ist es bei Cézanne kein *Genrebild* mehr; als legitimer Nachfolger Chardins vollzieht er im Stilleben den Schritt von der illusionären zur autonomen Bildwelt.

Seine Konzeption des Sehens als subjektiver Akt, die er Edouard Manet im *Stilleben mit Muschel und schwarzer Uhr* (Abb. 13) pointiert entgegenhält, muß Cézanne auch in seiner ab Anfang der siebziger Jahre virulenten Auseinandersetzung mit dem Impressionismus nicht aufgeben. In den Blumenstücken von 1873/74 vermittelt eine skizzenhaft spontane Gestaltung die unmittelbare Wiedergabe seiner persönlichen Impression. Doch die Rhetorik der Unmittelbarkeit stellt Cézanne 1877 im *Stilleben mit Suppenterrine* (Abb. 17) explizit in Frage. In diesem Stilleben *mit* Bild-im-Bild formuliert er seine durch die Zusammenarbeit mit Pissarro beförderte Objektivierung des Kunstbegriffs.[4] Das Bild zeigt die Überprüfung der zugleich werkimmanenten wie historischen Konstellation von Landschafts- und Stillebenmalerei. Dabei bricht Cézanne durch die Darstellung eines Ateliers und das Zitat von Landschaftsdarstellungen als Bilder-im-Bild den impressionistischen Topos der Unmittelbarkeit. So erweist sich diese Arbeit keineswegs als Ausdruck eines bestimmten Naturverständnisses. Sie definiert einen Raum, in dem die Kunst als eigenständiges System neben die Natur getreten ist. Im Portrait des Vaters von 1866 war die einheitliche stilistische Ausführung der Bildebene und der Bild-im-Bildebene noch Folge der ›einzigartigen Hand‹ des Originalgenies. Im *Stilleben mit Suppenterrine* verweist die Aufhebung unterschiedlicher Stilhöhen auf die Konzeption einer souveränen und einheitlichen Kunst.

Die ungewöhnliche Darstellung von Landschaftsbildern *in* einem Stilleben betont den gattungsgeschichtlich bedeutsamen Umstand, daß gerade das Stillleben im Kontext eines objektivierten Kunstbegriffs besonders geeignet ist und in der Entwicklungsgeschichte der modernen Kunst geeignet sein wird, künstlerische Fragen zu reflektieren und zu thematisieren. Das Stillleben, eine Gattung, in der formale, malerische Aspekte vor allem im 19. Jahrhundert dominieren, erhöht dabei seinen Stellenwert zunächst in dem Maße, in dem die formalen Aspekte in der modernen Malerei an zentrale Stelle rücken. In Cézannes Werk wird jedoch deutlich, daß das Stilleben dar-

über hinaus in dem Maße an Bedeutung gewinnt, in dem selbstreflexive und konzeptionelle Inhalte in der Kunst wesentlich werden.
Cézanne öffnet im *Stilleben mit Suppenterrine* den Weg für die systematische und innovative Arbeit der folgenden Jahre. Die Stillebenreihen und -variationen der siebziger Jahre dienen der Entwicklung objektivierter, die Autonomie des Bildes begründender Mittel. Sie definieren zugleich Cézannes Auffassung vom endlosen, nie vollendbaren Prozeß der Malerei. Beides bildet die Grundlage für die im Bild reflektierte Subjektivität künstlerischer Wahrnehmung in den letzten fünfzehn Jahren – für Cézannes Konzeption der ›optique‹ anstelle der Perspektive, für seine Auffassung von der Unvollendbarkeit des Sehens im Bild. Gerade durch die in dieser Gattung mögliche Annäherung von Arrangement und Bildkomposition ist die Kunst-Welt des Stillebens für Cézannes grundlegende Neuformulierung des Verhältnisses von Realität, Subjekt und Bild besonders geeignet.
Mit dem Motiv des *Stilleben-im-Stilleben* im Atelier definiert Cézanne einen solchen ästhetischen Raum in exemplarischer Weise. Cézanne führt im *Stillleben mit Amor* die vollendete Autonomie des Bildes vor, im Rahmen einer eigenen Definition des Dekorativen, auf einer konstruktiven ebenso wie emotiven Ebene. Hier überlagern und potenzieren sich Funktion und Bedeutungsinhalt des Cézanneschen Stillebens mit der des Bild-im-Bild-Motivs. Das *Stilleben mit Amor* vereint die verschiedenen Bildebenen durch ein kalkuliertes Wechselspiel zwischen Illusionsraum und Bildrealität in ganz besonderer Weise: Die Bilder-im-Bild fungieren nicht mehr, wie noch in den früheren Arbeiten, als Zitate an einer Wand im Hintergrund und verbinden sich nicht allein zu einer stilistischen Einheit mit der ›realen‹ Bildebene. Sie konstituieren den Bildraum selbst, eine Kunst-Welt im wörtlichen wie übertragenen Sinne.[5] Die im *Stilleben mit Amor* hergestellte Verbindung des Dekorativen mit dem Stilleben könnte sich vor dem gattungshistorischen Hintergrund als geradezu tautologisch erweisen, galt doch das Stilleben aufgrund seiner inhaltlichen Bedeutungslosigkeit und Konzentration auf das Formale lange als reine Dekoration und daher als minderwertige Kategorie der Malerei. Bei Cézanne trägt das Bildelement des Stilleben-im-Stilleben jedoch, durch die Aufwertung sowohl des Dekorativen wie des Stillebens und die im *Stilleben mit Amor* verwirklichte Identität von Form und Inhalt in der ästhetischen Kategorie des Dekorativen, beinahe apotheotische Züge.
Cézannes Vorgänger und Zeitgenossen, etwa Courbet oder Manet, zitieren Bilder-im-Bild vor allem im Interieur und Figurenbild. In Cézannes Werk hingegen dominiert die Verbindung von Stilleben und Bild-im-Bild. Er hebt pointiert hervor, daß sich bei ihm die Thematisierung konzeptioneller Inhalte und die Selbstreflexion einer ihre immanenten Möglichkeiten auslotenden Kunst von den ›höheren‹ Gattungen vor allem ins Stilleben verlagert haben. Er stellt heraus, daß gerade das Stilleben seine Bedeutung keineswegs allein auf formaler Ebene, als Übungsfeld, findet, und daß es nicht primär, im Sinne eines stellvertretend betrachteten Mikrokosmos, Natur- und Welterkenntnis oder das Wesen der Dinge zum Ausdruck bringen will. Wie die vorliegende Untersuchung gezeigt hat, dient es im Werk Cézannes der reflektierten Äußerung künstlerischen Selbst-Bewußtseins. »Tenez, ce que je n'ai pas encore pu atteindre, ce que je sens que je n'attendrai jamais dans la figure, dans le portrait, je l'ai peut-être touché là... dans ces natures mortes...«.[6]

ANMERKUNGEN

Die Interpretation der zentral untersuchten Arbeiten erfolgt, von wenigen, nicht zugänglichen Ausnahmen abgesehen, in Kenntnis der Originale. Bei den Titeln der von Cézanne nur selten selbst benannten Bilder handelt es sich meist um Übersetzungen aus dem Werkverzeichnis von Lionello Venturi, 1936. Sie wurden zuweilen leicht verkürzt oder erweitert. Die zeitliche Einordnung der Arbeiten erfolgte ebenfalls weitgehend nach Venturi, gegebenenfalls unter Berücksichtigung der seit 1936 erfolgten Korrekturen in der Fachliteratur oder in den Dokumentationen der Museen. Abweichende Datierungen, die aufgrund der hier vorgenommenen Untersuchung getroffen wurden, werden im Text begründet. Angaben zu Größe, Technik und vor allem zum Aufbewahrungsort der angeführten Stilleben sind, soweit möglich, auf den aktuellen Stand gebracht. Wenn nicht anders angegeben, stammen die Übersetzungen von der Verfasserin.

Einleitung (S. 7–10)

1 Schapiro 1968, S. 25
2 Vgl. Schapiro 1968; Bettendorf 1982, S. 138–141; Reff 1983, S. 84–100
3 Vgl. Imdahl 1988, S. 114ff.; Boehm 1988, S. 33
4 Badt 1956, S. 164, S. 135
5 Badt 1956, S. 126
6 Beth 1979, S. 183
7 Adriani 1993, S. 184
8 Sykora 1983, S. 66
9 Dorival 1949, S. 67
10 Schapiro 1968, S. 35
11 Vgl. Fry 1927; Guerry 1950; Shiff 1984; Imdahl 1988; Boehm 1988; Bryson 1990
12 Vgl. vor allem Reff 1983, S. 84–100; Schapiro 1968
13 Vgl. vor allem Geist 1988
14 Schapiro 1968
15 Bernard (1907), in: Doran 1982, S. 104
16 Adriani 1993, S. 15
17 Die verwendeten Ausgaben der Briefe sind Rewald 1978; deutsch: Rewald 1979. Zur Beurteilung der überlieferten Gespräche vgl. Doran 1978; deutsch: Doran 1982
18 Shiff 1984, S. 187
19 »On n'a voulu ici que définir l'œuvre du peintre, on n'a pas tenté d'en exprimer la poésie. Toute la magie des mots ne suffirait pas à traduire pour qui ne l'aurait pas eue l'impression inoubliable que donne la vue d'un beau Cézanne.« Denis (1907), in: Doran 1978, S. 179 und 180; deutsch: Doran 1982, S. 218

›Tempérament‹ als Provokation – Stilleben um 1866 (S. 11–30)

1 »Das große Schreckgespenst, glauben Sie mir, ist nicht der Realismus, sondern das Temperament.« E. Zola, Mon Salon (1866), in: Zola 1970, S. 74
2 Cézanne hatte sich zweimal erfolglos um Aufnahme in die École des Beaux-Arts beworben. Er besuchte seit 1861 unregelmäßig das Atelier Suisse in Paris – kein Maleratelier im eigentlichen Sinne, sondern eine Einrichtung, in der junge Maler nach lebenden Modellen zeichnen konnten – und nahm in Aix-en-Provence an Kursen der Zeichenschule teil. Erfahrungen im Umgang mit Farbe erwarb Cézanne in jenen Jahren vor allem durch die traditionelle Methode des Kopierens alter und zeitgenössischer Meister im Louvre und im Palais du Luxembourg. Vgl. Rewald 1986, S. 27ff.
3 Als Frühwerk wird der Zeitraum zwischen 1859 und 1872 bezeichnet. Vgl. Venturi; Gowing 1988
4 Vgl. Venturi Nr. 224, 101, 121, 105, 113
5 Antoine Guillemet erwähnt das *Portrait Louis-Auguste Cézanne* in einem Brief an Zola Ende 1866, vgl. Rewald 1979, S. 117 und 118. Im Hintergrund des Portraits hängt das *Stilleben mit blauer Tasse und Birnen*. Es ist damit vermutlich ebenfalls im Verlauf des Jahres 1866 entstanden. In den gleichen Zeitraum können aufgrund der formalen Ähnlichkeit das *Stilleben mit Lammhaxe*, das *Selbstportrait* und zahlreiche Portraits des Onkels Dominique datiert werden. Zur Datierung vgl. Gowing 1956, S. 185–192; Gowing 1988, Kat. Nr. 12, S. 92. *Stilleben mit blauer Tasse und Birnen*, um 1866, Öl auf Leinwand, 30 x 41 cm, Musée d'Orsay, Paris, als Depositum im Musée Granet, Aix-en-Provence, Venturi 62 (Abb. 6). *Stilleben mit Lammhaxe*, ca. 1866, Öl auf Leinwand, 27 x 35 cm, Kunsthaus Zürich, Venturi 65 (Abb. 2). *Selbstportrait*, um 1866, signiert u.r., Öl auf Leinwand, 45 x 41 cm, Privatbesitz, Venturi 81
Das Frühwerk Cézannes wurde bis zur Ausstellung *Cézanne. The Early Years* 1988 nur wenig beachtet. Die zumeist amerikanischen Interpretationen richteten sich dabei vor allem auf die Figurenbilder der späten sechziger Jahre, da diese einer psychoanalytischen Deutung zugänglich sind. In einem Aufsatz interpretiert Theodore Reff auch die beiden Stillleben mit Totenköpfen aus den sechziger Jahren, von denen eines, das *Stilleben mit Totenkopf und Kerze*, zur Gruppe der Palettmesserbilder gehört, als Verarbeitung familiärer Spanungen, ausgehend von Gedichten, Briefstellen und Zeichnungen Cézannes.
Stilleben mit Totenkopf und Kerze, um 1866, Öl auf Leinwand, 47,5 x 62,5 cm, Privatbesitz, Venturi 61 (Abb. 3). – *Stilleben mit Totenkopf und Wasserkanne*, um 1865, Öl auf Leinwand, 59,5 x 48 cm, Privatbesitz, Venturi 68. Vgl. zu beiden Bildern Reff 1983, S. 84–100. In der vorliegenden Arbeit werden diese Bilder im Zusammenhang mit den nach 1900 entstandenen Totenkopfstilleben untersucht und daher aus der Gruppe der 1866 entstandenen Arbeiten ausgeklammert.

6 Zur Tasse vgl. Antoinette Fay-Hallé, *Europäisches Porzellan vom Klassizismus bis zum Jugendstil*, Stuttgart und Berlin, 1983. Tassen im Louis XVI. beziehungsweise Stil des Premier Empire wurden noch in den fünfziger Jahren des 19. Jahrhunderts hergestellt. Zur Zuckerdose vgl. Anaud d'Agnel, *La Faïence et la Porcelaine de Marseille. La Faïence artistique de Marseille*, Planche XLXI, Marseille, 1970

7 Zur Geschichte der Académie des Beaux-Arts vgl. Boime 1986, S.4 und 5; Nikolaus Pevsner, *Academies of art. Past and Present*, Cambridge, 1940, S.82ff., S. 215ff.; White 1965, S. 16f.

8 Vgl. Boime 1986, S. 8f.

9 Nach der vorläufigen Auflösung der Académie im Jahr 1789 wurde sie 1795 als Klasse des Institut de France restituiert, bestehend aus einem exklusiven Zirkel vierzig verdienter Künstler. Ab 1816 wurde die Klasse des Institut de France offiziell wieder in Académie des Beaux-Arts umbenannt. Dazu, zur Berufungspraxis und zur Verwaltungsreform von 1863, bei der École des Beaux-Arts und Jury des Salons der Kontrolle der Académie entzogen werden sollten, vgl. Boime 1986, S. 5, S. 7ff., S. 181ff.; White 1965, S. 18ff.; Rewald 1990, S. 64f.

10 Vgl. Boime 1986, S. 22f.; Rewald 1990, S. 29ff.

11 Vgl. Albert Boime, The teaching of fine arts and the avant-garde in France during the second half of the nineteenth century, in: *Arts Magazine* 60, 12, 1985, S. 46–57. Zu den diversen Strömungen innerhalb der offiziellen Kunst vgl. Sloane 1951, S. 35–47

12 Vgl. Lethève 1968; White 1965, S. 31ff., S. 78f., S. 84ff.

13 Vgl. White 1965, S. 30f.

14 Vgl. Maurice Rheims, *La vie d'artiste*, Paris, 1970, S. 260ff.

15 Vgl. Buchinger-Früh 1987, S. 26f.

16 Zur französischen Akademielehre im 17. und 18. Jh. vgl. André Fontaine, *Les doctrines d'art en France. Peintres, amateurs, critiques de Poussin à Diderot*, Paris, 1909, S. 53ff.

17 Vgl. Beth 1979, S. 90ff.

18 Die wesentliche Quelle ist André Félibien, Conférences de L'Académie Royale de Peinture et de Sculpture pendant l'année 1667, Préface, Paris, 1669, abgedruckt in: Manfred Boos, *Französische Kunstliteratur zur Malerei und Bildhauerei 1648–1669*, München (Diss.), 1966, S. 14ff.

19 Roland Fréart de Chambray, *Idée de la perfection de la peinture*, Le Mans, 1662, S. 11, nach: McCoubrey 1964, S. 40

20 »diversitez agréables«. Charles A. Du Fresnoy, *L'Art de Peinture Traduit en François Enrichy de Remarques, & augmenté d'un Dialogue sur le Coloris (par Roger de Piles)*, Paris, 1668, Zweite Auflage 1673, S. 224

21 »... une bouteille, un clou, une plume, un oignon, un couteau, un soulier bien imités.« Jean Restout, *La Réforme de la peinture*, Caen, 1681, Faksimile, Genf, 1983, nach: McCoubrey 1964, S. 40; vgl. auch Charles André Du Fresnoy, *L'Art de Peinture*, Paris, 1668, S. 64–67; André Fontaine, *Les doctrines d'art en France*, Paris, 1909, S. 86

22 »L'art est-il le tableau de la vie? Alors rien n'y peut être plus intéressant que la figure humaine, puisque l'homme est le plus vivant des créatures. L'art est-il la manifestation du beau? La figure humaine est encore l'objet plus noble des ses études [...] Quelque soit la définition de l'art, il existe dans ses ouvrages des modes inférieurs et des modes supérieurs, selon que les objets représentés sont plus ou moins doués de vie.« Blanc 1867, S. 635

23 Edmond About, *Le Salon de 1866*, Paris, 1867, S. 32

24 Vgl. Léon Lagrange, Salon de 1861, in: *Gazette des Beaux-Arts* 5, 1861, S. 152; Louis Jourdan, *Les peintres français, Salon de 1859*, Paris, 1859, S. 99ff.; Albert de la Fizelière, Le Salon de 1864, in: *L'Union des arts*, 16.7.1864, S. 3 und 4

25 Vgl. Boime 1986, S. 4 und 5; White 1965, S. 84

26 Vgl. White 1965, S. 84f.

27 »...c'est-à-dire que les fleurs ne doivent pas être communes, petites et vilaines, mais belles grandes et rares.« Aubin Louis Millin, *Dictionnaire des Beaux-Arts*, Paris, 1806, I, S. 608

28 Blaise Alexandre Desgoffe stellte von 1857–1868 regelmäßig im Salon aus. Vgl. S.H. Pavière, *A Dictionary of Flower, Fruit and Still Life Painters*, Bd. 1, Leight-on-Sea, 1962f. Zum Beinamen ›Raffael de la nature morte‹ siehe McCoubrey 1964, S. 40

29 Zur Begriffsgeschichte vgl. allgemein Sterling 1985, S. 41 und 42

30 Vgl. Paul Mantz, Salon de 1859, in: *Gazette des Beaux-Arts* 2, 1859, S. 355; Léon Lagrange, Expositions de Province: Lyon, in: *Gazette des Beaux-Arts* 5, 1860, S. 338

31 »La vie n'a des limites ni dans l'infiniment grand, ni dans l'infiniment petit... Vous comprenez donc bien que ce n'est pas une petite affaire que d'être un peintre des fleurs, et que ce qu'on appelle dédaigneusement nature morte est, au contraire, la nature vivante, aimante et dévouée.« Louis Jourdan, *Les Peintres français, Salon de 1859*, S. 170 und 171. Vgl. auch Théophile Thoré, *Musée de la Hollande*, 1860, Bd. 2, S. 317: »Nature morte est absurde... Il n'y a point de ›nature morte‹! Tout vit et tout remue, tout aspire ou expire, tout se métamorphose à chaque instant.«

32 Siehe hier Kapitel 3, Anmerkung Nr. 32; Timothy J. Clark, *Der absolute Bourgeois*, Reinbek bei Hamburg, 1981, S. 198–200

33 Vgl. Castagnary, Salon de 1863, in: Castagnary 1892, I, S. 105

34 Vgl. dazu allgemein McCoubrey 1964; Beth 1979, S. 134ff.

35 Champfleury, *Grandes figures d'hier et d'aujourdhui*, Paris, 1861, S. 257

36 Vgl. McCoubrey 1964, S. 43 und 45

37 Vgl. Jacques Foncart, *Les peintures de Rembrandt au Louvre*, Paris, 1982, S. 66–72

38 François Bonvin erhielt für seine Bilder, meist wurden religiös inspirierte Genreszenen den eigentlichen Stilleben vorgezogen, zwischen 600 und 1800 Francs. Vgl. White 1965, S. 108. Henri Fantin-Latour, der als Stillebenmaler unter anderem in England Erfolg hatte, erhielt 1864 für zwei Stilleben zusammen 625 Francs. Vgl. Kat. Ausst. Paris 1982, S. 114

39 Vgl. Colonel M.H. Grant, *Jan van Huysum 1682–1749*, Leight-on-Sea, 1954, Nr. 101

40 Alexandre Cabanel, *Die Geburt der Venus*, um 1863, 130 x 225 cm, Musée d'Orsay, Paris, Abb. in: Rosenblum 1989, S. 39. Vgl. Lethève 1968, S. 166f.

41 *Pfirsiche auf einem Teller*, 1860/64, Öl auf Leinwand, 18 x 24 cm, Venturi 12
42 *Stilleben mit Brot und Eiern*, signiert u.l., datiert 1865, Öl auf Leinwand, 59 x 76 cm, Cincinnati Art Museum, Ohio, Venturi 59 (Abb. 1)
43 Vgl. auch Bettendorf 1982, S. 138–141
44 Zu François Bonvin (1817–1887) vgl. Gabriel Weisberg, *Bonvin*, Paris, 1979; *L'Art en France sous le Second Empire*, Kat. Ausst. Galeries nationales du Grand Palais, Paris, 11.5.–13.8. 1979, Paris, 1979; zu Théodule Ribot (1823–1891) vgl. Louis de Fourcaud, *Théodule Ribot. Sa vie et ses œuvres*, Paris o.J.; zu Antoine Vollon (1833–1900) vgl. Gabriel Weisberg, Antoine Vollon: Painter of two Traditions, in: *Bulletin of the Detroit Institute of Art*, Winter 1978, S. 222–226
45 Zu Eugène Boudin (1824–1898) vgl. Robert Schmit, *Eugène Boudin 1824–1898*, Paris, 1973; Charles Cunningham, Some Still-Lifes by Eugène Boudin, in: *Studies in the History of Art dedicated to William Suida*, London, 1959, S. 382–92
46 Vgl. Castagnary, Salon des Refusés (1863), in: Castagnary 1892, I, S. 161
47 Laut Rewald 1986, S. 46–47, war auch Cézanne mit heute nicht mehr identifizierbaren Arbeiten im ›Salon des Refusés‹ 1863 vertreten und hat diesen daher sicherlich besucht.
48 Vgl. J.B.S. Chardin, *Der Rochen*, seit 1796 im Louvre, Rosenberg 1979, Nr. 7; *Das Buffet*, 1728, seit 1850 im Louvre, Rosenberg 1979, Nr. 24; *Menu de maigre, Menu de gras*, 1731, seit 1852 im Louvre, Rosenberg 1979, Nr. 37 und 38. Kleinere Arbeiten mit wenigen Gegenständen gelangten 1869 durch das Legat La Caze an den Louvre: *Korb mit Trauben*, Rosenberg 1979, Nr. 8; *Das Olivenglas*, 1760, Rosenberg 1979, Nr. 114; *Trauben und Granatäpfel*, 1763, Rosenberg 1979, Nr. 117; *Drei Äpfel, Silberbecher und Schale*, Rosenberg 1979, Nr. 128; *Die Brioche*, 1763, Rosenberg 1979, Nr. 118; *Drei Birnen, Nüsse, Glas und Messer*, Rosenberg 1979, Nr. 129. Der *Pfirsichkorb*, 1768, Rosenberg 1979, Nr. 130, befand sich seit 1867 im Louvre. Auf öffentlichen Versteigerungen wurden in den sechziger Jahren Bilder von Chardin nur 1860, als sich Cézanne noch nicht in Paris befand, und 1867 angeboten. Vgl. *Catalogue général des ventes publiques. Tableaux et estampes depuis 1737 jusqu'à nos jours*, Paris 1868, Tome II, S. 393–403 und *Dictionnaire des ventes d'art*, Paris, 1911, Bd. II, S. 146–51
49 Edmond und Jules de Goncourt, Chardin, in: *Gazette des Beaux-Arts* 15, 12, 1863, S. 514–533 und 16, 2, 1864, S. 144–167
50 Vgl. unter anderem Antoine Vollon, *Stilleben mit Kupferkessel*, undatiert, Öl auf Leinwand, 67 x 81 cm, Privatbesitz, Abb. in: Weisberg 1979, Fig. 43; François Bonvin, *Stilleben mit Rindfleisch*, 1859, Öl auf Leinwand, 99 x 80,5 cm, The Wadsworth Atheneum, Hartford, Conneticut, The Ella Gallup Sumner and Mary Catlin Sumner Collection Fund
51 Vgl. Pieter van Boucle, *Schlachtfleisch mit Hund und Katze*, 1651, 113 x 149 cm, Musée du Louvre seit 1853, in: *Catalogue illustré du peintures du Musée de Louvre I. Ecole flamande et hollandaise*, Paris, 1979
52 Vgl. auch Claude Monet, *Stilleben mit Fleischstück*, 1864, Öl auf Leinwand, 24 x 32 cm, Musée d'Orsay, Paris, Abb. in: Wildenstein 1974, S. 14
53 Arsène Houssaye, Les peintres du laid, in: *L'Artiste* 8, 1.11.1859, Jg. 29, S. 97–100
54 Zu den Karikaturen über Courbet siehe allgemein Léger 1920; Kat. Ausst. Hamburg 1978
55 Honoré Daumier, *L'exposition de 1859*, No.1 *Le refusé*, Lithographie, 1859, Abb. in: Louis Delteil, *Honoré Daumier, Le peintre-graveur illustré XXI-XXIX*, Paris, 1925, Nr. 3135
56 André Gill, *Le flambeau du réalisme*, in: *La Lune*, 12. April 1866, Abb. in: Kat. Ausst. Hamburg 1978, S. 215, Abb. 228d
57 Zum Topos der Schuhe vgl. Klaus Korte, Van Gogh und das Schuhstilleben in der Bataille du réalisme, in: Kat. Ausst. *Schuhwerke, Aspekte zum Menschenbild*, Kunsthalle Nürnberg, 28.5.–26.9.1976, o. S.
58 Champfleury, *Les amis de la nature*, Paris, 1859
59 Gustave Courbet, Titelblatt zu Champfleury, *Les amis de la nature*, 1859, Abb. in: Kat. Ausst. Hamburg 1978, S. 215, Abb. 228f.
60 Gustave Courbet, *Selbstbildnis mit Pfeife*, um 1846/1849, Öl auf Leinwand, 45 x 37 cm, Musée Fabre, Montpellier, Abb. in: Fernier 1978, Nr. 39
61 Champfleury überliefert die Anekdote in: *Souvenirs et portraits de jeunesse*, Paris, 1872, Nachdruck Genf, 1972, S. 179
62 Thomas Couture, *Der Realist*, 1865, Öl auf Holz, 55 x 45 cm, Van Gogh Museum, Amsterdam (Abb. 4). Couture beschreibt das Bild in: *Méthode et Entretiens d'Atelier*, Paris, 1867, S. 155
63 Arnold Mortier, Nouvelles, in: *Le Figaro*, 8.4.1867, S. 2; Antwort von Emile Zola à. M. F. Magnard, rédacteur du Figaro, in: *Le Figaro*, 12.4.1867, S. 2. Tatsächlich war im ›Salon des Refusés‹ 1863 ein Bild mit zwei Schweinsfüßen von Robert Grahame, Schüler im Atelier Couture, ausgestellt. Vgl. Castagnary, Salon des Refusés, in: Castagnary 1892, I, S. 169
64 Richard Muther, *Geschichte der Malerei im 19. Jahrhundert*, München, 1897, Bd. 2, S. 457
65 Vgl. Cézanne, Brief an Numa Coste, Juli 1868, in: Rewald 1979, S. 122; Cézanne, Brief an Camille Pissarro vom 2.7.1876, in: Rewald 1979, S. 144. Zu einer ebenfalls von zeitgenössischen Karikaturen beeinflußten, möglicherweise auch politischen Stellungnahme Cézannes im Portrait *Achille Empéreur, peintre*, 1870, vgl. Athanassoglou-Kallmyer 1990, S. 482–92
66 Denis (1907), in: Doran 1982, S. 214; zur Karikatur siehe Chappuis Nr. 111
67 *Ofen im Atelier*, 1865–68, signiert u. r., Öl auf Leinwand, 42 x 30 cm, The National Gallery, London, Venturi 64 (Abb. 5)
68 Eugène Delacroix, *Atelierecke*, um 1830, Öl auf Leinwand, 51 x 44 cm, Musée du Louvre, Paris, Abb. in: Johnson 1986, I, 1816–31, S. 242, Bd. 2, Plate 199
69 Vgl. Chapeaurouge 1960, S. 137–158; Beth 1979, S. 111f.
70 Vgl. A. Prévost, *L'Atelier de Courbet*, in: *Le Monde illustré*, 15.3.1862, Abb. in: Léger 1920, S. 44; Gavarni, *Les artistes*, Nr. 2, 1838, in: *Le Charivari*, 24.5.1838; Honoré Daumier, *Le bois et les arts ne vont pas*, 1833, in: *Le Charivari*, 6.5.1833; Alophe, *La gloire et le Pot-au-Feu*, 1858, Fotografie, 30 x 17 cm, in: *La vie de Bohème*, Kat. Ausst. Musée d'Orsay, Paris, 1986, Nr. 48. Ohne Ofen: Anonym, *Das Ate-*

lier des Malers Calame, in: *L'Illustration* 17, 1851, S. 44; Arie Lamme, *Le grand atelier de Ary Scheffer*, in: Kat. Ausst. *Musée de la vie romantique*, Paris, 1991, S. 92. In der Literatur: Edmond und Jules de Goncourt, *Journal 1851–61*, Bd. 1, Paris, 1956, S. 305; Emile Zola, *L'Œuvre*, Paris, 1886

71 Frédéric Bazille, *Atelier in der rue Condamine*, 1870, Öl auf Leinwand, 99 x 119,5 cm, Musée d'Orsay, Paris, Abb. in: F. Daulte, *Frédéric Bazille et les débuts de l'Impressionisme*, Paris, 1992, Nr. 56

72 Zur Prägung des Begriffs ›couillarde‹ (couilles = vulgär für ›Hoden‹) vgl. Ambroise Vollard, *Paul Cézanne*, Paris, 1938, S. 20. Dort wird der Begriff allgemein auf das Frühwerk Cézannes bezogen. Vgl. entsprechend auch Zolas Beschimpfung der Salonmaler als ›Eunuchen‹, in: E. Zola, Mon Salon (1866), in: Zola 1970, S. 75

73 Vgl. vor allem Gowing 1988, S. 10

74 Gowing 1988, S. 10

75 »Un philistin du jury s'est écrié en voyant mon portrait que c'était peint, non seulement au couteau, mais encore au pistolet.« Antony Valabrègue, in: Fortuné Marion, Brief an Heinrich Morstatt vom 12. 4. 1866, in: Barr 1937, S. 46

76 Vgl. André Gill, *Gustave Courbet*, in: *Nouveau Panthéon Charivarique*, Abb. in: Léger 1920, S. 79

77 »Plus de créateurs, de penseurs, d'artistes, revant des projets grands comme leur cœur! Plus que des maçons! Plus que des copistes!« André Gill, in: *La Lune*, 12. 8. 1866, abgedruckt in: Léger 1920, S. 63 (deutsch: Herding 1978, S. 19); Stock, Die Woge, in: *Album de Stock*, Paris, 1870, Abb. in: Kat. Ausst. Hamburg 1978, S. 505

78 Fortuné Marion, Brief an Heinrich Morstatt vom 15. August 1866, in: Barr 1937, S. 56; zur Darstellung des typischen Bohèmien mit langem Bart und Haaren in der Karikatur vgl. Buchinger-Früh 1987, S. 200, Anm. 3

79 Cézanne selbst bezeichnete sein erstes Jahrzehnt in Paris später als seine Bohèmezeit, vgl. Bernard (1907), in: Doran 1982, S. 87. Zola beschreibt in *Une farce où Bohèmes en villégiature* einen 1866 gemeinsam verbrachten Landaufenthalt und gibt 1886 in *L'Œuvre* eine fast karikaturistische Beschreibung ihrer frühen Bohèmejahre in Paris, die sich deutlich an die gemeinsame Jugendlektüre, Henri Murgers Klassiker *Scènes de la vie bohème* von 1851, anlehnt. Emile Zola, *Une Farce ou Bohèmes en villégiature* (1866), in: *Mme Sourdis und andere Erzählungen*, Paris, 1929, S. 154 und 155

80 Zu den Topoi der ›Vie bohème‹ vgl. Helmut Kreuzer, *Die Bohème*, Stuttgart, 1968

81 »Samedi nous irons à la baraque des Champs-Elysées porter nos toiles, qui feront rougir l'Institut de rage et de désespoir.« Cézanne, Brief an Pissarro vom 15. 3. 1865, in: Rewald 1978, S. 113; deutsch: Rewald 1979, S. 104

82 »Toute l'école réaliste a été refusée: Cézanne, Guillemet et les autres. En réalité nous triomphons, et ce refus en masse, cet exil immense est une victoire... Ce moment est une période de lutte, et ce sont les jeunes qui combattent vis-à-vis les vieux... La posterité, c'est nous...« F. Marion, Brief an Morstatt vom 12. 4. 1866, in: Barr 1937, S. 46

83 Gustave Courbet, Realismus und Demokratie (1861), in: Herding 1978, S. 28

84 »...la prestesse de sa main«, Castagnary, Salon de 1868, in: Castagnary 1892, I, S. 272; »...la main du maître et son souffle puissant«, Max Claudet, *Souvenirs, Gustave Courbet*, Paris, 1878, S. 10; »... une franchise éclatante et brutale«, Théophile Silvestre, *Histoire des artistes vivants*, Paris, 1855, S. 270; vgl. allgemein Peter-Klaus Schuster, Der karikierte Courbet, in: Kat. Ausst. Hamburg 1978, S. 500

85 E. Zola, Mon Salon (1866), in: Zola 1970, S. 80

86 »Un batisseur. Un rude gacheur de plâtre. Un broyeur de tons. Il maçonnait comme un Romain. Et lui aussi un vrai peintre.« Nach Gasquet (1921), in: Doran 1978, S. 142/143; deutsch: Doran 1982, S. 176

87 »Nous cherchions des hommes en toutes choses, nous voulions dans chaque œuvre, tableau ou poème, trouver un accent personnel. Nous affirmions, que les maîtres, les génies sont des créateurs qui, chacun, ont crée un monde de toutes pièces...« E. Zola, Mon Salon (1866), in: Zola 1970, S. 46

88 Vor allem Stendhal (= Henri Beyle) verbindet in seiner Cézanne wie Zola bekannten Schrift *Histoire de la peinture en Italie* physiognomische und psychologische Beschreibungen im Sinne einer traditionellen Temperamentenlehre, um die Eigenarten einzelner Künstler und ihrer Werke zu definieren. (*Histoire de la peinture en Italie*, 1817, Bd. 2, S.31, weitere Auflagen 1854, 1860, 1868)

89 »Ce que je demande à l'artiste, ...c'est d'affirmer hautement un esprit puissant et particulier, une nature qui saisisse largement la nature en sa main et la plante tout debout devant nous, telle qu'il la voit...« E. Zola, Mon Salon (1866), in: Zola 1970, S. 59 und 60

90 »Une œuvre d'art est un coin de la création vu à travers un tempérament.« E. Zola, Mon Salon (1866), in: Zola 1970, S. 77

91 »J'ai la plus profonde admiration pour les œuvres individuelles, pour celles qui sortent d'un jet d'une main vigoureusement et unique.« E. Zola, Mon Salon (1866), in: Zola 1970, S. 60

92 »patte de velours«: E. Zola, Mon Salon (1866), in: Zola 1970, S. 79

93 »...amant platonique de la vérité«, »tempérament inutile«: E. Zola, Mon Salon (1866), in: Zola 1970, S. 75 und 76

94 Vgl. E. Zola, Brief an Numa Coste vom 26.7.1866, in: Emile Zola, *Correspondance I, 1858–1867*, Montréal und Paris, 1978, Nr. 151, S. 453

95 »Si l'ordre académique s'écroule un jour, ce sera que les peintres de nature morte, dans les basfonds, en auront corrodé un à un tous les étais.« Castagnary, Salon des Refusés, in: Castagnary 1892, I, S. 161

96 Zu Courbet: Nadar, *Die Mädchen an der Seine*, in: *Nadar au Salon de 1857*, Abb. in: Kat. Ausst. Hamburg 1978, S. 506; Bertall, *Die Dorfmädchen*, in: *Le Journal pour rire*, 16.4.1852; zu Manet: Bertall, *Spanisches Spielzeug*, in: *Le Journal amusant*, 21.5.1864

97 Maxime du Camp, *Les Beaux-Arts à l'Exposition Universelle et aux Salons de 1863, 1864, 1866, 1867*, Paris, 1867, S. 219 und 220; Bertall, *Nous restons dans le réalisme*, in: *Le petit journal pour rire*, Nr. 188, 1859

98 *Portrait Louis-Auguste Cézanne*, 1866, Öl auf Leinwand, 198,5 x 119,3 cm, National Gallery of Art,

Washington, Collection of Mr. and Mrs. Paul Mellon, Venturi 91
99 Vgl. die Untersuchungen durch Streiflicht und Röntgenaufnahmen von Madeleine Hours, Cézanne's Portrait of His Father, in: *Studies in the History of Art*, National Gallery of Art, Washington, 1971, S. 63–80
100 Vgl. Rewald 1979, S. 117 und 118
101 Geist 1988, S. 32
102 Gowing 1988, S. 110
103 Vgl. Rewald 1979, S. 117 und 118
104 Auguste Renoir, *Portrait Frédéric Bazille*, 1867, Öl auf Leinwand, 106 x 74 cm, Musée d'Orsay, Paris, Abb. in: Kat. Ausst. London 1985, S. 5
105 Edouard Manet, *Eva Gonzalès im Atelier*, 1870, Öl auf Leinwand, 191 x 135 cm, The National Gallery, London, Abb. in: Rouart/Wildenstein 1975, Nr. 154; vgl. zur Interpretation Beth 1979, S. 180ff.

Stilleben statt Portrait – Werke um 1870 und 1877 (S. 31–60)
1 »Man hat oft wiederholt: Der Stil ist der Mensch; aber könnte man nicht mit der gleichen Richtigkeit sagen: Die Wahl des Sujets ist der Mensch?« Ch. Baudelaire, *La double vie par Charles Asselineau* (um 1859), in: Baudelaire 1976, II, S. 91
2 *Stilleben mit grünem Topf und Zinnkanne*, um 1870, Öl auf Leinwand, 63 x 80 cm, Musée d'Orsay, Paris, Venturi 70. – *Stilleben mit Muschel und schwarzer Uhr*, um 1870, Öl auf Leinwand, 55,2 x 74,3 cm, Privatbesitz USA, Venturi 69. – *Stilleben mit grünem Topf und schwarzer Flasche*, um 1871, Öl auf Leinwand, 64 x 81,5 cm, Staatliche Museen zu Berlin, Preußischer Kulturbesitz, Nationalgalerie, Venturi 71. – *Stilleben mit Gipsmedaillon*, auch genannt *Les Accessoires de Cézanne*, 1872/73, Öl auf Pappe, auf Holz montiert, 60 x 81 cm, Musée d'Orsay, Paris, Venturi 67
3 Edouard Manet, *Olympia*, 1863, Öl auf Leinwand, 130,5 x 190 cm, Musée d'Orsay, Paris, Abb. in: Rouart/Wildenstein 1975, I, 69 (ausgestellt im Salon von 1865); *Das Frühstück im Grünen*, 1863, Öl auf Leinwand, 208 x 264 cm, Musée d'Orsay, Paris, Abb. in: Rouart/Wildenstein 1975, I, 67 (ausgestellt im Salon des Refusés, 1863); Gustave Flaubert, *La Tentation de Saint-Antoine*, abgedruckt in Fortsetzungen in: *L'Artiste*, Jge. 1856/57; Buchausgabe: Paris, 1874
4 Vgl. Theodore Reff, Cézanne, Flaubert, St. Antony and the Queen of Sheba, in: *The Art Bulletin 44*, 1962, S. 113–125; Krumrine 1989, S. 39–100
5 Vgl. Lionello Venturi, *Art Criticism Now*, Baltimore, 1941, S. 47
6 Vgl. die Rezension zu Krumrine 1989 von Klaus Herding, Warburgs ›Revenants‹ – psycho-ikonographisch gezähmt, in: *Kritische Berichte*, 18, 1990, H. 3, S. 27–37
7 Zu den Provenienzen der Bilder vgl. die Angaben von Venturi Nr. 67, 69–71, 494
8 *Stilleben mit Suppenterrine*, um 1877 (laut Reff 1979 von etwa 1875), Öl auf Leinwand, 65 x 81,5 cm, Musée d'Orsay, Paris, Venturi 494
9 Siehe *Nouveau Tardy, poteries, gres, faïences, France*, Paris, 1985, Bd. 1, S. 155: »›Aubagne‹ (Bouches-du-Rhône): la poterie de terre cuite vernissé aux belles flammèches vert de cuivre.«
10 Schapiro 1968, S. 7–24: Joachim Gasquet überliefert die Geschichte, wonach Cézanne Emile Zola während ihrer gemeinsamen Schulzeit in Aix verteidigt hat und als Dank von Zola einen Korb Äpfel erhielt; J. Gasquet, *Cézanne*, Paris (1921), Zweite Auflage 1926, S. 13
11 *Das Frühstück im Grünen*, um 1870–71, Öl auf Leinwand, 60 x 80 cm, Privatbesitz, Venturi 107; – *Eine moderne Olympia*, um 1869–70, Öl auf Leinwand, 56 x 55 cm, Privatbesitz, Venturi 106
12 Thomas Couture, *Die Römer der Verfallszeit*, 1847, Öl auf Leinwand, 472 x 772 cm, Musée d'Orsay, Paris, Abb. in: Rosenblum 1989, S. 23; zur Reproduktion in Cézannes Atelier vgl. Bernard (1907), in: Doran 1982, S. 80
13 Eugène Isabey, *Die Versuchung des Heiligen Antonius*, 1869, Öl auf Leinwand, 347 x 310 cm, Musée d'Orsay, Paris, (ausgestellt im Salon von 1869), Abb. in: Rosenblum 1989, S. 50
14 *Pastorale*, um 1870, Öl auf Leinwand, 65 x 81 cm, Musée d'Orsay, Paris, Venturi 104; *Studie zu ›Pastorale‹*, um 1870, Bleistift auf Papier, 17,7 x 30,2 cm, Öffentliche Kunstsammlung Basel, Kupferstichkabinett, Chappuis 248; *Studie zu ›Pastorale‹*, um 1870, Bleistift auf Papier, 22,5x 30,2 cm, Öffentliche Kunstsammlung Basel, Kupferstichkabinett, Chappuis 249
15 Vgl. Harald Keller, Kunstgeschichte und Milieutheorie, in: *Festschrift Carl Georg Heise*, Berlin, 1950, S. 31–54; Fritz Schalk, Zu Taines Theorie und Praxis, in: Koopmann/Schmoll 1971, Bd. 1, S. 352–357
16 Vgl. vor allem Sennett 1983, S. 38, S. 198ff.
17 Sennett 1983, S. 200
18 Louis Emile Edmond Duranty, Réflexion d'un bourgeois sur le Salon de peinture, in: *Gazette des Beaux-Arts* 15, 1877, S. 547
19 Vgl. Yvonne J. Dangelzer, *La description du milieu dans le roman français de Balzac à Zola*, Paris, 1938
20 Zola bezeichnete seinen Essay *Une définition du roman* von 1866 als »petit travail dans lequel j'ai largement appliqué la methode de Taine«, Brief an A. Valabrèque vom 10.12.1866, in: Emile Zola, *Correspondance*, Bd. I, 1858–1867, Montreal, Paris, 1978, S. 462
21 Emile Zola, *Œuvres complètes*, Paris, 1927, Bd. 4, S. 242f., 335f.
22 Chapeaurouge 1960, S. 137–158
23 Vgl. Faré 1962, S. 250, Anm. 1019: Jean Duplessy, *Les bibelots de la jeunesse*, *Les bibelots de la vieillesse*, 1867, in: *Salon de 1867*, Paris, 1867, Nr. 532–533; Faré 1962, S. 249, Anm. 999: René Grönland, *Le bouquet de la jeune fille*, *Le bouquet de la mariée*, 1847, in: *Salon de 1847*, Paris, 1847, Nr. 764–765
24 Vgl. Beth 1979, S. 208–220
25 Pipart, *Fleurs, gants et bijoux*, 1863, in: Salon de 1863, Paris, 1863; Paul Mantz, Salon de 1863, in: *Gazette des Beaux-Arts* 12, 2, 1863, S. 51
26 Vgl. Beth 1979, S. 212f.
27 So imaginierte Charles Blanc vor Blumenbouquets Jan van Huysums das junge Mädchen, das sie gebunden hat. Charles Blanc, *Histoire des peintres de toutes les écoles, Ecole hollandaise*, Paris, o.J. (ab 1860), o.S.

28 »L'atelier est le microcosme privé des peintres et son autoportrait indirecte, le reflet de ses souvenirs...« Pierre Georgel, Anne-Marie Lecoq, *La Peinture dans la peinture*, Paris, 1987, S. 145

29 »La sérénité avec laquelle les choses sont composées et peintes éveille l'idée d'un milieu social où la vie quotidienne est modeste et laborieuse.« Paul Mantz, La collection La Caze au Musée du Louvre, in: *Gazette des Beaux-Arts* 4, 7, 1870, S. 18

30 »Ces choses modestes, c'était tout ce que la servante mettait sur la table du peintre quand il allait déjeuner avec sa bonne femme...« Paul Mantz, La collection La Caze au Musée du Louvre, in: *Gazette des Beaux-Arts* 4, 7, 1870, S. 17

31 Vgl. zur Motivübernahme allgemein McCoubrey 1964, S. 39ff.

32 Philippe Rousseau, *Chardin und seine Modelle*, 1867, Öl auf Leinwand, 177,5 x 226 cm, Musée d'Orsay, Paris

33 Vgl. vor allem Rosenberg 1979, Nr. 128 und 129, auch: Nr. 130

34 Siehe hier, Kapitel 1

35 Antoine Vollon, *Stilleben mit Eiern*, undatiert, Öl auf Leinwand, Abb. in: Weisberg 1980, S. 154, FT 122; François Bonvin, *Stilleben mit Austern, Glas und Flasche*, undatiert, Öl auf Leinwand, Abb. in: Gabriel P. Weisberg, *Bonvin*, Paris, 1979, Nr. 117; weitere Beispiele in: Weisberg 1979

36 Vgl. François Bonvin, *Die Köchin*, 1866, Abb. in: G.P. Weisberg, *Bonvin*, Paris, 1979, Nr. 43

37 François Bonvin, *Stilleben mit Spargel*, 1881, Öl auf Leinwand, 61,6 x 30,2 cm, Privatbesitz, in: Weisberg 1979, Nr. 11, sowie die in Anmerkung 35 genannten Werke

38 Schapiro 1968, S. 26

39 Vgl. Jean-Baptiste-Siméon Chardin, *Der Silberbecher*, undatiert, Öl auf Leinwand, 33 x 41 cm, Musée du Louvre, Paris (Legat Dr. La Caze 1869)

40 Edouard Manet, *Vase mit Pfingstrosen auf Untersatz*, 1864, Öl auf Leinwand, 93,2 x 70,2 cm, Musée d'Orsay, Paris, Abb. in: Rouart/Wildenstein 1975, I, Nr. 86; E. Manet, *Stilleben mit Melone und Pfirsichen*, 1866(?), Öl auf Leinwand, 69 x 92,2 cm, National Gallery of Art, Washington, Abb. in: Rouart/Wildenstein 1975, I, Nr. 121

41 Schapiro 1968, S. 34

42 Edouard Manet, *Das Frühstück im Atelier*, 1868, Öl auf Leinwand, 118 x 153,9 cm, Bayerische Staatsgemäldesammlungen, Neue Pinakothek, München, Abb. in: Rouart/Wildenstein 1975, I, Nr. 135

43 Anne Coffin Hanson, *Manet and the Modern Tradition*, New Haven, London, 1977, S. 70

44 Vgl. zur rein formalen Deutung Guerry 1950, S. 35; Cézanne, *Collection Génies et Réalités*, Paris, 1966, S. 142 und 143; Dorival 1949, S. 34. Autoren wie Fry 1927 erwähnen das Bild in ihren formalistischen Interpretationen bezeichnenderweise nicht.

45 Vgl. Manfred Lurker, *Wörterbuch der Symbolik*, Stuttgart, 1988, S. 483

46 Charles Stuckey schlägt eine Deutung von Muschel und Uhr als Symbole der Vanitas vor, das heißt der Muschel als »a reminder of the world of time and tide...« im Gegensatz zur zeigerlosen Uhr. Vgl. Ch. Stuckey, What's Wrong with this Picture?, in: *Art in America*, 9, 1981, S. 106

47 Vgl. TARDY, *La Pendule française. La Pendule dans le monde*, Paris, 1987, S. 28 (Pendule 1830–40); zu entsprechenden Pendulen provençalischer Herstellung vgl. S. 202

48 Vgl. Adhémar 1960, S. 288

49 *Die Lektüre: Zola und Alexis*, um 1867–69, Öl auf Leinwand, 52 x 56 cm, Privatbesitz Schweiz, Venturi 118

50 Vgl. Reff 1975, S. 40; Adhémar 1960, S. 287

51 Vgl. Adhémar 1960, S. 287

52 Vgl. zum Beispiel Cornelis de Baellier, *Intérieur d'une galerie de tableaux et d'objets d'art*, 1637, Musée du Louvre, Paris (seit 1864) M.I. 699, in: *Catalogue sommaire illustré des peintures du Musée du Louvre, I, Ecoles flamandes et hollandaises*, Paris, 1979

53 Der Katalog der Nachlaßversteigerung von Emile Zola von 1903 in der Bibliothèque Nationale, Paris, führt Gegenstände dieser Art leider nicht auf. Vgl. *Vente E. Zola, Objets d'art et d'ameublement. Tapisseries-Tableaux-Livres*, Paris, 9.–13. März 1903

54 Die Informationen zur Muschel wurden mir freundlicherweise von M. Gilles Cheylan, Konservator am Museé d'Histoire Naturelle d'Aix-en-Provence, übermittelt.

55 Jean Baptiste Siméon Chardin, *Das Buffet*, 1728, Öl auf Leinwand, 194 x 129 cm, Musée du Louvre, Paris (seit 1850), Abb. in: Rosenberg 1979, Nr. 14

56 Bei der Vase handelt es sich vermutlich um ein in Manufakturproduktion hergestelltes Objekt, wie sie in den Verkaufskatalogen größerer Cristallerien angeboten wurden. In der Blütenform ähnliche, farbige Vasen zeigt eine Seite aus dem *Catalogue de la Cristallerie Legras + Cie. à St. Denis*, in: Janine Bloch-Dermant, *L'art du verre en France 1860–1914*, Lausanne, 1974, S. 17

57 Dies bedeutet nicht, daß Cézanne hier einzelne Gegenstände als Verkörperungen bestimmter Personen auftreten läßt, wie Sidney Geist ohne nähere Belege und Begründung interpretiert. Dieser sieht in der Muschel Cézannes schwangere Geliebte Hortense dargestellt, in der Uhr Cézanne selbst (aufgrund physiognomischer Ähnlichkeiten), im Tintenfaß Zola, in der Tasse (!) Zolas Frau, die keine Kinder bekommen konnte. Vgl. Sidney Geist, What makes »The Black Clock« Run, in: *Art International*, 2/1978, S. 8–14; Geist 1988, S. 75–86; hier findet sich auch eine ähnlich spekulative Interpretation des *Stilleben mit grünem Topf und Zinnkanne* als Rebus und verschlüsselte Familiensituation.

58 1870, im vermutlichen Entstehungsjahr des Bildes, reichte Cézanne nachweislich den *Achille Emperaire* und einen heute verschollenen Frauenakt zum Salon ein. Beide Bilder wurden wie immer abgelehnt. Vgl. Cézanne, Brief an Justin Gabet vom 7.6.1870, in: Rewald 1979, S. 126, Anm. 114. Erst 1878 bat Cézanne Zola, das Stilleben, »das Du in Deinem Speisezimmer hast«, für die geplante 4. Ausstellung der Impressionisten auszuleihen, die jedoch nicht zustande kam. Vgl. Rewald 1979, S. 149

59 Vgl. zu Boudin: Ruth L. Benjamin, *Eugène Boudin*, London, 1937, S. 54–55; zu Courbet: Gérard Jean-Aubry, *Eugène Boudin d'après des documents inédités*, Paris, 1922, S. 28

60 Vgl. Kapitel 1

61 Manet schenkte Champfleury das Stilleben *Pfingstrosenzweig mit Gartenschere*, 1864 (?), Öl auf Leinwand, 31 x 46,5 cm, Musée d'Orsay, Paris, Abb. in: Rouart/Wildenstein 1975, I, Nr. 88; Théophile Thoré erhielt das Stilleben *Pfingstrosenzweig*, 1864, Öl auf Leinwand, 56,8 x 46,2 cm, Musée d'Orsay, Paris, Abb. in: Rouart/Wildenstein 1975, I, Nr. 91

62 Edouard Manet, *Veilchenstrauß*, 1872, Öl auf Leinwand, 22 x 27 cm, Privatbesitz, Abb. in: Rouart/Wildenstein 1975, I, Nr. 180

63 Vgl. Françoise Cachin, in: Kat. Ausst. Paris 1983, S. 337

64 Edouard Manet, *Portrait Emile Zola*, 1868, Öl auf Leinwand, 146 x 114 cm, Musée d'Orsay, Rouart/Wildenstein 1975, I, Nr. 128

65 E. Zola, Mon Salon (1868), in: Zola 1970, S. 142

66 Reff 1975, S. 35ff.; Françoise Cachin, in: Kat. Ausst. Paris 1983, S. 280ff.

67 »Manet fait mon portrait pour le Salon...je me trouve donc toutes les après-midis dans son atelier...« Lettre inédite de Zola à Duret, in: John Rewald, *Cézanne et Zola*, Paris, 1936, S. 61. Eine ganz andere Haltung zeigt hingegen Manets *Portrait Zacharie Astruc*, 1866, Öl auf Leinwand, 90 x 116 cm, Kunsthalle Bremen, Abb. in: Rouart/Wildenstein 1975, I, Nr. 92. 2, in dem Manet den Freund ungleich persönlicher erfaßt und die Widmung »au poète Z. Astruc / son ami / Manet 1866« hinzufügt.

69 Vgl. unter anderem Edouard Manet, *Portrait Théodore Duret*, 1868, Öl auf Leinwand, 43 x 35 cm, Musée du Petit Palais, Paris, Abb. in: Rouart/Wildenstein 1975, I, Nr. 132; E. Manet, *Zitrone*, 1880–81, Öl auf Leinwand, 14 x 21 cm, Musée d'Orsay, Paris, Abb. in: Rouart/Wildenstein 1975, I, Nr. 360

70 Vgl. Odilon Redon, in: *La Gironde*, 9.6.1868, abgedruckt in: Roseline Bacou, *Odilon Redon*, Genf, 1956, S. 45

71 Vgl. die Beschreibung von Gowing 1988, S. 168

72 *Eine moderne Olympia*, 1873/74, Öl auf Leinwand, 46 x 55,5 cm, Musée d'Orsay, Paris, Venturi 225

73 Charles Baudelaire, Le peintre de la vie moderne, in: Baudelaire 1976, II, S. 687ff., S. 709ff.; zur Haltung Manets vgl. vor allem Timothy J. Clark, *The Painting of Modern Life: Paris in the Art of Manet and his Followers*, New York, 1984

74 Herbert 1989, S. 53

75 Herbert 1989, S. 55

76 Camille Pissarro, *Portrait Paul Cézanne*, 1874, Öl auf Leinwand, 74 x 61 cm, Privatbesitz, Pissarro/Venturi 1939, Nr. 293

77 Die Hintergrundbilder wurden identifiziert von Reff 1967, S. 627–33

78 Vgl. Reff 1967, S. 627, Anm. 3; S. 628, Anm. 9

79 Reff 1967, S. 628–30

80 Vgl. als Beispiel Paul Cézanne, *L'Etang des sœurs*, um 1875, Öl auf Leinwand, 60 x 73 cm, The Courtauld Institute Galleries, London

81 Vgl. hier Kapitel 1, Anm. 66

82 Vgl. hier Kapitel 3

83 *Stilleben mit Suppenterrine*, um 1877, Öl auf Leinwand, 65 x 81,5 cm, Musée d'Orsay, Paris, Venturi 494. Zu Pissarros Atelier vgl. John Rewald, A propos du catalogue raisonné de l'œuvre de Paul Cézanne et de la chronologie de cette œuvre, in: *La Renaissance* 20, 3/4, 1937, S. 54

84 Die Bilder im Hintergrund wurden identifiziert von Reff 1979, S. 94–95

85 Vgl. die Fotografie von Pissarros Atelier, Abb. in: John Rewald, *Camille Pissarro*, New York, 1963, S. 41; siehe auch Reff 1967, S. 628, Anm. 7

86 Vgl. Marjatta Taburet, *La faïence de Quimper*, Paris, 1990, S. 90: »Tasse et soucoupe, décor bandes, filets ›à la touche‹, XIXe siècle«

87 Pissarro hielt sich im Winter 1874/75 in der Bretagne auf. Vgl. Cézanne, Brief an seine Mutter vom 26.9.1874, in: Rewald 1979, S. 137

88 Vgl. Venturi Nr. 186–188

89 Vgl. hier Kapitel 1, Anm. 6

90 Vgl. hier Kapitel 3

91 Henri Fantin-Latour, *Hommage an Delacroix*, 1864, Öl auf Leinwand, 160 x 250 cm, Musée d'Orsay, Paris (ausgestellt im Salon von 1864), Abb. in: Kat. Ausst. Paris 1982, Nr. 57

92 Henri Fantin-Latour, *Ein Atelier in Batignolles*, 1870, Öl auf Leinwand, 204 x 273,5 cm, Musée d'Orsay, Paris (ausgestellt im Salon von 1870), Abb. in: Kat. Ausst. Paris 1982, Nr. 73

93 Siegfried Gohr, *Der Kult des Künstlers und der Kunst im 19. Jahrhundert. Zum Bildtyp der Hommage*, Köln, 1975, S. 144

94 Zur Bedeutung der einzelnen Stillebengegenstände vgl. Kat. Ausst. Paris 1982, Nr. 73, S. 206

95 Zu den im 19. Jahrhundert sehr beliebten Darstellungen von Atelierbildern mit Werken und Requisiten vgl. Pierre Georgel, Anne-Marie Leqoc, *La Peinture dans la peinture*, Paris, 1987; Theodore Reff, The Pictures within Degas' Pictures, in: *The Metropolitan Museum Journal 1*, 1968, S. 125–167

96 *Stilleben mit Gipsmedaillon*, um 1872/73, Öl auf Pappe, auf Holz montiert, 60 x 81 cm, Musée d'Orsay, Paris, Venturi 67. Dieses Bild trägt zuweilen den nicht vom Künstler selbst gewählten und unpassenden Titel *Les accessoires de Cézanne*. Es zeigt ein Portraitmedaillon von Cézannes Bildhauerfreund Solari zusammen mit einem Gänsekiel, einem gerollten Bogen Papier, einer Porzellanfigurette, einem kleinen Holzgefäß und zwei Äpfeln in den Falten brauner Stoffe. Die Zusammenstellung erinnert in ihrer altertümlichen Brauntonigkeit an traditionelle ›Attributs des arts‹. Die Gegenstände fügen sich nicht zu einer kohärenten Aussage, etwa im Sinne einer *Hommage an Solari* zusammen. Das Selbstportrait von Philippe Solari wurde lange für ein Bildnis Dr. Gachets gehalten, dessen Physiognomie große Ähnlichkeit mit dem Medaillon aufweist. Einer der beiden Stoffe und das kleine Gefäß, eventuell eine Pfeffermühle, befanden sich ebenso wie das Medaillon in seinem Besitz. Denkbar sind daher auch inhaltliche Anspielungen, die sich auf Dr. Gachet beziehen, der mit Cézanne und Pissarro befreundet war. Gachet dilettierte als Maler und führte ein Haus, das van Gogh anläßlich seines Aufenthaltes in Auvers als »plein comme un marchand d'antiquités« bezeichnet hat. Zu diesen Angaben und dem Zitat van Goghs vgl. Paul Gachet, *Souvenirs de Cézanne et de van Gogh*, Paris, 1953, o.S.; zur Ähnlichkeit von Gachet mit dem Medaillon vgl. Paul Gachet, *Deux amis des impressionistes – Le Docteur Gachet et Murer*, Paris, 1956, S. 45 (Fotografie von Gachet), S. 69, S. 52; vgl. allgemein *Van Gogh et les peintres d'Auvers*, Kat. Ausst. Orangerie des

Tuileries, Paris, 26.11.1953–28.2.1954, Paris, 1954
97 Auguste Renoir, *Stilleben mit Blumenbouquet*, 1871, Öl auf Leinwand, 74 x 59 cm, Museum of Fine Arts, Houston, Abb. in: Kat. Ausst. London 1985, Nr. 17; zur Interpretation siehe S. Lane Faisan, Renoir's Hommage à Manet, in: *Intuition und Kunstwissenschaft. Festschrift für H. Swarzenski*, Berlin, 1873, S. 571–578, sowie: Kat. Ausst. London 1985, Nr. 17, S.102f.
98 Vgl. hier Kapitel 2
99 »Jusqu'à quarante ans j'ai vécu en bohème, j'ai perdu ma vie. Ce n'est que plus tard, quand j'ai connu Pissarro, qui était infatigable, que le goût du travail m'est venu.« Nach Bernard (1907), in: Doran 1978, S. 65; deutsch: Doran 1982, S. 87
100 Maurice Denis, *Hommage à Cézanne*, 1900/01, Öl auf Leinwand, 180 x 240 cm, Musée national d'art moderne, Paris

Experiment: Malerei – Stilleben 1873 – 1879/81 (S. 61–103)

1 »Aus den ständigen Reaktionen auf die Kunst seiner Zeit bezog seine starke Persönlichkeit ihre Nahrung oder den Vorwand für ihr stilistisches Suchen...« Nach Denis (1907), in: Doran 1978, S. 171
2 Die Abgrenzung des Untersuchungszeitraums zwischen 1872/73 und 1879/81 übergreift die von Venturi vorgeschlagene und seither mehrfach übernommene Unterteilung des Werks in eine »impressionistische Periode« von 1872 bis 1877 und eine »konstruktive Periode« von 1878 bis 1887; vgl. auch Orienti 1970
3 Zu allen biographischen Angaben vgl. Rewald 1986, S. 93–145
4 Die Ausstellungen firmierten in den einzelnen Jahren unter verschiedenen Titeln, werden hier jedoch, um die Lesbarkeit zu verbessern und Verwechslungen beispielsweise mit dem Salon des Indépendants zu vermeiden, als die *Impressionistenausstellung* bezeichnet. Für ausführliche Angaben zu den verschiedenen Ausstellungstiteln, Teilnehmern, Werken und weiteren vgl. vor allem Kat. Ausst. Washington 1986
5 Cézanne, Brief an seinen Sohn vom 3.8.1906, in: Rewald 1979, S. 299
6 Einige Blumenstilleben lassen sich aufgrund der dargestellten Vasen, die zum Haushalt Dr. Gachets in Auvers gehörten, in die Jahre 1873/74 datieren. Vgl. Paul Gachet, *Souvenirs de Cézanne et de van Gogh à Auvers*, Paris, 1953, o.S.; die meisten Gegenstände werden heute im Musée d'Orsay, Paris, aufbewahrt.
7 Vgl. Anne van Buren, Mme Cézanne's fashions and the dates of the portraits, in: *The Art Quarterly* 29, 1966, S. 111–127
8 Gowing 1956, S. 188f.
9 Vgl. auch Reff 1962, S. 214–227; von Gowing 1956 wird diese Arbeit daher dem zweiten Aufenthalt in der Pariser Wohnung 1879 zugeordnet.
10 Reff 1962, S. 218; Venturi, zu Nr. 337. Der Zeitpunkt des Ankaufs von *Compotier mit Glas und Messer* durch Paul Gauguin, der einen wichtigen terminus ante quem für die Entstehung des Bildes liefern würde, ließ sich bisher nicht definitiv feststellen. Wahrscheinlich ist etwa 1881. Vgl. vor allem Merete Bodelsen, Gauguin's Cézannes, in: *The Burlington Magazine* 104, 1962, S. 204–211; diess., Gauguin the Collector, in: *The Burlington Magazine* 112, 1970, S. 590–613
11 Zu den hier herangezogenen und diskutierten Definitionen von Reihen, Variationen und Serien vgl. hier Kapitel 3, Anmerkung 128
12 Venturi 26–58
13 Paul Cézanne, *Louveciennes*, 1872, Öl auf Leinwand, 73 x 92 cm, Privatbesitz, Venturi 153; Camille Pissarro, *Louveciennes*, 1871, signiert und datiert u. r., Öl auf Leinwand, 110 x 160 cm, Privatbesitz, Abb. in: Pissarro/Venturi 1939, Nr. 123
14 Vgl. Brettell, 1990, S. 176f.
15 Zur Korrektur einiger Mythen der impressionistischen Malweise, wie dem Malen in reinen Spektralfarben, vgl. Kat. Ausst. London 1990, S. 85ff. Auch Cézanne selbst sollte später behaupten, Pissarro habe seit Ende der sechziger Jahre nicht nur Asphalt und Schwarz, sondern auch alle Erdtöne aus seiner Palette genommen. Vgl. Gasquet (1921), in: Doran 1982, S. 151
16 *Das Haus von Dr. Gachet in Auvers*, um 1873, Öl auf Leinwand, 46 x 37,5 cm, Musée d'Orsay, Paris, Venturi 145
17 *Blick auf Auvers-sur-L'Oise, der Zaun*, um 1873/74, signiert, Öl auf Leinwand, 44,5 x 34,5 cm, Privatbesitz, Venturi 149
18 *Geranien und Coreopsis*, um 1873/74, signiert u. l., Öl auf Leinwand, 52 x 39 cm, Privatbesitz, Venturi 180; *Blumen in Delfter Vase*, auch genannt *Petit Delft*, um 1873/74, signiert u.l., Öl auf Leinwand, 41 x 27 cm, Musée d'Orsay, Paris, Venturi 183
19 Vgl. Paul Gachet, *Souvenirs de Cézanne et de van Gogh à Auvers*, Paris, 1953, o.S
20 *Stilleben mit Steingut und Dahlienbouquet*, um 1873, signiert u. r., Öl auf Leinwand, 54 x 64 cm, Musée d'Orsay, Paris, nicht in Venturi
21 Vgl. zu Monet die Blumenstücke in: Wildenstein 1974, Nr. 139 (1869), Nr. 471 (1878), 625–9 (1880), *Chrysanthemen*, 1880, Wildenstein 1974, Nr. 634 und 635
22 J.B. de la Faille, *L'œuvre de Vincent van Gogh, Catalogue raisonné*, Paris, 1928, Nr. 235–246, Nr. 323–326
23 Vgl. Roy Hay und Patrick Synge, *Das große Blumenbuch*, Stuttgart, 1971, S. 281 und 286
24 Vgl. Kat. Ausst. Paris 1983, S. 208
25 Möglicherweise malte er die Stilleben als Geschenk oder Auftragsarbeit vor allem auf Wunsch Dr. Gachets, der die Vase und beide Blumenstücke besaß. Gachet gehörte zu den ersten Sammlern Cézannes.
26 Der *Dictionnaire de l'Académie des Beaux-Arts* von 1896 (Paris, Bd. 5, Stichwort ›étude‹, S. 311) nennt die »étude« bereits ein Bild mit eigenem Recht.
27 Vgl. Boime 1986, S. 150–66; Shiff 1984, S. 77
28 Vollard 1938, S. 41
29 »C'est réellement faire des natures mortes, librement, en paysagiste...« Ch. Baudelaire (über Ph. Rousseau), Salon de 1845, in: Baudelaire 1976, II, S. 396
30 Beth 1979, S. 160 und 161
31 Nach 1875 konnte Cézanne mehrere Blumenstücke von Delacroix in der Sammlung seines Freundes

Victor Chocquet betrachten. Chocquet besaß seit 1864 unter anderem Eugène Delacroix, *Dahlien*, 1848, Öl auf Leinwand, 32 x 43 cm, Privatbesitz, Abb. in: Johnson 1986, Nr. 500; 1865 kaufte er *Blumen*, 1847, Aquarell und Gouache auf Papier, 65 x 65,5 cm, Cabinet des Dessins, Musée du Louvre, Paris (RF 31719). Das Blatt befand sich ab 1899 im Besitz Paul Cézannes.

32 »J'ai essayé de faire des morceaux de nature comme ils se présentent dans les jardins...« E. Delacroix, Brief an A.M. Dutilleux vom 6. Februar 1849, abgedruckt in: Alfred Robaut, *L'œuvre complet d'Eugène Delacroix*, Paris, 1885, S. 282 und 284

33 John Constable, A course of lectures on the history of landscape painting. Lecture I, 26. Mai 1836, in: C.R. Leslie, *Memoirs of the Life of John Constable*, London, 1951, S. 303

34 Castagnary, Salon de 1868, in: Castagnary 1892, I, S. 279ff.; vgl. auch Sully-Prudhomme 1883, S. 339

35 »Il traite les tableaux de figures comme il est permis, dans les écoles, de traiter les tableaux de nature morte; je veux dire, qu'il groupe les figures devant lui, un peu au hasard, et qu'il n'a ensuite souci que de les fixer sur la toile telle qu'il les voit, avec les vives oppositions qu'elles font en se détachant les unes sur les autres.« E. Zola, Manet (1867), in: Zola 1970, S. 102

36 Vgl. Thomas Couture, *Méthode et Entretiens d'Atelier*, Paris, 1867, S. 51

37 Vgl. zu diesem Bild ausführlich Kapitel 2

38 Edouard Manet, *Die Barke*, 1874, Öl auf Leinwand, 82,5 x 100,5 cm, Bayerische Staatsgemäldesammlungen, Neue Pinakothek, München, Abb. in: Rouart/Wildenstein 1975, I, Nr. 210

39 *Vier Äpfel vor Rautentapete*, um 1877, Öl auf Leinwand, 17 x 33,5 cm, Privatbesitz, Venturi 364 (Abb. 22) ; *Sechs Äpfel – vier Äpfel*, um 1877, Öl auf Leinwand, 22,9 x 33 cm, The Metropolitan Museum of Art, New York, Mr. and Mrs. Henry Ittleson Jr. Fund, 1961 (61.103), Venturi 508 (Abb. 25); *Sieben Äpfel und Farbtube*, um 1877, Öl auf Leinwand, 17,1 x 24,1 cm, Musée Cantonal des Beaux-Arts, Lausanne, Venturi 195 (Abb. 20); *Fünf Äpfel*, um 1877, Öl auf Leinwand, 12,7 x 26,6 cm, Sammlung Thaw, New York, Venturi 191 (Abb. 24); *Acht Äpfel vor Blättertapete*, um 1877, Öl auf Leinwand, 18 x 23 cm, Venturi 355, Stiftung Langmatt, Sidney und Jenny Brown, Baden (Abb. 23); *Sieben Äpfel*, um 1877, Öl auf Leinwand, 17 x 36 cm, Privatbesitz, nicht in Venturi (Abb. 27); *Sieben Äpfel*, um 1877, Öl auf Leinwand, 19 x 27 cm, Kings College Cambridge, England, Venturi 190, (Abb. 26); – *Zwölf Äpfel*, um 1877, Öl auf Leinwand, 22 x 44 cm, Privatbesitz, Venturi 203 (Abb. 21)

40 Vgl. Rewald 1975, S. 157–68; Rewald 1986, S. 127

41 Venturi Nr. 355, 364, 508

42 Vollard 1938, S. 36

43 Unveröffentlichter Restaurierungsbericht des Metropolitan Museum of Art, New York

44 Vgl. Beth 1979, S. 183; Adriani 1993, S. 53

45 Vgl. Reff 1962, S. 220–222

46 »La lumière et l'ombre sont un rapport de couleurs, les deux accidents principaux diffèrent non par leur intensité générale mais par leur sonorité propre.« Nach Larguier (1901/02), in: Doran 1978, S. 16; deutsch: Doran 1982, S. 32

47 »On ne devrait pas dire *modeler*, on devrait dire *moduler*.« Nach Bernard (1904), in: Doran 1978, S. 36; deutsch: Doran 1982, S. 54

48 Vgl. ausführlich Boime 1986, S. 149ff.

49 Vgl. C.M. de Hauke, *Seurat et son œuvre*, Paris, 1961, I, Nr. 197–210

50 Bezeichnenderweise gibt es, als weitere Ausnahme im Stilleben-Œuvre Cézannes, eine fast identische Darstellung des Motivs in seinem anderen farbigen Medium, dem Aquarell (Rewald 1983, Nr. 109). Auf dieser Darstellung ist die Farbtube ganz sichtbar.

51 Gustave Courbet, *Äpfel und Birne*, 1871, Öl auf Holz, 27 x 41 cm, Abb. in: Fernier 1978, I, Nr. 765

52 Nach Faré 1962, S. 260

53 Gustave Geffroy, *Claude Monet, sa vie, son temps, son œuvre*, Paris, 1922, S. 198

54 Nach Faré 1962, S. 271

55 Edouard Manet, *Zitrone*, 1880/81, Öl auf Leinwand, 14 x 21 cm, Musée d'Orsay, Paris, Abb. in: Rouart/Wildenstein 1975, I, Nr. 360; E. Manet, *Quitte auf einem Teller*, 1880–82, Öl auf Leinwand, 21 x 26 cm, Privatbesitz, Abb. in: Rouart/Wildenstein 1975, I, Nr. 408

56 Vgl. die Bilder Courbets in Fernier 1978, I, Nr. 771–774, Nr. 762, Nr. 777; Karikaturen zu diesen Bildern und ihren Verkaufserfolgen in: Kat. Ausst. Hamburg 1978, S. 519. Auf das Zitat Bouchons hat Schapiro 1968, S. 36, hingewiesen. Es ist denkbar, daß die stete Präsenz der Apfelstilleben Courbets in Kritik und Karikatur einer der Gründe für Cézannes Wahl gerade dieses Motivs war.

57 Reff 1962, S. 223–224

58 J. Rewald, Cézanne and Guillaumin, in: Rewald 1985, S. 109

59 Badt 1956, S. 208

60 Boehm 1988, S. 43

61 Vgl. Blanc 1867, S. 21–22, S. 559; Boime 1986, S. 149ff.; Georges Privat (=Louis de Gonzague), *Place aux jeunes. Causeries critiques sur le Salon de 1865*, Paris, 1865, S. 167. Privat wehrt sich gegen die malerische Gleichbehandlung aller Sujets bei Manet.
Vgl. auch Beth 1979, S. 176 und 177

62 Angesichts der Arbeiten Fantin-Latours stellte ein Kritiker fest, gerade die Schulung am Stilleben bereite den Maler vorzüglich darauf vor, flüchtige Impressionen schnell und mit Sicherheit zu erfassen (Albert de La Fizelière, La Salon de 1864, in: *L'Union des arts*, 16.7.1864, S. 3 und 4).
Castagnary bezeichnete das Stilleben als »véritable école de l'œil et de la main«, solchermaßen noch einmal die beiden Komponenten einer spontan und abgekürzt bezeichnenden, vom Wirklichkeitseindruck ausgehenden Malerei betonend (Castagnary, Salon des Refusés (1863), in: *L'Artiste*, 1.8.1863, S. 51)

63 Ch. Baudelaire, Salon de 1845, in: Baudelaire 1976, II, S. 396

64 *Compotier mit Gebäck*, um 1876/77, Öl auf Leinwand, 46 x 55 cm, Privatbesitz, Venturi 196. – *Compotier mit Bisquits*, um 1877, Öl auf Leinwand, 53 x 63 cm, Privatbesitz Japan, Venturi 209. – *Compotier mit Apfelteller*, um 1878/79, Öl auf Leinwand, 43,5 x 54 cm, Ny Carlsberg Glyptotek, Kopenhagen,

Venturi 342. – *Compotier mit Brot und Messer*, um 1878/79, Öl auf Leinwand, 55 x 74,5 cm, Sammlung Oskar Reinhart, Am Römerholz, Winterthur, Venturi 344. – *Compotier mit Glas und Messer*, um 1879/80, Öl auf Leinwand, 46 x 55 cm, Privatbesitz New York, Venturi 341

65 Der Grund für die Signatur ist vermutlich der Verkauf an einen Sammler, der Wert auf Cézannes Signatur legte: Victor Chocquet (Venturi 196) und Paul Gauguin (Venturi 341)

66 Vgl. J. Rewald, Chocquet and Cézanne (1969), in: Rewald 1985, S. 121ff.

67 Cézanne stellt in den siebziger Jahren zwei verschiedene Rautentapeten dar, eine mit blau-violettem Muster auf ockergelbem Grund, wie im *Compotier mit Bisquits*, die andere mit braunem Muster auf ebenfalls ockergelbem Grund, wie in Venturi 356.

68 Die in der Literatur nach Venturi geläufige, zeitlich weit auseinanderliegende Datierung des *Compotier mit Brot und Messer* und des *Compotier mit Apfelteller* für die beiden Bilder in Kopenhagen und Winterthur kann hier, im Vorgriff auf die Untersuchung von Farbgebung und Duktus, nicht bestätigt werden, da die formale Nähe des Kopenhagener und des Winterthurer Bildes die verschiedenen Daten nicht rechtfertigt. Den *Compotier mit Glas und Messer* zeitlich um mehrere Jahre von diesen beiden Arbeiten abzusetzen, ist aufgrund der mit einer Ausnahme nur graduellen formalen Unterschiede nicht notwendig.

69 Vgl. Blanc 1867, S. 561; E. Zola, Lettres de Paris (1879), in: Zola 1970, S. 319

70 Von *Compotier mit Bisquits* kann nur eine Farbbeschreibung anhand einer Reproduktion stattfinden, da sich das Bild in japanischem Privatbesitz befindet.

71 Regnier 1865, S. 14ff. Das Buch befand sich noch in den fünfziger Jahren dieses Jahrhunderts im Besitz von Cézannes Enkel; vgl. Jean de Beucken, *Un Portrait de Cézanne*, Paris, 1855, S. 304

72 Vgl. Venturi, I, S. 306

73 Ratcliffe 1960, S. 331

74 Neben den Äpfeln wählt Cézanne etwa weiterhin den leuchtend grünen Oliventopf, den er mit rotem Obst kombiniert, und einen Teller mit kobaltblauem Rand, der zusammen mit orange-roten Äpfeln gezeigt wird. Auch der blaue Ingwertopf späterer Stilleben wurde unter anderem aufgrund seiner geeigneten Farb- wie Formeigenschaften ausgesucht.

75 Vgl. zur Farbgebung bei Delacroix: Ernst Strauß, Zur Frage des Helldunkel bei Delacroix, in: *Koloritgeschichtliche Untersuchungen zur Malerei seit Giotto und andere Studien* (Hg. L. Dittmann), München, Berlin, 1983, S. 135–151; zu den doppelten Kontrastbeziehungen: Lorenz Dittmann, *Farbgestaltung und Farbtheorie in der abendländischen Malerei*, Darmstadt, 1987, S. 283–289

76 Venturi 125

77 Vgl. J. Rewald, Chocquet and Cézanne, in: Rewald 1985, S. 121ff. Cézanne selbst bezeichnet Delacroix in einem Brief ausdrücklich als Vermittler zwischen Chocquet und ihm: Brief an V. Chocquet vom 11.5.1886, in: Rewald 1979, S. 211

78 *Das Dessert*, um 1876/77, signiert u. r., Öl auf Leinwand, 60 x 73 cm, Philadelphia Museum of Art, Venturi 197. Die dargestellten Gegenstände, die nur dieses eine Mal bei Cézanne gezeigt werden, gehörten Chocquet, der Möbelstücke des 18. Jahrhunderts, wie den im Bild gezeigten Tisch, und zahlreiche Objets d'arts besaß; vgl. Joseph J. Rishel, *Cézanne in Philadelphia Collections*, Philadelphia, 1983, S. 8 und 9

79 Théophile Silvestre, *Nouveaux documents sur Eugène Delacroix*, Paris, 1864, S. 16 und 17

80 »...un des plus grands coloristes des temps modernes.« Blanc 1867, S. 562; zu Cézannes Wertschätzung vgl. Bernard (1904), in: Doran 1982, S. 50; Denis (1906), in: Doran 1982, S. 120

81 »son loi des couleurs complémentaires«. Blanc 1867, S. 562

82 »des principes certains et invariables«. Charles Blanc, *Les artistes de mon temps*, Paris, 1876, S. 23–88. Zu Cézanne vgl. Sara Lichtenstein, Cézanne's Copies and Variants after Delacroix, in: *Apollo*, 2, 1975, S. 116–127, besonders S. 121

83 Blanc 1867, S. 560ff.; ders., *Les artistes de mon temps*, Paris, 1876, S. 23–88. In der neueren Literatur über Delacroix wird dessen Kenntnis der Schriften Chevreuls bestritten und als Idee Blancs beziehungsweise Silvestres angesehen.
Vgl. vor allem: Lee Johnson, *Delacroix*, London, 1963, S. 69

84 Michel Eugène Chevreul, *De la loi contraste simultané des couleurs et de l'assortiment des objets colorés*, Paris, 1839 (Nachdruck Paris, 1969)

85 Brief von G. Seurat an Fénéon vom 20.6.1890, in: Félix Fénéon, *Œuvres plus que complètes* (Hg. J. Halperin), Genf, 1970, Bd. 1, S. 508. Paul Signac, *D'Eugène Delacroix au néo-impressionisme* (1921), Paris, 1978, S. 94 und 95

86 Paul Cézanne, *Die Seine in Bercy, nach Guillaumin*, 1876–78, Öl auf Leinwand, 56 x 72 cm, Hamburger Kunsthalle, Venturi 242; Armand Guillaumin, *Die Seine in Bercy*, 1873–75, Öl auf Leinwand, 56,2 x 72 cm, Hamburger Kunsthalle

87 »Le soleil y est si effrayant qu'il me semble que les objets s'enlèvent en silhouette non pas seulement en blanc ou noir, mais en bleu, en rouge, en brun, en violet. Je puis me tromper, mais il me semble que c'est l'antipode du modelé.« Cézanne, Brief an C. Pissarro vom 2.7.1876, in: Rewald 1978, S. 152; deutsch: Rewald 1979, S. 142

88 Rewald 1979, S. 152

89 »...la loi du vert... j'ai découverte antérieurement dans le linge...« Zuerst veröffentlicht in: Piron 1865, S. 416. Das Buch Pirons war nur in beschränkter Auflage erschienen, vor allem für Freunde und Sammler von Delacroix. Es kann daher nicht als allseits zugängliche Quelle gewertet werden. Doch ist es wahrscheinlich, daß der Delacroix-Sammler Chocquet es besaß. Der Katalog der Nachlaßversteigerung *Vente Chocquet (Mme veuve), Tableaux Modernes, Aquarelles et Dessins, Objets d'art et d'ameublement du XVIIIe siècle. Anciennes porcelaines*, Paris, 1.–4. Juillet 1899 (Bibliothèque Nationale, Paris), listet keine Bücher auf.

90 Vgl. beispielsweise Claude Monet, *Der Tuileriengarten*, um 1876, Öl auf Leinwand, 53 x 72 cm, Musée Marmottan, Paris, Wildenstein 1974, Nr. 401; das Bild wurde in der Wohnung Victor Chocquets

gemalt. *Bäume im Park des Jas de Bouffan*, 1875–76, Öl auf Leinwand, 55,5 x 73,5 cm, Mr. and Mrs. Thomas Kramer, Miami Beach, Florida, Venturi 161; *Haus mit rotem Dach. Der Jas de Bouffan*, 1885–87, Öl auf Leinwand, 73,5 x 92,5 cm, Privatbesitz, Venturi 468

91 »D'abord à cause de la nécessité pour le rouge d'avoir des ombres vertes...« Zuerst veröffentlicht in: Piron 1865, S. 417

92 »En pleine lumière, dans des compotiers de porcelaine ou sur de blanches nappes, des poires et des pommes brutales... Et des vérites jusqu'alors omises s'aperçoivent des tons étranges et réels, des taches d'une authenticité, des nuances de linge, vassales de ombres épandues du tournant des fruits et éparses en des bleutés possibles et charmants qui font des ces toiles des œuvres initiatrices, alors que l'on se réfère aux habituelles natures mortes enlevées en des repoussoirs de bitume...«: Joris-Karl Huysmans, *Certains*, Paris 1888, S. 43

93 »La lumière n'est pas une chose qui peut être reproduite, mais qui doit être représentée par autre chose, par des couleurs. J'ai été content de moi lorsque j'ai trouvé ça.« Nach Denis (1906), in: Doran 1978, S. 93; deutsch: Doran 1982, S. 120

94 Eine von Richard Shiff vorgeschlagene Interpretation, nach der Cézanne helle Farben prinzipiell mit einem atmosphärischen Effekt verband und seine Farbtöne mit dem ›Natürlichen‹ zugleich das ›Unmittelbare‹ bezeichneten, muß daher angesichts der Bilder aus den späten siebziger Jahren bezweifelt werden; vgl. Shiff 1984, S. 208

95 Vgl. beispielsweise Auguste Renoir, *Zwiebeln*, 1881, Öl auf Leinwand, 39 x 60 cm, Abb. in: Kat. Ausst. London 1985, Nr. 61; Claude Monet, *Stilleben mit Birnen und Trauben*, 1880, Öl auf Leinwand, 65 x 81 cm, Hamburger Kunsthalle, Wildenstein 1974, Nr. 631

96 E. Zola, Une exposition: les peintres impressionistes (1877), in: Zola 1970, S. 282; E. Zola, Le Naturalisme au Salon (1880), in: Zola 1970, S. 337

97 Lecomte 1892, S. 8ff.

98 Eine durch die Faktur vereinheitlichte Bildoberfläche will Cézanne bereits um 1875 in den mit dem Palettmesser gespachtelten Landschaften (etwa Venturi Nr. 174) erzielen.

99 Brettell 1990, S. 184f.

100 Vgl. H. Clouzot, C. Follet, *Histoire du papier peint en France*, Paris, 1935; Odile Nouvel, *Papiers peints français 1800–1850*, Paris, 1981, Nr. 181

101 Zacharie Astruc, *Les présents chinois*, Aquarell, 38 x 55 cm, Abb. in: Kat. Ausst. Washington 1986, S. 124

102 Auguste Renoir, *Portrait Rapha*, 1871, Öl auf Leinwand, 130 x 83 cm, Abb. in: Kat. Ausst. London 1985, Nr. 18

103 Edgar Degas, *Frau mit Chrysanthemen*, 1858/65, Öl auf Leinwand, 73,7 x 92,7 cm, The Metropolitan Museum of Art, New York, Abb. in: Paul André Lemoisne, *Degas et son œuvre*, Paris, 1946, Nr. 125; vgl. zur Japanrezeption allgemein Berger 1980, S. 24ff.

104 Vgl. J. Gasquet, *Paul Cézanne*, Paris, Zweite Auflage 1926, S. 70: »Je ne les connais pas, disait-il, je n'en ai jamais vu...«. Gasquet berichtet allerdings im Anschluß, daß Cézanne die Bücher der Brüder Goncourt über Outamaro und Hokusai gelesen hatte.

105 C. Pissarro, Brief an Duret vom 2.2.1873, in: *Correspondance de Camille Pissarro* (Hg. Jeanine Bailly-Herzberg), Paris, 1986, I, S. 78 und 79

106 Vgl. Regamey, *Une poésie de Ko-mati (d'après Hiroshigue)*, abgedruckt in: *L'Art* 1875, 2, S. 337 in Farbe; weitere Beispiele in: *Le Japonisme*, Kat. Ausst. Galeries nationales du Grand Palais, Paris, 17.5.–15.8.1988, Paris, 1988, S. 147, Abb. Nr. 1.10, S. 161

107 *Hortense Fiquet im roten Sessel*, um 1877, Öl auf Leinwand, 72,5 x 56 cm, Museum of Fine Arts, Boston, Venturi 292; vgl. auch Berger 1980, S. 120

108 Vgl. Odile Nouvel, *Papiers peints français 1800–1850*, Paris, 1981

109 Denis (1907), in: Doran 1982, S. 203

110 Fry 1927, S. 46

111 Zu Cézannes Verwendung des Begriffs »formule« vgl. Paul Cézanne, Mes Confidences, ohne Datum, in: Doran 1978, S. 102, Nr. 10; deutsch: Doran 1982, S. 127; Larguier (1901/2), in: Doran 1978, S. 15; deutsch: Doran 1982, S. 32

112 »Mr Cézanne a-t-il trouvé la formule exacte d'une œuvre admise par tout le monde? S'il trouvait la recette pour comprimer l'expression outrée de toutes ses sensations dans un seul et unique procédé je vous en prie tâchez de le faire causer pendant son sommeil...« P. Gauguin, Brief an C. Pissarro, Juli 1881, in: Victor Merlhès (Hg.), *Correspondance de Paul Gauguin*, Paris, 1984, Bd. 1, S. 211

113 Shiff 1984, S. 114

114 Shiff 1984, S. 191

115 Shiff 1984, S. 210. Gemeint ist Cézannes *Häuser in der Provence*, um 1880, Öl auf Leinwand, 65 x 81 cm, National Gallery of Art, Washington, Venturi 397. An anderer Stelle bezeichnet Shiff die parallelen Striche in Cézannes *Badenden*, nun im direkten Vergleich mit Adolphe Bouguereaus vertriebenen Duktus, als »hastily applied«; Shiff 1984, S. 167

116 Vgl. House 1986, S. 79ff., S. 166f.

117 »Faisons de bons tableaux, n'exposons pas d'esquisses, soyons très sèveres pour nos tableaux, cela vaut mieux...« Brief von C. Pissarro an Caillebotte, 1878, in: Correspondance de Camille Pissarro (Hg. Jeanine Bailly-Herzberg), Bd. 1, 1865–1885, Paris, 1986, Nr. 53

118 E. Zola, Lettres de Paris (1879), in: Zola 1970, S. 320; ders., Le Naturalisme au Salon (1880), in: Zola 1970, S. 337 und 338; Joris-Karl Huysmans, L'Exposition des Indépendants en 1881, in: *L'Art moderne*, Paris, 1883, S. 249–282

119 *Das Tal der L'Oise*, um 1880/81, signiert, Öl auf Leinwand, 72 x 91 cm, Venturi 311

120 »Cézanne, en juxtaposant, par touches carrées et nettes, sans souci d'imitation ni d'adresse, les éléments divers des teintes décomposées, aprocha davantage de la division méthodique des néo-impressionistes.« Paul Signac, *D'Eugène Delacroix au Néo-Impressionisme* (1921), Paris, 1978, S. 117 und 118

121 Brettell 1990, S. 176 und 177

122 E. Zola, *Le roman expérimental*, Paris, 1880, bes. S. 80f.

123 Im Unterschied zu neueren Definitionen, die sich vor allem am heutigen Verständnis des ›Seriellen‹ oder der architektonischen ›Reihung‹ orientieren, wird hier die ›Reihe‹ als intentional sukzessiv und ›endlich‹ betrachtet, da die Studienreihen, gerade in der Kunst des 19. Jahrhunderts, der Entwicklung in Richtung auf ein faktisches oder ideelles Ziel hin dienen (vgl. dahingegen Sykora 1983, S. 10; Seiberling 1981, S. 3). ›Variationen‹ und ›Serien‹ werden als prinzipiell ›unendlich‹ definiert, da sie nicht hierarchisch und sukzessiv aufgebaut sind wie die ›Reihe‹. Bei Seiberling 1981, S. 4f., findet sich eine rigide Definition der ›Serie‹, die angesichts der Vielfalt des Phänomens Motivwiederholung Ende des 19. Jahrhunderts sinnvoll ist. Als ›Serie‹ kann eine Gruppe von Bildern mit ähnlichem oder identischem Motiv nur dann bezeichnet werden, wenn diese bewußt zusammen konzipiert wurden, kompositionelle Gemeinsamkeiten, ähnliche oder gleiche Formate aufweisen, farblich aufeinander bezogen sind und vor allem mit der Absicht gemalt wurden, gemeinsam ausgestellt zu werden, da die einzelnen Bilder erst in der Zusammensicht ihre eigentliche Bedeutung zeigen. Als Serien können Claude Monets *Heuhaufen*, *Kathedralen von Rouen* u.a. bezeichnet werden; bei Cézanne gibt es Serien im oben definierten Sinne nicht. Variationen zu einem Thema hingegen müssen nicht notwendig gemeinsam gesehen werden. Monets Bilder der *Gare St. Lazare* werden daher von Seiberling 1981, S. 4 und 5, S. 48ff., als Vorstufe der echten Serien definiert. Grace Seiberling führt auch eine ganze Reihe von möglichen Vorbildern oder Quellen der Motivwiederholung an, von *Cartes de visite* bis zu den Serien der japanischen Künstler Hiroshige und Hokusai (Seiberling 1981, S. 28ff.). Eine Orientierung am Sprachgebrauch des 19. Jahrhunderts ist kaum möglich, da Kritiker wie Künstler fast ausschließlich den Begriff der »série« verwandten. Paul Mantz spricht allerdings in seiner Besprechung der dritten Impressionistenausstellung von Monets Bildern der *Gare St. Lazare* als »plusieurs variants« (*Le Temps*, 22.4.1877).

124 Zu Kalf vgl. Lucius Grisebach, *Willem Kalf 1619–1693*, Berlin, 1974, S. 182f.; zu Chardin vgl. Rosenberg 1979, Nr. 103, Nr. 107, Nr. 108

125 Zu Courbet vgl. Fernier 1978, Bd. 1, Nr. 771–774, 762, 777

126 Vgl. Wildenstein 1974, Bd. 1, Nr. 438–448; dazu Seiberling 1981, S. 48f.

127 Vgl. Kat. Ausst. Washington 1986, S. 205

128 Sykora 1983, S. 66

129 Schapiro 1956, S. 10

Konzeption: ›Optique‹ – Stilleben der achtziger und neunziger Jahre (S. 104–133)

1 Nach Larguier (1901/02), in: Doran 1978, S. 15

2 Exemplarisch untersucht werden *Stilleben mit Kommode*, um 1886, Öl auf Leinwand, 73,3 x 92,2 cm, Bayerische Staatsgemäldesammlungen, Neue Pinakothek, München, Venturi 496; *Stilleben mit Ingwertopf und Korb*, um 1890, signiert u. r., Öl auf Leinwand, 65 x 81 cm, Musée d'Orsay, Paris, Venturi 594. Die Arbeit wurde vermutlich von ihrem ersten Besitzer Paul Alexis 1891 anläßlich seines Besuchs in Aix aus dem Atelier Cézannes mitgenommen; vgl. Ratcliffe 1960, S. 20

3 Vgl. die Briefe von Paul Cézanne, in: Rewald 1978, deutsch: Rewald 1979, S. 213ff.; die kritisch kommentierte Zusammenstellung der Gespräche von Cézanne: Doran 1978, deutsch: Doran 1982

4 »Certains de ses axiomes étaient des réponses longtemps cherchées à des questions que les difficultés de son art l'avaient obligé des se poser et auxquelles son interlocuteur pouvait n'avoir pas songé.« Rivière/Schnerb (1905), in: Doran 1978, S. 86

5 Die Zuckerdose erscheint zuvor noch ein zweites Mal in *Stilleben mit Apfelschale und Wandschirm*, um 1875–80, signiert u.r., Öl auf Leinwand, 46,1 x 55,2 cm, Sammlung Annenberg, Philadelphia, Venturi 207

6 Vgl. Odile Nouvel, *Papiers peints français 1800–1850*, Paris, 1981, Nr. 132; Reff 1979, S. 6

7 Dieses Gefäß, genannt der ›Ingwertopf‹, befindet sich noch heute in Cézannes Atelier in Aix-en-Provence.

8 Siehe unter anderem *Äpfel und Birnen*, um 1882–85, Aquarell auf Papier, 25 x 32 cm, Rewald 1983, Nr. 195. *Birne*, um 1882, Aquarell auf Papier, 12,7 x 20,8 cm, Rewald 1983, Nr. 197

9 Vgl. unter anderem: *Stilleben mit Früchten*, um 1885–90, Bleistift und Aquarell auf Papier, 27,3 x 21 cm, Privatbesitz, Courtesy Galerie Jan Krugier, Genf (Abb. 36); – *Stilleben mit Pfirsichen*, um 1885–90, Bleistift und Aquarell auf Papier, 27,3 x 21 cm, Privatbesitz, Courtesy Jan Krugier Galerie, Genf (Abb. 37); – *Zwei Früchte*, um 1885–90, Aquarell auf Papier, 21 x 27 cm, Rewald 1983, Nr. 227

10 *Stilleben mit Pfirsichen und Birnen*, um 1883–87, Öl auf Leinwand, 37 x 45 cm, Privatbesitz, Venturi 504; *Zwei Äpfel*, um 1883–87, Öl auf Leinwand, 14 x 24 cm, Privatbesitz, Venturi 506

11 Vgl. etwa *Äpfel auf einem Teller*, um 1885–87, Öl auf Leinwand, 22 x 26 cm, Stiftung Langmatt, Sidney und Jenny Brown, Baden, Venturi 509

12 Vergleichbar ist hier nur *Blumentopf auf einem Tisch im Atelier*, 1882–87 (Rewald 1878–80), Öl auf Leinwand, 60 x 73 cm, Privatbesitz, Venturi 357

13 Diese, bei Rubin 1977, S. 185 und 186, als Vorform der kubistischen Reliefperspektive bezeichnete Besonderheit der Raumdarstellung tritt bei Cézanne nur in den beiden *Stilleben mit Kommode* auf.

14 *Stilleben mit Kommode*, um 1885/86, Öl auf Leinwand, 61,5 x 81 cm, Fogg Art Museum, Harvard, Cambridge, Venturi 497. Die Anordnung der Gegenstände ist in beiden *Stilleben mit Kommode* identisch. Das größere Münchner Bild zeigt an der linken Seite einen breiteren Streifen der Tapete. Der oberste Apfel bildet hier den Schnittpunkt der Bilddiagonalen. Das Rautenmuster des leicht vergrößerten blauen Ingwertopfes wurde hier deutlicher ausgeführt; die Falten des Tuches stärker akzentuiert. Die zuunterst sichtbare Kommodenschublade ist nach oben versetzt; die grüne Vase gelängt. Die Existenz zweier Fassungen kann als ein Hinweis darauf gelten, daß Cézanne eine neue Idee oder Technik nun nicht mehr, wie in den siebziger Jahren, Schritt für Schritt in Bildreihen erarbeitete, sondern daß er eine zuvor entwickelte Konzeption in zweifachem Ansetzen im Bild verwirklicht. Die

Verschiebung der unteren Kommodenschublade im Münchner Bild zeigt bereits eine Verschiebung des Blickpunkts auch in vertikaler Richtung und kann so, da dies vor allem die Bilder der späteren achtziger Jahre kennzeichnet, als die später entstandene Fassung der beiden Kommoden-Stilleben gelten.

15 Vgl. Novotny 1970, S. 34ff.

16 Venturi Nr. 452 und 453

17 Novotny 1970

18 Zum Vorwurf der Naivität oder Unkenntnis vgl. G.H. Hamilton, Cézanne and His Critics, in: Rubin 1977, besonders S. 141f.

19 *Stilleben mit Spiegel*, um 1879/80, Öl auf Leinwand, 33 x 41 cm, Privatbesitz, Schweiz, Venturi 495

20 Lionello Venturi, P.H. de Valenciennes, in: *Art Quarterly 4*, 1941, S. 109

21 Vgl. Jean de Beucken, *Un Portrait de Cézanne*, Paris, 1955, S. 304; Jean-Pierre Thénot, *Règles de la Perspective pratique mises à la portée de toutes les Intélligences*, Paris, Zweite Auflage 1837

22 J.P. Thénot, *Morphographie ou l'Art de représenter fidèlement des corps solides*, Paris, 1838; ders., *Cours d'études de Fleurs et de Fruits*, Paris, 1837

23 Reff 1989, S. 8–15. Reff führt die spätere der beiden Skizzen auf Alphonse Simils *Traité de perspective pratique*, Paris, 1881, ein ebenfalls verbreitetes Werk, zurück.

24 »des yeux de professeurs«. Cézanne, Brief an Zola vom 14.4.1878, in: Rewald 1978, S. 165; deutsch: Rewald 1979, S. 151. Zu Cézannes Zeichenunterricht an der École de dessin in Aix-en-Provence vgl. Bruno Ely, Cézanne, l'école de dessin et le musée d'Aix, in: *Cézanne au Musée d'Aix*, Aix-en-Provence, 1984, S. 137ff.

25 »...Cézanne déclarait avec vivacité son horreur de l'œil photographique, du dessin d'exactitude automatique enseigné dans cette École des Beaux-Arts...« Rivière/Schnerb (1905), in: Doran 1978, S. 87; deutsch: Doran 1982, S.112

26 Vgl. Bernard (1907), in: Doran 1982, S. 93; Van deren Cohe, *The Painter and the photograph from Delacroix to Warhol*, Albuquerque, 1972, S. 49, S. 50, Nr. 121–124, S. 82, Nr. 184 und 185, S. 206, Nr. 430 und 431. Beispiele dafür, daß Cézanne auch im Bereich des Stillebens nach Fotografien arbeitete, sind nicht bekannt.

27 Erwin Panofsky, Die Perspektive als ›symbolische Form‹, in: *Aufsätze zu Grundfragen der Kunstwissenschaft* (Hg. H. Oberer, E. Verheyen), Berlin, 1964, S. 260

28 »Monet, ce n'est qu'un œil...«. Nach Vollard 1938, S. 55

29 »Monet s'en tient à une seule vision des choses«. Nach Borély (1902), in: Doran 1978, S. 20; deutsch: Doran 1982, S. 36

30 »L'œil ne suffit pas, il faut la réflexion.« Nach Rivière/Schnerb (1905), in: Doran 1978, S. 89; deutsch: Doran 1982, S. 115

31 Vgl. unter anderem die Briefe Cézannes an E. Bernard vom 12.5.1904 und 26.5.1904, in: Rewald 1978, S. 301, S. 302; deutsch: Rewald 1979, S. 281f., S. 283

32 Cézanne, Brief an E. Bernard vom 23.10.1905, in: Rewald 1978, S. 315; deutsch: Rewald 1979, S. 295f.

33 Joris-Karl Huysmans, *L'art moderne*, Paris, 1883, S. 89: »L'étude de ces œuvres relevait surtout de la physiologie et de la médecine«; ders., Cézanne, in: *Certains*, Paris, (1889), Nachdruck: Farnborough, 1970, S. 43

34 Frédéric Chevalier, L'Impressionisme au Salon, in: *L'Artiste*, 7, 1877, S. 433 und 435; Georges Rivière, Les Intransigeants et les Impressionistes. Souvenirs du Salon libre de 1877, in: *L'Artiste*, 11, 1877, S. 298 und 300

35 Vgl. *Catalogue général de la Librairie Française 1840–75*, Tables, Paris, 1880, s.v. »Optique«; A.P. Prévost, *Essai sur la théorie de la vision binoculaire*, Paris, 1843; Dr. Giraud-Teulon, *De l'Influence sur la fonction visuelle binoculaire*, Paris, Zweite Auflage 1860

36 Vgl. Teuber 1982, S.22f.; H. von Helmholtz, Des progrès réconts dans la théorie de la vision, in: *Revue scientifque*, 6, 1869, S. 210–219, 322–332, 417–428

37 H. von Helmholtz, *Optique physiologique*, Paris, 1867; ders.: L'Optique et la peinture, in: E. Brücke, *Principes scientifiques des Beaux-Arts*, Paris, 1878 (1881, 1885, 1891)

38 Auguste Laugel, *L'Optique et les Arts*, Paris, 1869; A. Charles, *Traité élémentaire de perspective linéaire et de perspective à vue*, Paris, 1884; Jules Jamin, L'Optique et la peinture, in: *La Revue des Deux-Mondes*, 1.2.1857, S. 624–642

39 Georges Guéroult, Du rôle des mouvements des yeux dans les émotions ésthetiques, in: *Gazette des Beaux-Arts* 48, 1881, S. 536–542; *Gazette des Beaux-Arts* 49, 1881, S. 82–90; ders.: Formes, couleurs et mouvements, in: *Gazette des Beaux-Arts*, 2. Période, 25. 2. 1882, S. 165–176

40 Sully-Prudhomme 1883, S. 10

41 Regnier 1865, S. 36, S. 57

42 Vgl. Ferrier, père et fils, *Catalogue général des épreuves stéréoscopiques*, Paris, 1859

43 H. de la Blanchère, *Monographie du stéréoscope et des épreuves*, Paris, 1862; Abbé Moigno, *Stéréoscope, ses effets merveilleux*, Paris, 1852; A. Claudet, *Du Stéréoscope et de ses applications à la photographie*, Paris, 1853

44 A. Soret, *Optique photographique*, Paris, 1891

45 Mögliche Quellen einer mittelbaren Kenntnis wären Emile Zola, der sich intensiv mit den Naturwissenschaften beschäftigte, und der Arzt Dr. Paul Gachet, der jedoch vorrangig im Bereich Nervenkrankheiten und Homöopathie praktizierte. Die spärliche Literatur über Gachet und fehlende Nachlaßlisten lassen eine gesicherte Bezugnahme nicht zu. Vgl. Victor Doiteau, La curieuse figure du Docteur Gachet, in: *Aesculape*, 8–12, 1923, 1, 1924; P. Valery-Radot, Une figure originale de médecin-artiste, in: *La Presse médicale*, 6.9.1952. Der Nachlaßkatalog der Bücher Zolas führt eine ganze Reihe naturwissenschaftlicher Nachschlagewerke auf. Vgl. M.A. Durel, *Vente Zola. Catalogue des Livres Modernes*, Paris, 1903, S. 13 (in der Bibliothèque Nationale, Paris). Marianne Teuber hat darauf hingewiesen, daß Cézanne schon Ende der sechziger Jahre über seinen damaligen Freund Fortuné Marion, Student der Geologie, Kenntnis von den 1869 erschienenen Aufsätzen H. v. Helmholtz' erhalten haben könnte; vgl. Teuber 1982, S. 23.

46 Cézanne, Brief an E. Bernard vom 23.12.1904, in: Rewald 1978, S. 308; deutsch: Rewald 1979, S. 288 und 289

47 »Il [l'œil] devient concentrique à force de regarder et de travailler.« Cézanne, Brief an E. Bernard vom 25.7.1904, in: Rewald 1978, S. 304 und 305; deutsch: Rewald 1979, S. 285

48 Vgl. Dr. Giraud-Teulon, *De l'Influence sur la fonction visuelle binoculaire*, Paris, 2. Auflage 1860, S. 118; Dr. Leroy, *Optique physiologique*, Paris, 1889, S. 11

49 »Les corps vues dans l'espace sont tous convexes.« Nach Larguier (1901/02), in: Doran 1978, S. 16; deutsch: Doran 1982, S. 33

50 »Tout est sphérique et cylindrique.« Nach Rivière/Schnerb (1905), in: Doran 1978, S. 88; deutsch: Doran 1982, S. 113. Zur Achsenkrümmung: Jonas S. Friedenwald, Knowledge of space perception and the portrayal of depth in painting, in: *College Art Journal*, 15, 1955, S. 96f.

51 Rivière/Schnerb (1905), in: Doran 1978, S. 88f.; deutsch: Doran 1982, S. 113

52 A. Charles, *Traité élémentaire de perspective linéaire et de perspective à vue*, Paris, 1884, S. 6. Charles empfiehlt einen Selbstversuch vermittels einer schmalen Platte, die man auf Augenhöhe bewegt, um die perspektivischen »Pläne« besser zu erkennen.

53 Cézanne, Brief an E. Bernard vom 27.6.1904, in: Rewald 1978, S. 303f.; deutsch: Rewald 1979, S. 284

54 Vgl. Baxandall 1990, S. 126ff.

55 »Cette rencontre, première condition de nos relations avec le monde extérieur, est l'impression...Le retentissement de l'excitation dans le cerveau détermine un phénomène nouveau, qui est la sensation.« Sully-Prudhomme 1883, S. 4

56 Vgl. vor allem Erle Loran, *Cézanne's Compositions*, Berkeley, Los Angeles, 1943, Zweite Auflage 1946, S. 8–9; Guerry 1950, S. 76f., S. 96f.

57 Badt 1956, S. 123

58 Teuber 1982, S. 22f.; M. Teuber vermutet dabei ebenfalls, daß es Cézanne darum ging, durch Bewegung vor dem Motiv die wesentlichen Formen der Dinge zu erkennen.

59 Vor allem Naturwissenschaftler haben in ihren Untersuchungen mehrfach auf die Zusammenhänge zwischen den perspektivischen Störungen in Cézannes Landschaftsbildern und der Binokularität und Vorgehensweise optischer Raumwahrnehmung hingewiesen. Vgl. Jonas S. Friedenwald, Knowledge of space perception and the portrayal of depth in painting, in: *College Art Journal*, 15, 1955, S. 96f.; Boris V. Rauschenbach, Perceptual perspective and Cézanne's landscapes, in: *Leonardo*, 15, 1982, S. 28–32; Ch. Gray, Cézanne's Use of Perspective, in: *College Art Journal*, 19, 1959, S. 54–64; Gray weist auf mathematischem Wege nach, daß Cézanne die Perspektive in seinen Landschaften weit weniger verzerrte, als der Vergleich mit den von Erle Loran oder John Rewald gemachten Fotografien der Orte glauben läßt, da diese Fotografien ihrerseits optische Verzerrungen der realen Landschaft darstellen.

60 Edgar Degas, *Place de la Concorde*, auch genannt *Le Comte Lepic*, 1875, Öl auf Leinwand, 79 x 118 cm, Abb. in: P.A. Lemoisne, *Degas et son œuvre*, Paris, 1946, Nr. 368

61 *Äpfel auf einem Teller*, 1885–87, Öl auf Leinwand, 22 x 26 cm. Stiftung Langmatt, Sidney und Jenny Brown, Baden, Venturi 509 (Abb. 38); – *Stilleben mit Granatapfel, Birnen und Zitrone*, um 1890–94, Öl auf Leinwand, 26,7 x 35,6 cm, Stephen Hahn Collection, New York, nicht in Venturi

62 Vgl. Max Imdahl, Die Momentfotografie und *Le Comte Lepic* von Edgar Degas, in: Wilhelm Schmid (Hg.), *Wege zu Edgar Degas*, München, 1988, S. 298–308; Yujiro Shinoda, Der Einzug des Japanischen in die französische Malerei. Hokusai und Degas, in: ebd., S. 288–296; Teddy Brunius, Inside and Outside the Frame of a Work of Art, in: *Idea and Form. Studies in History of Art*, Stockholm, 1959, S. 16

63 E. Duranty, *La nouvelle peinture*, Paris, 1876, abgedruckt in: Kat. Ausst. Washington 1986, S. 482f.

64 Vgl. Siegfried Wichmann, *Japonismus. Ostasien – Europa. Begegnungen in der Kunst des 19. und 20. Jahrhunderts*, Herrsching, 1980, S. 10

65 Vgl. Berger 1980, S. 118

66 Vgl. Seiberling 1981, S. 84ff.

67 G.H. Hamilton stellt das Phänomen der Zeitlichkeit in Cézannes Bildern in den Kontext der Philosophie Henri Bergsons, relativiert dies jedoch zu Recht in dem Sinne, daß es sich nur um einen sehr weit gefaßten, zeit- und geistesgeschichtlichen Zusammenhang, nicht um eine konkrete Verbindung gehandelt haben kann. Vgl. G.H. Hamilton, Cézanne, Bergson and the Image of Time, in: *Art Journal*, 16, 1956, S. 2–12

68 Liliane Brion-Guerry hat die Veränderung des Bildraums ebenfalls auf Zweiäugigkeit und »mobile Blickpunkte« zurückgeführt und auf die Raumkonzeption der griechischen Malerei verwiesen; vgl. Guerry 1950, S. 9f.

69 Vgl. auch Boehm 1988, S. 30ff. Boehm legt, auf der Basis einer Analyse der Landschaftsdarstellung *Montagne Sainte-Victoire* von 1904–06, Cézannes Konzeption ebenfalls die Selbstbeobachtung des Sehens zugrunde, definiert dieses jedoch als eine Wahrnehmungshaltung, die allem Wissen abschwört. Die »Verfahrensweise« des Auges mitreflektieren bedeutet bei Boehm daher, sich auf die »optischen Vorgestalten«, »Sehdaten«, zu konzentrieren, und dadurch die Wahrnehmung zu erneuern. Auf einen möglichen Einfluß der zeitgenössischen Wahrnehmungsphysiologie geht Boehm dabei nicht ein. Zugleich entwirft er das Modell eines »starren« Sehens, das zu einem beidäugigen Sehen führen soll (S. 106). Letzteres wird damit nicht als Ursache und als Indiz einer auf physiologischen Überlegungen und Selbstbeobachtungen basierenden Reflexion der Wahrnehmung definiert, sondern als Resultat der Naturschau, das der Simultanisierung des Bildes dienen soll. Vor den Stilleben können jedoch weder die »Sehdaten«, in ihrer Umsetzung als »taches colorantes« wie in der späten Landschaft, noch das »starre« Sehen nachvollzogen werden, da die Bilder durch Mehrfachblickpunkte die sukzessive Wahrnehmung des Subjekts vergegenwärtigen. Bewegung läßt sich dabei vor dem unbeweglichen Stillebenmotiv allein auf das Subjekt, den Maler, nicht auf die »Dynamik des Sichtbaren«, der das starre Auge »besser gerecht wird«, zurückführen (Boehm 1988, S. 106). Das

zeitlich früher auftretende Phänomen des Bruchs in der Mittelachse des Bildes im *Stilleben mit Kommode* von etwa 1886 zeigt dabei, daß die Reflexion zweiäugigen Sehens entgegen Boehm nicht Resultat, sondern Ursache einer Erneuerung des Sehens ist, die man durchaus auf eine Auseinandersetzung mit der Optik zurückführen sollte.

70 Sully-Prudhomme 1883, S.17 und 18

71 Siehe hier Kapitel 3, sowie Schapiro 1956, S. 10; vgl. auch Boehm 1988, S. 27. Boehm führt die »Unvollendbarkeit des Sehens« wiederum auf eine Wahrnehmungshaltung zurück, der sich die Wirklichkeit »fragil in Sehdaten oder Flecken anzeigt.«

72 Cézanne, Brief an seinen Sohn vom 8.9.1906, in: Rewald 1979, S. 304 und 305

73 Sykora 1983, S. 66

74 Ein unter anderem von Oskar Bätschmann festgestelltes Bestreben, die Dinge im Bild dem »Standort des Sehenden« zu entziehen, wird dabei nicht anschaulich; vgl. Oskar Bätschmann, *Entfernung der Natur. Landschaftsmalerei 1750–1920*, Köln, 1989, S. 174

75 Bernard (1904), in: Doran 1982, S. 52

76 »...il me semble que je serais la conscience subjective de ce paysage, comme ma toile en serait la conscience objective.« Nach Gasquet (1921), in: Doran 1982, S. 137

77 Vgl. dazu den Kommentar von M. Doran in: Doran 1982, S. 254 und 255, Anm. 7

78 Larguier (1901/02), in: Doran 1982, S. 29

79 Cézanne, Brief an E. Bernard vom 21.9.1906, in: Rewald 1978, S. 327

80 Sachs-Villatte, *Enzyklopädisches Wörterbuch der französischen und deutschen Sprache*, Bd. 1, Berlin, o.J. (ca. 1907)

81 J. Willis (Hg.), *Macrobius. Saturnalia*, Leipzig, 1963; französisch: *Macrobe. Œuvres complètes*, Paris, 1850

82 Vgl. Hermann von Helmholtz, L'Optique et la peinture, in: E. Brücke, *Principes scientifiques des Beaux-Arts*, Paris, 1878, S. 175

83 Vgl. vor allem Venturi zu Nr. 594

84 Vgl. Hugo Munsterberg, *The Ceramic Art of Japan*, Rutland, 1964, plate 92

85 Eugène Boudin, *Stilleben*, um 1853–56, Öl auf Leinwand, 54 x 82 cm; ders., *Stilleben mit geöffneter Orange*, um 1853–56, Öl auf Leinwand, 36 x 47 cm, Abb. in: R. Schmit, *Eugène Boudin 1824–98*, Paris, 1973, I, Nr. 71, 73

86 Bibliothèque Nationale, Paris, Cabinet des Estampes et Photographies: (EO 19b t.1 à 4, Pet.fol) *L'Œuvre de Disdéri: Decamps, Rosa de Bonheur*; vgl. auch: *The Cult of Images and the 19th-Century Media Explosion*, Kat. Ausst. University of California, Santa Barbara, 6.4.–8.5.1977: *Joseph Robert-Fleury*, Nr. 98, S. 104, S. 98; Elisabeth McCauley, *A.A.E. Disdéri and the ›Carte de visite‹ Portrait Photograph*, Yale, o.J. (1990), No. 67: *Léon Bonnat*, um 1860. McCauley verweist ohne weitergehende Hinweise auf die Darstellung des Gefäßes bei Cézanne. Kontakte zwischen Disdéri und Cézanne sind nicht bekannt. Die weite Verbreitung der ›Cartes de visite‹ von Disdéri macht Cézannes Kenntnis einiger Beispiele nicht unwahrscheinlich.

87 James Digman Wingfield, *The Painters's Studio*, 1856, Abb. in: *The Artistic Interior*, Kat. Ausst. Chr. Wood Gallery, 5.3.–28.3.1991, Nr. 14

88 Vincent van Gogh, *Stilleben mit gelbem Strohhut*, September 1885, Öl auf Leinwand, 36,5 x 53,5 cm, Rijksmuseum Kröller-Müller, Otterlo, Abb. in: J.B. De la Faille, *L'œuvre de Vincent van Gogh, Catalogue raisonné*, Paris, 1928, Nr. 62

89 Jean Arrouye, *La Provence de Cézanne*, Aix, 1982, S. 36, bezeichnet das Gefäß als »objet exotique mais très répandu en Provence par le commerce marseillais«. Gasquet jedoch, Kenner und Apologet alles Provençalischen, scheint diese Gefäßart nicht zu kennen, laut seiner Beschreibung des *Stilleben mit Ingwertopf und Korb*: »...eine Art Topf aus porösem Ton, rautenförmig mit Stroh umflochten«. Gasquet (1921), in: Doran 1982, S. 192. Nähere Informationen zu diesem Gefäß konnten trotz intensiver Recherchen weder Publikationen zur ostasiatischen oder zur französischen Keramik entnommen werden. Anfragen an die französischen Museen für dekorative Kunst und Volkskunst in Paris, Marseille und Aix-en-Provence beziehungsweise an die Verantwortlichen für das Atelier Cézannes, in dem sich ein Exemplar des Ingwertopfes noch heute befindet, blieben ebenso ohne Resultat wie Anfragen an das Rijksmuseum in Otterlo, welches die Arbeit van Goghs besitzt.

90 Vgl. Kapitel 2

91 »Toute assiette, tout plat, tout fruit, tout verre ... faisait le sujet de ses commentaires et de sa reflexion.« Bernard (1907), in: Doran 1978, S. 65; deutsch: Doran 1982, S. 88

92 Thomas Luckmann, Cézanne, Lyrisches Subjekt und Ich-Pol, in: *Identität. Poetik und Hermeneutik VII*, München, 1979, S. 719; Dorothee Lehmann, *Das Sichtbare der Wirklichkeiten. Die Realisierung der Kunst aus ästhetischer Erfahrung. John Dewey – Paul Cézanne – Mark Rothko*, Essen, 1991, S. 99

93 Cézanne geht von der Gegenstandsgewißheit aus; seine Reflexion geht, wie das folgende Zitat vermittelt, nicht über die Eigenschaften der Dinge, sondern der Wahrnehmung. »Pour les progrès à réaliser il n'y a que la nature et l'œil s'éduque à son conctat (sic!). Il devient concentrique à force de regarder et de travailler. Je veux dire que dans une orange une pomme, une boule une tête, il y a un point culminant, et ce point est toujours, le plus rapproché de notre œil (malgré le terrible effet, lumière et ombre. Sensations colorantes).« Cézanne, Brief an E. Bernard vom 25.7.1904, in: Rewald 1978, S. 304f.

94 Boehm 1988, S. 106: »Das starre Auge wird der Dynamik des Sichtbaren besser gerecht.«

95 »Le peintre doit tâcher de produire des tableaux qui soient un enseignement.« Cézanne, Brief an E. Bernard vom 26.5.1904, in: Rewald 1978, S. 302; deutsch: Rewald 1979, S. 283

96 Cézanne, Brief an J. Gasquet vom 26.9.1897, in: Rewald 1978, S. 262; deutsch: Rewald 1979, S. 243

97 Vgl. Marianne Poch-Kalous, Das Trompe-l'œil Stilleben, in: *Mitteilungen der Gesellschaft für vergleichende Kunstforschungen*, 27, 1/2, Wien, 1975; Hannelore Kersting-Bleyl, Realitätsprobleme der kubistischen Malerei, in: *Städel Jahrbuch N.F.*, 8, 1981, S. 313ff.; zu Chardin: Baxandall 1990, S. 126ff.

98 Cézanne, Brief an L. Leydet vom 17.1.1905, in: Rewald 1978, S. 311; deutsch: Rewald 1979, S. 292

99 »Cézanne d'une bouteille fait un cylindre, moi, je

pars du cylindre pour créer un individu d'un type special, d'un cylindre, je fais une bouteille... Cézanne va vers l'architecture, moi, j'en pars...« Nach Daniel-Henry Kahnweiler, *Juan Gris. Sa vie, son œuvre, ses écrits*, Paris, 1946, S. 277

100 Imdahl 1974, S. 332; Imdahl bezieht sich implizit auf die späten Landschaften.

101 Der von Pierre Francastel geäußerten Meinung, »Cézanne, soucieux de ramener les formes aux schémas géometriques, aux volumes...«, wird durch die Bilder, die keine geometrischen Formen zeigen, widersprochen. Vgl. Pierre Francastel, Destruction d'un espace plastique, in: *Formes de l'art, formes de l'esprit*, Paris, 1951, S. 151

102 »Avec une pomme je veux étonner Paris!« Nach Gustave Geffroy, *Claude Monet, sa vie, son temps, son œuvre*, Paris, 1922, S. 198

103 »Traitez la nature par le cylindre, la sphère, le cone, le tout mis en perspective, soit que chaque côté d'un objet, d'un plan, se dirige vers un point central...« Cézanne, Brief an E. Bernard vom 15.4.1904, in: Rewald 1978, S. 300; deutsch: Rewald 1979, S. 281

104 Reff 1977, S. 34–37

105 Bernard (1907), in: Doran 1982, S. 81

106 Boehm 1988, S. 124

107 »...et par là-même devenant probant de théories, qui, elles sont toujours faciles, il n'y a que la preuve à faire de ce qu'on pense, qui présente de sérieux obstacles.« Cézanne, Brief an E. Bernard vom 21.9.1906, in: Rewald 1978, S. 326; deutsch: Rewald 1979, S. 307

108 Er erscheint in Stilleben vor Mitte der achtziger Jahre nur ein einziges Mal in Venturi 207, als flacher, dekorativer Hintergrund.

109 *Les Environs d'Aix-en-Provence*, 1858–60, Wandschirm, Öl auf Leinwand, 249,9 x 403,9 cm, Venturi 1, 2. Vgl. Wally Findlay Galleries, *Les Environs d'Aix-en-Provence by Paul Cézanne*, New York, 1974; M. Komanechy, V. Fabbri (Hg.), *The Folding Image. Screens by Western Artists of the Nineteenth and Twentieth Centuries*, Washington, 1984, S. 44, Abb. 31 und 32; Reff 1979, S. 3f.

110 Pablo Picasso, *Fächer, Salzfaß und Melone*, 1909, Öl auf Leinwand, 81 x 64,2 cm, The Cleveland Museum of Art, Abb. in: *Picasso et les choses*, Kat. Ausst. The Cleveland Museum of Art, 26.2. – 3.5.1992 u.a., S. 80, Nr. 20. Ähnliche Hintergrund motive wie Stilleben Cézannes zeigen auch die dort abgebildeten Arbeiten Picassos Nr. 13–15 aus den Jahren um 1908.

111 Vgl. neben dem *Stilleben mit Ingwertopf und Korb* auch *Zwei Äpfel*, um 1887, Öl auf Leinwand, 24 x 33 cm, Privatbesitz, Venturi 503; *Stilleben mit Teller und Obst*, um 1895, Öl auf Leinwand, 38 x 46 cm, Barnes Foundation, Merion, P.A., Venturi 746

112 *Blumentopf mit Birnen*, um 1890/92, Öl auf Leinwand, 46 x 55 cm, Courtauld Institute Galleries, London,Venturi 623; *Krug und Äpfel*, um 1893, Öl auf Leinwand, 38 x 46 cm, Privatbesitz, Venturi 622

113 *Stilleben mit Ingwertopf, Zuckerdose und Äpfeln*, um 1893–94, Öl auf Leinwand, 65,5 x 81,5 cm, Privatbesitz, als Leihgabe im Kunsthaus Zürich, Venturi 598; *Blumenvase mit Äpfeln*, um 1885–88, Öl auf Leinwand, 55 x 46 cm, Privatbesitz, Venturi 513

114 *Blumen in blauer Vase*, 1885–88, Öl auf Leinwand, 46,5 x 70,5 cm, Privatbesitz New York, nicht in Venturi. Die häufiger auftauchenden dunkelroten beziehungsweise dunkelblauen Wandstreifen waren Dekorationen des Ateliers im Jas de Bouffan in Aix. Vgl. Ratcliffe 1960, S. 56

115 *Blumen in blauer Vase*, um 1887/88, Öl auf Leinwand, 62 x 51 cm, Musée d'Orsay, Paris, Venturi 512; *Blumentopf mit Birnen* (Abb. 43)

116 *Stilleben mit Milchkrug und Früchten*, um 1890, Öl auf Leinwand, 59,5 x 72,5 cm, Nationalgalerie Oslo, Venturi 593; *Stilleben mit Milchkrug, Zuckerdose und Obst*, um 1890, Öl auf Leinwand, 61 x 90 cm, Puschkin Museum, Moskau, Venturi 619 (Abb. 40); *Blumentopf mit Birnen*, siehe Anmerkung 112; *Blumenvase mit Äpfeln*, siehe Anmerkung 113

117 *Stilleben mit Ingwertopf und Obst*, um 1890, Öl auf Leinwand, 33 x 46 cm, Stiftung ›Langmatt‹ Baden, Venturi 595; *Stilleben mit Ingwertopf, Obst und Büchern*, um 1894/5, Öl auf Leinwand, 46,5 x 55,5 cm, The Phillips Collection, Washington, Venturi 733. Erster Besitzer dieser Arbeit war Claude Monet, mit dem Cézanne um 1894 neuerlich in engerem Kontakt stand.

118 *Ingwertopf mit Früchten und Tuch*, 1888–90, Aquarell und Bleistift auf Papier, 28 x 45 cm, Privatbesitz, Rewald 1983, Nr. 290

119 Schließlich findet man um 1900 dieselbe Motivgruppe noch einmal in einem Stilleben, bei dem nunmehr der Ingwertopf durch einen Totenschädel und die abschließende Wand durch die Muster des Paravent ersetzt wurden: *Stilleben mit Totenkopf und Obst*, um 1900, Öl auf Leinwand, 54 x 64,8 cm, Barnes Foundation, Merion, P.A., Venturi 758

120 »La composition, selon Cézanne, doit être le résultat du travail. Tout motif tel qu'il tombe sous la vue du peintre doit devenir, par l'étude, un tout parfaitement équilibre, ... par la logique de la reproduction... C'est donc la logique, que l'observation ne saurait entièrement remplacer, qui compose le tableau...« Rivière/Schnerb (1905), in: Doran 1978, S. 90; deutsch: Doran 1982, S. 116

121 »Dans le peintre il y a deux choses: l'œil et le cerveau, tous deux doivent s'entre-aider: il faut travailler à leur développement mutuel; à l'œil par la vision sur nature, au cerveau par la logique des sensations organisées, qui donne les moyens d'expression.« Nach Bernard (1904), in: Doran 1978, S. 36; deutsch: Doran 1982, S. 54

122 Vgl. Cézanne, Brief an Bernard vom 23.10.1905, in: Rewald 1978, S. 314 und 315; deutsch: Rewald 1979, S. 295 und 296

123 Vgl. Shiff 1984, S. 187

124 Nach Larguier (1901/92), in: Doran 1978, S. 15

125 Lecomte, Impressionisme 1892, S. 92

126 Nach Ernst Strauss, *Über Juan Gris' Technique Picturale*, in: *Festschrift für Werner Gross*, München, 1968, S. 335–62

Construction – Décoration – Späte Stilleben (S. 134–166)

1 Henri Matisse, *Ecrits et propos sur l'art*, Paris, 1972, S. 134, Anm.103

2 *Stilleben mit Amor*, um 1895, Öl auf Papier, aufgezogen auf Holz, 70,6 x 57,3 cm, Courtauld Institute

Galleries, London, Samuel Courtauld Collection, Venturi 706

3 Vgl. Venturi zu Nr. 706; R. Ratcliffe, *Watercolour and Pencil Drawings by Cézanne*, Kat. Ausst. Hayward Gallery, London, 3.11.–30.12.1973, London, 1973, zu Nr. 59; zur heutigen Zuschreibung an Frans Duquesnoy: Reff 1960, S. 147, Anm. 16. Die Figur befindet sich noch in Cézannes Atelier in Aix-en-Provence.

4 *Stilleben mit Pfefferminzlikörflasche*, um 1893/95, Öl auf Leinwand, 62,5 x 82 cm, National Gallery of Art, Washington, Chester Dale Collection, Venturi 625; vgl. zu einer ersten Identifizierung der dargestellten Motive: Lawrence Gowing, Vorwort, in: Kat. Ausst. *Paul Cézanne*, London, Edinburgh, 1954, o.S.

5 Vgl. Erika Tietze-Conrat, A lost Michelangelo Reconstructed, in: *The Burlington Magazine* 4, 1936, S. 163–170, Abb. S. 168. Ein Wachsmodell des *Écorché* wurde 1836 im Kaiser-Friedrich-Museum, Berlin, aufbewahrt. Ein beschädigter Abguß befindet sich noch im Atelier Cézannes in Aix-en-Provence.

6 Das *Stilleben mit Amor* ist jedoch im Unterschied zum früheren Bild auf Papier gemalt. Cézanne verwendete ein damals handelsübliches, cremefarben vorgrundiertes Papier für Maler im Standardformat ›demi-grand aigle‹ (= 75 x 52 cm), das auf die jetzigen Maße des Bildes zurechtgeschnitten wurde. Offenbar erst nach der Bemalung wurde das Papier auf Holz aufgezogen.

7 Vgl. Guerry 1950, S. 126

8 *Stilleben mit Amor und Draperie*, um 1895, Öl auf Leinwand, 63 x 81 cm, Nationalmuseet Stockholm, Venturi 707

9 Faré 1962, Band 1: S. 223–228

10 In diesem Punkt ähnelt Cézannes Gegenstandswahl allerdings den im Louvre gezeigten *Attributs des Arts* von Chardin, wo dieser eine Plastik seines Zeitgenossen Bouchardon in den Mittelpunkt der Komposition stellt. Chardin manifestiert auf diese Weise nicht seine Verpflichtung gegenüber einem an der Antike geschulten Kunstideal, sondern betont die Gleichwertigkeit der zeitgenössischen Kunst und damit seine eigene Modernität: J.B.S. Chardin, *Les Attributs des Arts*, 1765, Öl auf Leinwand, 91 x 145 cm, Musée du Louvre, Paris; Rosenberg 1979, Nr. 123 (siehe auch Nr. 30)

11 Vgl. Shiff 1984, S. 183

12 Vgl. Theodore Reff, Puget's Fortunes in France, in: *Essays presented to R. Wittkower*, London, 1967, S. 274–284

13 Die Übersetzung des Verbs »écorcher« lautet zwar »das Fell abziehen«, die von »Écorché« jedoch nicht »Geschundener«, sondern ist der Terminus technicus für »Muskelfigur«.

14 Vgl. zum *Amor*: Chappuis 1973, S. 227, zu Nr. 980bis; die Gipsformerei der Réunion des musées nationaux, Paris, konnte leider keine Angaben über die Anzahl der im 19. Jahrhundert hergestellten und vertriebenen Statuetten machen. Zum *Écorché*: M. Duval, E. Cuyer, *Histoire de l'anatomie plastique*, Paris, 1898, S. 66, Abb. S. 67, Fig. 12. Auch Vincent van Gogh zeigt den *Écorché* in *Gipsmodell*, Paris 1886, Öl auf Karton, 35 x 27 cm, Van Gogh Museum, Amsterdam, Abb. in: J. B. de la Faille, *L'œuvre de Vincent van Gogh, Catalogue raisonné*, Paris, 1928, Nr. 216f.

15 Der akademische Zeichenstil ist, pauschal beschrieben, durch einen geschlossenen, möglichst flüssig geschwungenen Kontur und die Modellierung des Körpers durch weiche Abstufung der Grauwerte, oft durch Zuhilfenahme eines ›Wischers‹, gekennzeichnet; vgl. Boime 1986, S. 24–33. Diese Merkmale zeigen auch Cézannes frühe, an der Zeichenschule in Aix-en-Provence entstandene Blätter, wie *Männlicher Akt*, 1862, Bleistift, 61 x 47 cm, Musée Granet, Aix-en-Provence, Chappuis Nr. 76. Zum Zeichenunterricht in Aix vgl. Bruno Ely, Cézanne, l'école de dessin et le musée d'Aix, in: *Cézanne au musée d'Aix*, Aix-en-Provence, 1984, S. 137–207

16 Zu Zeichnungen nach Vorbildern Alter Meister vgl. J. Rewald, Cézanne au Louvre, in: *L'Amour de l'art* 16, 10, 1935, S. 285–288; Berthold 1958; allgemein Chappuis

17 Er erscheint, halb übermalt, in *Stilleben mit Totenkopf und Wasserkanne*, um 1865, Öl auf Leinwand, 59,5 x 48 cm, Privatbesitz, Venturi 68; vgl. auch *Stilleben mit zwei Flaschen und Obst*, um 1893, Öl auf Leinwand, 50,5 x 52,5 cm, Stedelijk Museum, Amsterdam, Venturi 604

18 Chappuis Nr. 980bis, 981, 982, 983, 984, 985, 986, 987, 988, 989, 990; Chappuis Nr. 565–573, 574, 786, 980, 1087, 1087A, 1088, 1089

19 Vgl. etwa: *Amor*, um 1879–82, Bleistift auf Papier, Maße unbekannt, Privatbesitz, Chappuis Nr. 981; *Amor*, 1879–82, Bleistift auf Papier, 47 x 38 cm, Sammlung Roesch, Diessenhofen, Chappuis Nr. 982; *Écorché*, um 1879–82, Bleistift auf Papier, 21,7 x 12,4 cm, Skizzenbuch des Art Institute of Chicago, Seite 20 recto, Chappuis Nr. 570 (Abb. 52)

20 *Amor*, 1886–89, Bleistift auf Papier, 29,5 x 23 cm, Verbleib unbekannt, ehem. Kunsthalle Bremen, Chappuis Nr. 985 (Abb. 47); *Amor*, um 1888–90, Bleistift auf Papier, 46 x 28 cm, Verbleib unbekannt, ehem. Wroclaw Museum, Chappuis Nr. 989 (Abb. 48)

21 *Écorché*, um 1879–82, Bleistift auf Papier, 21,7 x 12,4 cm, Skizzenbuch des Art Institute of Chicago, Seite 37 verso, Chappuis Nr. 572 (Abb. 53); *Écorché*, um 1887–90, Bleistift auf Papier, 31,2 x 47,7 cm, Öffentliche Kunstsammlung Basel, Kupferstichkabinett, Chappuis Nr. 980 (Abb. 55)

22 *Écorché*, um 1881–84, Bleistift auf Papier, 20,2 x 12,7 cm, Skizzenbuch Sammlung Hanna, Chappuis Nr. 574 (Abb. 54)

23 *Amor*, 1895–1900, Bleistift und Aquarell auf Papier, 47 x 22 cm, Sammlung Thaw, New York, Rewald 1983, Nr. 558 (Abb. 51)

24 *Écorché*, 1893–96, Bleistift auf Papier, 31,1 x 25,5 cm, Sammlung Streep, New York, Chappuis Nr. 1086 (Abb. 56)

25 Berthold 1958, S. 30

26 »Le dessin est un rapport de contraste ou simplemenz de deux tons, le blanc et le noir.« Nach Larguier (1901/02), in: Doran 1978, S. 16; deutsch: Doran 1982, S. 32 und 33

27 *Amor*, um 1980, Bleistift auf Papier, 49,7 x 31,9 cm, British Museum, London, Chappuis Nr. 988 (Abb. 50)

28 Vgl. dazu auch Théodore Reff, in: *Paul Cézanne. Two Sketchbooks*, The Philadelphia Museum of Art, Philadelphia, 1989, S. 12, 33

29 »Puget c'est lui qui agite le marbre. Et puis c'est de la sculpture décorative, comme la sculpture doit être... La sculpture avant lui se présentait d'aplomb, tout d'un bloc de lumière cristallisée. Lui, il a peint, il a ombré. Il s'est servi de l'ombre ambiante...« Nach Gasquet (1921), in: Doran 1978, S. 149; deutsch: Doran 1982, S. 185

30 »Paul Cézanne considère qu'il est deux plastiques, l'une sculpturale ou linéaire, l'autre décorative ou coloriste. Ce qu'il nomme la plastique sculpturale serait amplement signifié par le type de la Venus de Milo. Ce qu'il nomme plastique décorative se rattache à Michel-Ange, à Rubens. L'une de ces plastiques, servile, l'autre, libre; l'une dans laquelle le contour l'emporte, l'autre dans laquelle domine la saillie, la couleur et la fougue. Ingres est de la première, Delacroix est de la seconde.« Bernard (1904), in: Doran 1978, S. 35; deutsch: Doran 1982, S. 53

31 »...faites d'après les grands maîtres décoratifs, Veronèse et Rubens, des études, mais comme vous feriez d'après nature...« Cézanne, Brief vom 3.2.1902 an Charles Camoin, in: Rewald 1978, S. 280 und 281; deutsch: Rewald 1979, S. 263

32 »Je voudrais faire des paysages décoratifs comme Hugo d'Alési, oui, avec ma petite sensibilité.« Nach Denis (1906), in: Doran 1978, S. 94; deutsch: Doran 1982, S. 120. Hugo d'Alési, 1849–1906, war ein in Paris ansässiger Maler, der offenbar hauptsächlich durch Werbeplakate mit bunten Landschaftsmotiven der Côte d'Azur für die Eisenbahn Paris-Méditerrané bekannt wurde, aber auch 1900 das Kreuz der Ehrenlegion für ein anläßlich der Pariser Weltausstellung gezeigtes Mittelmeerpanorama erhielt. Vgl. *Allgemeines Künstlerlexikon* (Hg. G. Meißner), Leipzig, 1983, S. 1000

33 Cézanne, Brief an E. Bernard, ohne Datum, Freitag (Aix 1905), in: Rewald 1978, S. 313 und 314; deutsch: Rewald 1979, S. 294

34 »Le Louvre est un bon livre à consulter, mais ce ne doit être encore qu'un intermédiaire.« Cézanne, Brief an E. Bernard vom 12.5.1904, in: Rewald 1978, S. 302; deutsch: Rewald 1979, S. 282

35 Vgl. Schapiro 1956, S. 29; Doran 1982, S. 12; D.C.Rich, A Masterpiece in Water Color by Cézanne, in: *The Art Institute of Chicago Quarterly*, 15.9.1954, S. 46 und 47

36 F. Thiébault-Sisson, in: *Le petit temps*, 14.10.1904; Solrac, Réflexions sur le Salon d'Automne, in: *L'Occident*, 6.12.1904; Ch. Morice, Paul Cézanne, in: *Mercure de France*, 65, 15.2.1907, S. 577–579; vgl. G.H. Hamilton, Cézanne and his Critics, in: Rubin 1977, S. 147

37 Vgl. zur japanischen Kunst: Elisa Evett, *The Critical Reception of Japanese Art in Late Nineteenth Century Art*, Ann Arbor, 1982, S. 53 und 66ff.; zum Synthetismus: H.R. Rookmaker, *Synthetist Art Theories, Genesis and Nature of the Ideas on Art of Gauguin and his Circle*, Amsterdam, 1959; zur Malerei des Impressionismus: Lecomte, Impressionisme 1892; Lecomte 1892; zu Monet: Robert L. Herbert, The decorative and the natural in Monet's Cathedrals, in: *Aspects of Monet. A Symposion on the artist's life and times* (Hg. J. Rewald, F. Weitzenhoffer), New York, 1984, S. 162–179; Steven C. Levine, *Monet and his critics*, New York, 1976, S. 80, 141ff., 175, 209 (hier auch weitere Angaben von Quellen); ders.: Décor/Décorative/Décoration in Claude Monet's Art, in: *Arts* 51, 2, 1977, S. 136–139

38 Da an dieser Stelle keine umfassende Erörterung und Diskussion des in seinen theoretischen Verästelungen und künstlerischen Ausprägungen überaus vielfältigen und komplexen Begriffs des Dekorativen vorgenommen werden kann, wird vor allem das durch Cézannes eigene Aussagen und Bilder vorgegebene Verständnis dekorativer Gestaltung verfolgt. Eine eingehende wissenschaftliche Bearbeitung des Dekorativen in Theorie und Praxis steht noch aus; sie wäre Thema einer eigenen Untersuchung.

39 Lexikon der Kunst (Leipzig, 1968), Berlin, 1983, Bd. 1, S. 509 und 510

40 »La transformation inévitable de la nature par les Arts a pour agent le principe ornemental.« Bracquemond 1885, S. 181

41 »Son modelé...doit...obéir à la forme et à la manière de la surface qu'il a pour devoir d'embellir.« Bracquemond 1885, S. 174

42 »...la encore nous voyons des ornements...parce que la nature religieusement consultée, imitée, est en même temps, par la volonté du génie créateur, assouplie, assujetie...« Bracquemond 1885, S. 178

43 »C'est une bonne méthode de construction qu'il vous faut arriver à posséder... Michel-Ange est un constructeur, et Raphael un artiste qui, si grand qu'il soit, est toujours bridé par le modèle. – Quand il veut devenir réflechisseur, il tombe audessous de son grand rival.« Cézanne, Brief an Ch. Camoin vom 9.12.1904, in: Rewald 1978, S. 307 und 308; deutsch: Rewald 1979, S. 288

44 Rewald 1990, S. 198, S. 235, S. 361

45 »Une loi de la décoration, plus rigoureusement observée peut-être par le Poussin que par aucun autre maître, est la subordination absolue de tous les détails du tableau à l'émission de son ensemble, ces details conservant toutefois leur individualité.« Bracquemond 1885, S. 203

46 Lecomte 1892; in kürzerer Form: G. Lecomte, Les Tendances de la peinture moderne, in: *L'Art moderne*, Brüssel, 14., 21. und 28.2.1892

47 Brief von C. Pissarro an Lucien Pissarro vom 31.1.1896, in: *Correspondance de Camille Pissarro* (Hg. J. Bailly-Herzberg), Paris, 1986, Bd. 4, S. 159

48 »Sans doute, les maîtres de tous les temps ont composé leurs tableaux selon des ensembles de lignes qui intéressent, en dehors de toute signification précise: les tons sont associés en captivantes harmonies qui complètent l'ornementation linéaire. Et nous n'avons pas le souvenir d'une œuvre vraiment haute qui ne soit pas simultanément caractéristique et décorative...« (Lecomte 1892, S. 5.) »Mais ce qui est bien particulier à notre époque, c'est le systematique et le général de cette tendance... Peu à peu ils s'abstrayent de la réalité... ils composent, loin de la nature.« (Lecomte 1892, S. 5 und 9.) »C'est surtout M. Cézanne qui fut l'un des premiers annonciateurs des tendances nouvelles et dont l'effort exerça une influence notable sur l'évolution impressioniste...

Ce que nous devons retenir de son art sincère, si simplificateur, c'est la synthèse de lignes et de tons en vue de l'ornementation...« (Lecomte 1892, S. 10)

49 Lecomte, Impressionisme 1892, S. 28, 79

50 »...le plus les tons seront variés dans leur harmonies, plus une peinture sera décorative.« A. Renoir, L'art décorative et contemporain, in: L'Impressioniste, 1877, abgedruckt in: Lionello Venturi, *Les Archives de l'Impressionisme*, II, Paris, New York, 1939, S. 326. Der Text wurde anläßlich der 3. Impressionistenausstellung 1877, an der auch Cézanne teilnahm, veröffentlicht – in einer von den Künstlern selbst initiierten Zeitschrift.

51 »Leur grand mot, ...c'est le décoratif, c'est-à-dire un art fondé sur l'agrément de la couleur en ellemême, appliqué à des déformations d'êtres, fleurs, accessoires, selon le principe fondamental de l'ornementation.« Camille Mauclair, Critique de la peinture, in: *La Nouvelle Revue*, 96, 15.9.1895, S. 319

52 Lecomte, Impressionisme 1892, S. 143, 189

53 *Stilleben mit Pfefferminzlikörflasche*, um 1893/95, Öl auf Leinwand, 62,5 x 82 cm, National Gallery of Art, Washington, Chester Dale Collection, Venturi 625

54 Bei dieser charakteristischen Flasche handelt es sich um die im 19. Jahrhundert exklusiv durch die Firma GET Frères, heute Bénédictine Inc., vertriebene Flasche für Pfefferminzlikör (Auskunft der Dokumentation National Gallery of Art, Washington).

55 *Stilleben mit Milchkrug, Zuckerdose und Obst*, um 1890, Öl auf Leinwand, 61 x 90 cm, Puschkin Museum, Moskau, Venturi 619; *Stilleben mit Ingwertopf, Melone und Auberginen*, 1893–94, Öl auf Leinwand, 72,4 x 91,4 cm, The Metropolitan Museum of Art, New York, Venturi 597; *Stilleben mit Zwiebeln*, um 1896–97, Öl auf Leinwand, 66 x 82 cm, Musée d'Orsay, Paris, Venturi 730

56 Schapiro 1956, S. 114

57 *Äpfel auf einem Teller*, um 1885–87, Öl auf Leinwand, 22 x 26 cm, Stiftung Langmatt, Sydney und Jenny Brown, Baden, Venturi 509; *Stilleben mit Granatapfel und Birnen*, 1885–90, Privatbesitz, nicht in Venturi; siehe auch Venturi 499; 601; 707

58 Henri Matisse, Bemerkungen über das Malen, 1945, in: *Matisse. Über Kunst* (Hg. Jack D. Flam), Zürich, 1982, S. 183: »Ich höre immer noch den guten alten Pissarro, wie er bei den ›Indépendants‹ vor einem sehr schönen Stilleben von Cézanne ausrief: ›Das ist wie ein Ingres!‹ Das Bild stellte eine Wasserkaraffe aus geschliffenem Kristall dar, Stil Napoléon III., in einer Harmonie von Blau. Als meine Überraschung sich gelegt hatte, fand ich und finde ich immer noch, daß er recht hatte. Dies, obwohl Cézanne ausschließlich von Delacroix und von Poussin sprach.«

59 Henri Matisse, *Ecrits et propos sur l'art*, Paris, 1972, S. 134, Anm.103

60 Vgl. zu einer Zusammenstellung der Bild-im-Bild-Zitate bei Cézanne: Reff 1979

61 *Selbstbildnis mit Staffelei*, um 1890, Öl auf Leinwand, 92 x 73 cm, Stiftung E. G. Bührle, Zürich, Venturi 516

62 Vgl. Rewald 1986, S. 203ff., S. 207; eine genaue Liste der Exponate existiert nicht.

63 Vgl. dazu vor allem George H. Hamilton, Cézanne and His Critics, in: Rubin 1977, S. 139ff.

64 Lecomte 1892, S. 15f.; zur Rezeption durch Bernard und Denis vgl. auch Shiff 1984, S. 162ff.

65 Vgl. hier Anmerkung 29 und 30

66 »Jamais je n'ai voulu et je n'accepterai jamais le manque de modelé ou de graduation; c'est un nonsens. Gauguin n'était pas peintre, il n'a fait que des images chinoises.« Nach Bernard (1907), in: Doran 1978, S. 62 und 63; deutsch: Doran 1982, S. 84 und 85. Zur Ablehnung der »Japaner« vgl. Gasquet (1921), in: Doran 1982, S. 165

67 »...le néo-impressionisme qui circonscrit les contours d'un trait noir, défaut qu'il faut combattre à toute force.« Cézanne, Brief an Bernard vom 23.10.1905, in: Rewald 1978, S. 315; deutsch: Rewald 1979, S. 295 und 296

68 »Naturellement, la joie d'une ornementation exquise ne sera éprouvée que si cette recherche d'ornementation n'est pas trop évidente et n'a pas été obtenue au détriment du caractère des choses...« Lecomte 1892, S. 12

69 Paul Gauguin, Armand Séguin, in: *Mercure de France*, N.S., Nr. 13, 1895, S. 222; vgl. allgemein R. Shiff, The End of Impressionism: A Study in Theories of Artistic Expression, in: *Art Quarterly*, 1, 1978, S. 338–379; Shiff 1984, S. 44 und 45

70 »L'examen attentif que nous avons fait de cette renaissance idéaliste nous fait craindre toutefois que ces artistes, guidés par leur très haut souci de synthèse et de décoration, n'en viennent à annuler, pour le satisfaire, la réalité des apparences et le caractère... Or, en peinture, le décoratif n'est acceptable que comme le prolongement, le dévelopement logique du vrai.« Lecomte 1892, S. 14

71 »L'artiste doit dédaigner l'opinion qui ne repose pas sur l'observation intelligente du *caractère*. Il doit redouter l'esprit littéraire, qui fait si souvent le peintre s'écarter de la vraie voie: l'étude concrète de la nature, pour se perdre trop longtemps dans des spéculations intangibles.« Cézanne, Brief an Bernard vom 12.5.1904, in: Rewald 1978, S. 301f.; deutsch: Rewald 1979, S. 282

72 Cézanne, Brief an Gasquet vom 26.9.1997, in: Rewald 1978, S. 262; deutsch: Rewald 1979, S. 243

73 »...or la nature pour nous-hommes est plus en profondeur qu'en surface...« Cézanne, Brief an Bernard vom 15.4.1904, in: Rewald 1978, S. 300; deutsch: Rewald 1979, S. 281. Vgl. auch Larguier (1901/2), in: Doran 1978, S. 16; deutsch: Doran 1982, S. 33

74 »Les corps vus dans l'espace sont tous convexes.« Nach Larguier (1901/02), in: Doran 1978, S. 16; deutsch: Doran 1982, S. 33

75 Vgl. Henri Matisse, Bemerkungen über das Malen, in: *Matisse. Über Kunst* (Hg. J.D. Flam), Zürich, 1982, S. 183. Pissarro war sich bei diesem Vergleich der Unterschiede zwischen dem ›dessin‹ von Jean-Dominique Ingres, bei dem die Linien Präfigurationen sind, und dem Cézannes, bei dem die Linien weitgehend Resultate der Farbgestaltung sind und ähnlich wie beim Blick auf die Natur wahrgenommen werden, mit Sicherheit bewußt. Er bezog sich vor allem auf die arabeske Form und dekorative Wirkung der linearen Gestaltung, die man allgemein auch an Ingres schätzte. Vgl. zu Cézannes

›Dessin‹ die Lehrsätze XXV–XXX nach Larguier (1901/02), in: Doran 1978, S. 16, in denen er genau zwischen ›dessin pur‹ und ›ligne‹, die er als Abstrakta ablehnt, und dem ›dessin‹ als lineare Figuration, das er für seine Malerei neu definiert, indem er es unmittelbar mit der Farbe verbindet, unterscheidet. (Deutsch: Doran 1982, S. 32 und 33)

76 Vgl. *Stilleben mit Äpfeln und Orangen*, um 1899, Öl auf Leinwand, 74 x 93 cm, Musée d'Orsay, Paris, Venturi 732; *Stilleben mit Früchten und blumengemustertem Vorhang*, um 1900–04, Öl auf Leinwand, 73 x 92 cm, Privatbesitz, Venturi 741; *Stilleben mit Blumenkanne, Äpfeln und Compotier*, um 1895/6, Öl auf Leinwand, 73 x 92 cm, The Barnes Foundation, Merion, P.A., Venturi 592

77 *Stilleben mit Ingwertopf, Zuckerdose und Orangen*, 1902–06, Öl auf Leinwand, 60,6 x 73,3 cm, The Museum of Modern Art, New York, Venturi 738; *Stilleben mit Äpfeln und Pfirsichen*, um 1905, Öl auf Leinwand, 81,3 x 100,7 cm, National Gallery of Art, Washington, nicht in Venturi; *Stilleben mit Teekanne*, um 1902–06, Öl auf Leinwand, 58,4 x 72,4 cm, National Museum of Wales, Cardiff, Venturi 734

78 Schapiro 1956, S. 29

79 Schapiro 1968, S. 41

80 Sterling 1985, S. 97

81 »C'est aussi de cette intensité d'effet...que les œuvres d'art prennent une tendance plus ou moins accentué vers la décoration.« Bracquemond 1885, S. 196

82 »La couleur exerce sur le moral de l'homme une action qui varie en raison des circonstances extérieures et des circonstances individuelles, mais une action réelle, avec laquelle il faut comter.« Ernest Chesneau, Einleitung zu: E. Guichard, *Dessins de décoration des principaux maîtres*, Paris, 1881, S. 14

83 Georges Guéroult, Du rôle des mouvements des yeux dans les émotions ésthetiques, in: *Gazette des Beaux-Arts*, 48, 1881, S. 536–542; 49, 1881, S. 82–90

84 »J'en conclus qu'il y a des lignes nobles menteuses etc...« Paul Gauguin: Brief an Schuffenecker vom 14.1.1885, in: Victor Marlhès (Hg.), *Correspondance de Paul Gauguin*, Paris, 1984, Bd. 1, S. 88

85 Denis (1907), in: Doran 1978, S. 173; deutsch: Doran 1982, S. 211

86 Zu Monet vgl. vor allem Robert L. Herbert, The decorative and the natural in Monet's Cathedrals, in: *Aspects of Monet. A Symposion on the artist's life and times* (Hg. J. Rewald, F. Weitzenhoffer), New York, 1984, S. 162–179; zu Seurat vor allem Michael F. Zimmermann, *Seurat. Sein Werk und die kunsttheoretische Debatte seiner Zeit*, Weinheim, 1991

87 »La peinture est l'art de combiner des effets, c'est-à-dire d'établir des rapports entre des couleurs, des contours et des plans.« Nach Larguier (1901/02), in: Doran 1978, S. 17; deutsch: Doran 1982, S. 33

88 »L'effet constitue le tableau, il l'unifie et le concentre; c'est sur l'existence d'une tache dominante qu'il faut l'établir.« Nach Bernard (1904), in: Doran 1978, S. 37; deutsch: Doran 1982, S. 55

89 Vgl. Gasquet (1921), in: Doran 1982, S. 146, S. 168

90 Vgl. Gasquet (1921), in: Doran 1982, S. 160

91 »Il y a des tons gais et folâtres, folâtres et tristes, riches et gais, riches et tristes, des communs et d'originaux.« Ch. Baudelaire (Salon de 1846), in: Baudelaire 1976, II, S. 425

92 »Il y a evidemment un ton particulier attribué à une partie quelconque du tableau qui devient clef et qui gouverne les autres.« Ch. Baudelaire (Salon de 1859), in: Baudelaire 1976, II, S. 625

93 »Tout le monde sait que le jaune, l'orangé, le rouge, inspirent et représentent les idées de joie, de richesse, de gloire et d'amour...« Ch. Baudelaire (Salon de 1859), in: Baudelaire 1976, II, S. 625; vgl. zur Kunstkritik und -theorie Baudelaires: W. Drost, Kriterien der Kunstkritik Baudelaires. Versuch einer Analyse, in: Koopmann/Schmoll 1971, S. 256–285

94 P. Gauguin, Brief an Emile Schuffenecker vom 14.1.1885, in: Victor Marlhès (Hg.), *Correspondance de Paul Gauguin*, Paris, 1984, Bd. 1, S. 88; vgl. dazu auch: H.R. Rookmaker, *Synthetist Art Theories*, Amsterdam, 1959, S. 95–99

95 Cézanne, Brief an Zola vom 20.11.1878, in: Rewald 1978, S. 177; deutsch: Rewald 1979, S. 164

96 Nach Geffroy (1894), in: Doran 1978, S. 4; deutsch: Doran 1982, S. 21

97 »Il parle beaucoup des contrastes qui il y a dans les Noces de Cana; il en a fait un schéma: il le retrouve dans le Bouquet de Delacroix (de Chocquet).« Denis (1906), in: Doran 1978, S. 94; deutsch: Doran 1982, S. 120

98 *Blumen*, um 1900/02, Öl auf Leinwand, 77 x 64 cm, Puschkin Museum, Moskau, Venturi 754; Eugène Delacroix, *Blumen*, 1847, Aquarell und Gouache auf Papier, 65 x 65,5 cm, Musée du Louvre, Paris, Cabinet des Dessins (RF31719). Farbabbildungen beider Arbeiten befinden sich in: *De Renoir à Matisse. 22 chefs-d'œuvre des musées soviétiques et français*, Kat. Ausst. Galeries nationales du Grand Palais, Paris, 6.6.–18.9.1978 (Hg. R. Huyghe), Paris, 1978, S. 22–25

99 Bracquemond 1885, S. 194

100 Zur Interpretation einer rein konstruktiven Funktion der Farbe vgl. Imdahl 1988, S. 114; Françoise Cachin, Cézanne et Delacroix, in: *Art de France*, 1964, S. 341–343

101 »Delacroix fut un imaginatif et un sensitif de colorations.« Nach Bernard (1904), in: Doran 1978, S. 33; deutsch: Doran 1982, S. 50

102 Gasquet (1921), in: Doran 1982, S. 169; S. 174f.

103 »Car si la sensation forte de la nature et certes, je l'ai vive – est la base nécessaire de toute conception d'art, et sur laquelle repose la grandeur et la beauté de l'œuvre future, la connaissance des moyens d'exprimer notre émotion n'est pas moins essentielle, et ne s'aquiert que par une très longue expérience.« Cézanne, Brief an L. Aurenche vom 25.1.1904, in: Rewald 1978, S. 298; deutsch: Rewald 1979, S. 279

104 *Drei Totenschädel auf einem Teppich*, um 1904, Öl auf Leinwand, 54 x 64 cm, Kunstmuseum Solothurn, Dübi-Müller-Stiftung, Venturi 759

105 Die drei Totenschädel, die einzeln oder als Gruppe in mehreren Stilleben jener Jahre figurieren, und der schwere Teppich mit dem roten und grünen Blumendekor über braunem, rautenförmigen Grundmuster, der in zahlreichen Portraits und Stilleben der Jahre um 1900 auftaucht, befanden sich in Cézannes Atelier in Aix. Vgl. J. Rewald, The last motives at Aix, in: Rubin 1977, S. 102

106 *Drei Schädel* 1902–04, Bleistift, Aquarell, Gouache auf Papier, 47,7 x 63 cm, The Art Institute of Chicago, Rewald 1983, Nr. 611; vgl. D.C.Rich, A Masterpiece in Water Color by Cézanne, in: *The Art Institute of Chicago Quarterly*, 15.9.1954, S. 46 und 47
107 Vgl. Bernard (1907), in: Doran 1982, S. 78 und 79
108 »Des toiles ne sont pas terminées, dira-t-on. Qu'importe, si elles expriment la beauté, l'harmonie qu'il a ressenties si profondément. Qui dira à quel moment précis une toile est terminée?« Gustave Geffroy, Salon de 1901, in: *La vie artistique*, Bd. 8, Paris, 1903, S. 376
109 Mehrere andere Bilder der Jahre um 1905 zeigen einen ähnlich unregelmäßig dicken Farbauftrag wie *Drei Totenschädel auf einem Teppich*: – *Der Gärtner Vallier*, 1905–06, Öl auf Leinwand, 100,3 x 81,3 cm, Privatbesitz Schweiz, Venturi 717; – *Blumenvase*, um 1903, Öl auf Leinwand, 101,2 x 82,2 cm, National Gallery of Art, Washington, Venturi 757. Zu den *Variationen* der *Montagne Sainte-Victoire* vgl. Venturi Nr. 661, 665, 666, 800, 801. Kaum eine dieser späten Darstellungen der *Montagne Sainte-Victoire* weist eine vollständig mit Farbe bedeckte Leinwand auf.
110 *Stilleben mit Totenkopf und Kerze*, um 1866, Öl auf Leinwand, 47,5 x 62,5 cm, Privatbesitz, Venturi 61; vgl. Mary Tompkins Lewis, *Cézanne's Early Imagery*, Berkeley, Los Angeles, 1989, S. 36ff.
111 Zu Bailly vgl. Charles Blanc, *Histoire des peintres de toutes les écoles, Ecole Hollandaise, II, Appendice*, Paris, o.J. (1860f.), o.S.; Domenico Feti, *La Mélancolie*, 1621–23, Öl auf Leinwand, 171 x 128 cm, Musée du Louvre, Paris, in: *Catalogue sommaire illustré des peintres du musée du Louvre, Bd. II*, Paris, 1981; vgl. Paul Cézanne, *La Douleur ou la Madeleine*, um 1867, 165 x 124 cm, Musée d'Orsay, Paris, Venturi 86. Meyer Schapiro betont jedoch zu Recht, daß sich Cézanne bei seiner Motivwahl weniger von metaphysischen Überlegungen, denn von eigenen, morbiden Vorstellungen leiten ließ (Schapiro 1968, S. 39).
112 Reff 1983, S. 84–100
113 Vgl. Hugh Honour, *Romanticism*, New York, 1979, S. 250, Abb. 169: A.C. de Mélicourt-Lefebvre, *Alfred de Musset dans sa mansarde*, 1840
114 Vgl. hier Kapitel 1; zur Darstellung von Totenschädeln im 19. Jahrhundert Faré 1962, Band 1, Nr. 221–223
115 Vgl. Shiff 1984, S. 213 und 214
116 Vgl. Cézanne, Brief an seinen Sohn vom 13.10.1906, in: Rewald 1979, S. 311 und 312
117 Vgl. allgemein Robert Goldwater, Symbolic Form – Symbolic Content, in: *Acts of the Twentieth International Congress of the History of Art*, Princeton, New York, 1960, S. 119
118 *Schädelpyramide*, um 1901, Öl auf Leinwand, 37 x 45,5 cm, Privatbesitz, Venturi 753
119 Cézanne hat diesem Phänomen an anderer Stelle sprachlich Ausdruck verliehen, wenn er um 1900, angesichts eines seiner frühen Totenkopfbilder, ein Gedicht Verlaines rezitierte, das mit den Worten schließt: »Le seul rire encore logique est celui des têtes de morts.« Er bezieht sich auf *Stilleben mit Totenkopf und Wasserkanne*, um 1865, Öl auf Leinwand, 59,5 x 48 cm, Privatbesitz, Venturi 68; zum Zitat Verlaines vgl. J. Gasquet, *Cézanne*, Paris, 1921, Zweite Auflage 1926, S. 29 und 30
120 Madeleine Vuillemin, *Versuche über Cézannes späte Aquarelle*, Zürich, 1989, S. 66
121 Vgl. Boehm 1988, S. 27ff.
122 »Le littérateur s'exprime avec des abstractions, tandis que le peintre concrète au moyen du dessin et de la couleur ses sensations, ses perceptions.« Cézanne, Brief an Bernard vom 26.5.1904, in: Rewald 1978, S. 302; deutsch: Rewald 1979, S. 283. Man kann im Kontext des Briefs davon ausgehen, daß Cézanne mit »littérateur« nicht den schreibenden, sondern den malenden Literaten meinte; eine Haltung, vor der er Bernard mehrmals warnte.
123 Cézanne, Brief an E. Bernard vom 21. 9. 1906, in: Rewald 1978, S. 326
124 »La sensibilité caractérise l'individu; à son degré le plus parfait, elle distingue l'artiste... Une grande sensibilité est la disposition la plus heureuse à toute belle conception d'art.« Nach Larguier (1901/02), in: Doran 1978, S. 14; deutsch: Doran 1982, S. 31
125 »...arriver à faire sentir au public ce que nous ressentons nous-même et à nous faire agréer.« Brief an Bernard vom 21.9.1906, in: Rewald 1978, S. 326; deutsch: Rewald 1979, S. 307
126 »L'art ne s'adresse qu'à un nombre excessivement restreint d'individues.« Brief an Bernard vom 12.5.1904, in: Rewald 1978, S. 301 und 302; deutsch: Rewald 1979, S. 282
127 Brief an Roger Marx vom 23.1.1905, in: Rewald 1979, S. 292 und 293. Zur symbolistischen Konzeption vgl. ausführlich und mit zahlreichen Belegen Richard Shiff, The End of Impressionism: A Study in Theories of Artistic Expression, in: *Art Quarterly* 1, 1978, S. 339–378
128 Vgl. Bernard (1907), in: Doran 1982, S. 87; Gasquet (1921), in: Doran 1982, S. 196
129 Badt 1956, S. 155
130 Badt 1956, S. 155

Schluß (S. 168–170)
1 Zum Motiv des Bildes-im-Bild bei Cézanne vgl. Reff 1979
2 Vgl. Reff 1979, S. 97, S. 104
3 Vgl. zu dieser Arbeit Kapitel 1
4 Vgl. zu dieser Arbeit Kapitel 2 und Kapitel 3
5 Vgl. zu dieser Arbeit Kapitel 5. Damit geht Cézannes Integration von Bild-im-Bild und ›realer‹ Bildebene noch über die Definition André Chastels hinaus, der von »le-tableau-dans-le tableau« aufgrund stilistischer Homogenität sprach. Vgl. Chastel 1964, S. 27
6 Nach Gasquet (1921), in: Doran 1978, S. 156; deutsch: Doran 1982, S. 192: »Sehen Sie, was ich noch nicht habe erreichen können, was ich – ich fühle es – niemals mit dem menschlichen Gesicht, im Portrait erreichen werde; hier habe ich es vielleicht berührt... in diesen Stilleben...«

ABGEKÜRZT ZITIERTE LITERATUR

Adhémar 1960
Jean Adhémar, Le cabinet de travail de Zola, in: *Gazette des Beaux-Arts* 56, 1960, S. 285–298

Adriani 1993
Götz Adriani, *Paul Cézanne. Gemälde*, Köln, 1993

Athanassoglou-Kallmyer 1990
Nina Athanassoglou-Kallmyer, An Artistic and Political Manifesto for Cézanne, in: *The Art Bulletin* 72, 1990, S. 482–492

Badt 1956
Kurt Badt, *Die Kunst Cézannes*, München, 1956

Barr 1937
Alfred H. Barr Jr., Cézanne d'après les lettres de Marion à Morstatt, 1865–68, in: *Gazette des Beaux-Arts* 17, 1937, S. 37–58

Baudelaire 1976
Charles Baudelaire, *Œuvres complètes*, 2 Bde. (Édition Pléiade) Paris, 1976

Baxandall 1990
Michael Baxandall, *Ursachen der Bilder. Über das historische Erklären von Kunst*, Berlin, 1990

Berger 1980
Klaus Berger, *Japonismus in der westlichen Malerei 1860–1920*, München, 1980

Bernard 1904
Emile Bernard, Paul Cézanne, in: L'Occident, 7, 1904, S. 17–30. Abgedruckt in: Doran 1978, S. 30–42

Bernard 1907
Emile Bernard, Souvenirs sur Paul Cézanne et lettres inédites, in: Mercure de France, 1. 10. 1907, S. 385–404 und 16. 10. 1907, S. 606–627. Abgedruckt in: Doran 1978, S. 49–80

Berthold 1958
Gertrude Berthold, *Paul Cézanne und die alten Meister*, Stuttgart, 1958

Beth 1979
Karin Beth, *Stilleben des neunzehnten Jahrhunderts. Studien zur französischen und deutschen Stillebenmalerei*, Tübingen, 1979

Bettendorf 1982
Virginia B. Bettendorf, Cézanne's Early Realism: The Still-life with eggs and bread re-examined, in: *Arts Magazine*, 1, 1982, S. 138–141

Blanc 1867
Charles Blanc, *Grammaire des arts du dessin, architecture, sculpture, peinture, jardins, gravure*, Paris, 1867

Boehm 1988
Gottfried Boehm, *Paul Cézanne. Montagne Sainte-Victoire*, Frankfurt a.M., 1988

Boime 1986
Albert Boime, *The Academy and French Painting in the 19th century*, London, Yale, 1979, Zweite Auflage 1986

Bracquemond 1885
Félix Bracquemond, *Du dessin et de la couleur*, Paris, 1885

Brettell 1990
Richard R. Brettell, *Pissarro and Pontoise. The Painter in a Landscape*, New Haven, 1990

Bryson 1990
Norman Bryson, *Looking at the Overlooked. Four Essays on Still Life Painting*, London, 1990

Buchinger-Früh 1987
Marie-Luise Buchinger-Früh, *Karikatur als Kunstkritik. Kunst und Künstler in der Salonkarikatur des »Charivari« zwischen 1850 und 1879*, Tübingen, 1987

Castagnary 1892
J.A. Castagnary, *Salons 1857–1890*, 2 Bde., Paris, 1892

Chapeaurouge 1960
Donat de Chapeaurouge, Das Milieu als Portrait, in: *Wallraf-Richartz-Jahrbuch* 22, 1960, S. 137–158

Chappuis
Adrien Chappuis, *The Drawings of Paul Cézanne. A Catalogue Raisonné*, 2 Bde., London, 1973

Chastel 1964
André Chastel, Le tableau dans le tableau, in: *Stil und Überlieferung in der Kunst des Abendlandes, Akten des 21. Internationalen Kongresses für Kunstgeschichte in Bonn 1964*, Berlin, 1967, S. 15–29

Denis 1906
Maurice Denis, Journal: Tome II (1905–1920), Paris, 1957, S. 28–30. Auszugsweise abgedruckt in: Doran 1978, S. 92–95

Denis 1907
Maurice Denis, Cézanne, in: L'Occident, 9, 1907. Abgedruckt in: Maurice Denis, Theóries: 1890–1910. Du symbolisme et de Gauguin vers un nouvel ordre classique, Paris, 1920, S. 245–261. Auszugsweise abgedruckt in: Doran 1978, S. 166–180

Doran 1978
Michael Doran, *Conversations avec Cézanne*, Paris, 1978

Doran 1982
Michael Doran, *Gespräche mit Cézanne*, Zürich, 1982

Dorival 1949
Bernard Dorival, *Cézanne*, Hamburg, 1949

Faré 1962
Michel Faré, *La nature morte en France. Son histoire et son évolution du XVIIe siècle au XXe siècle*, 2 Bde., Genf, 1962

Fernier 1978
Robert Fernier, *La vie et l'œuvre de Gustave Courbet. Catalogue raisonné*, Lausanne, Paris, Genf, 1978

Fry 1927
Roger Fry, *Cézanne. A Study of his Developement*, New York, 1927

Gasquet 1921
Joachim Gasquet, Cézanne, Paris, 1921, Zweite Auflage 1926. Auszugsweise abgedruckt in: Doran 1978, S. 106–161

Geist 1988
Sidney Geist, *Interpreting Cézanne*, London, 1988

Gowing 1956
Lawrence Gowing, Notes on the Developement of Cézanne, in: *The Burlington Magazine* 98, 1956, S. 185–192

Gowing 1988
Lawrence Gowing (Hg.), *Cézanne. The Early Years 1859–1872*, Kat. Ausst. Royal Academie of Arts, London, 22.4.–21. 8. 1988, Musée d'Orsay, Paris, 15.9.–31. 12. 1988, National Gallery of Art, Washington, 29.1.–30. 4. 1989, London, 1988

Guerry 1950
Liliane Brion-Guerry, *Cézanne et l'expression de l'espace*, Paris, 1950, Zweite Auflage 1978

Herbert 1989
Robert L. Herbert, *Impressionismus. Paris – Gesellschaft und Kunst*, Stuttgart, 1989

Herding 1978
Klaus Herding (Hg.), *Realismus als Widerspruch. Die Wirklichkeit in Courbets Malerei*, Frankfurt a.M., 1978

House 1986
John House, *Monet. Nature into Art*, New Haven, 1986

Imdahl 1981
Max Imdahl, Cézanne – Braque – Picasso: Zum Verhältnis zwischen Bildautonomie und Gegenstandssehen, in: *Bildautonomie und Wirklichkeit*, Mittenwald, 1981, S. 9–50

Imdahl 1988
Max Imdahl, *Farbe. Kunsttheoretische Reflexionen in Frankreich*, München, 1988

Johnson 1986
Lee Johnson, *The Paintings of Eugène Delacroix. A Critical Catalogue*, Oxford, 1986

Kat. Ausst. Hamburg 1978
Courbet und Deutschland, Kat. Ausst. Hamburger Kunsthalle, 19.10.–17. 12. 1978, Städtische Galerie im Städelschen Kunstinstitut, Frankfurt a.M., 17.1.–18. 3. 1979 (Hg. Werner Hofmann, Klaus Herding), Köln, 1978

Kat. Ausst. London 1985
Renoir, Kat. Ausst. Hayward Gallery, London, 30.1.–21.4. 1985, Galeries nationales du Grand Palais, Paris, 14.5.–2.9. 1985, Museum of Fine Arts, Boston, 9. 10. 1985–5. 1. 1986, London, 1985

Kat. Ausst. London 1990
Art in the making. Impressionism, Kat. Ausst. National Gallery, London, 28. 11. 1990–21. 4. 1991 (Hg. D. Bomford, J. Kirby u.a.), London, 1990

Kat. Ausst. Madrid 1984
Paul Cézanne, Kat. Ausst. Museo español de arte contemporáneo, Madrid, März/April 1984 (Hg. Paloma Esteban Leal), Madrid, 1984

Kat. Ausst. Paris 1982
Fantin-Latour, Kat. Ausst. Galeries nationales du Grand Palais, Paris, 9. 11. 1982–7. 1. 1983, Galerie nationale du Ottawa, 17.3.–22. 5. 1983, California Palace of the Legion of Honour, San Francisco, 18.6.–6. 9. 1983 (Hg. Douglas Druick, Michel Hoog), Paris, 1982

Kat. Ausst. Paris 1983
Manet 1832–1883, Kat. Ausst. Galeries nationales du Grand Palais, Paris, 22.4.–1. 8. 1983, The Metropolitan Museum of Art, New York, 10.9.–27. 11. 1983 (Hg. Françoise Cachin, Charles Moffett), Paris, 1983

Kat. Ausst. Tokio 1986
Paul Cezanne ›1839–1906‹, Isetan Museum of Art, Tokio, 18.9.–7. 10. 1986, Hyogo Prefectural Museum of Modern Art, Kobe, 10.10.–9. 11. 1986, Tokio, 1986

Kat. Ausst. Washington 1986
The New Painting. Impressionism 1874–1886, Kat. Ausst. National Gallery of Art, Washington, 17.1.–6. 4. 1986 (Hg. Charles Moffet), Oxford, 1986

Kat. Mus. Chicago 1985
A Cézanne Sketchbook. Figures, Portraits, Landscapes and Still Lifes by Paul Cézanne. Sketches owned by the Art Institute of Chicago, New York, 1985

Koopmann/Schmoll 1971
Helmut Koopmann, J. Adolf Schmoll, gen. Eisenwerth (Hg.), *Beiträge zur Theorie der Künste im 19. Jahrhundert*, 2 Bde., Frankfurt a.M., 1971

Krumrine 1989
Marie-Louise Krumrine, *Paul Cézanne: Die Badenden*, Kat. Ausst. Kunstmuseum Basel, 10.9.–10. 12. 1989, Basel, 1989

Larguier 1901/02
Léo Larguier, Le dimanche avec Paul Cézanne:

souvenirs, Paris, 1925. Auszugsweise abgedruckt in: Doran 1978, S. 9–17

Lecomte 1892
Georges Lecomte, L'art contemporain, in: *La Revue indépendante*, Nouvelle série 23, 66, 1892, Reprint Genf, 1970, S. 1–29

Lecomte, Impressionisme 1892
Georges Lecomte, *L'art impressioniste. D'après la collection privée de M. Durand-Ruel*, Paris, 1892

Léger 1920
Charles Léger, *Courbet selon les caricatures et les images*, Paris, 1920

Lethève 1968
Jacques Lethève, *La vie quotidienne des artistes françaises au 19ième siècle*, Paris, 1968

McCoubrey 1964
John W. McCoubrey, The Revival of Chardin in French Still-life Painting 1850–1870, in: *The Art Bulletin* 46, 1964, S. 39–53

Novotny 1970
Fritz Novotny, *Paul Cézanne und das Ende der wissenschaftlichen Perspektive*, Wien 1938, Zweite Auflage 1970

Orienti 1970
Sandra Orienti (Hg.), *L'opera completa di Cézanne*, Mailand, 1970

Piron 1865
Achille Piron, *Delacroix. Sa vie et ses œuvres*, Paris, 1865

Pissarro/Venturi 1939
Lucien R. Pissarro, Lionello Venturi, *Camille Pissarro, son art, son œuvre*, Paris, 1939

Ratcliffe 1960
Robert Ratcliffe, *Cézanne's working methods and their theoretical backgrounds*, Masch. Diss., The Courtauld Institute of Art, London, 1960

Reff 1960
Theodore Reff, Besprechung von: Gertrude Berthold, Cézanne und die alten Meister, in: *The Art Bulletin* 42, 1960, S. 145–149

Reff Reproductions 1960
Theodore Reff, Reproductions and Books in Cézanne's Studio, in: *Gazette des Beaux-Arts* 56, 1960, S. 173–190

Reff 1962
Theodore Reff, Cézanne's Constructive Stroke, in: *Art Quarterly* 25, 1962, S. 214–227

Reff 1967
Theodore Reff, Pissarro's Portrait of Cézanne, in: *The Burlington Magazine* 109, 1967, S. 627–633

Reff 1975
Theodore Reff, Manet's Portrait of Zola, in: *The Burlington Magazine* 117, 1975, S. 35–44

Reff 1977
Theodore Reff, Cézanne on solids and spaces, in: *Artforum* 16, 1977, S. 34–37

Reff 1979
Theodore Reff, The Pictures within Cézanne's Pictures, in: *Arts Magazine* 53, 1979, S. 90–104

Reff 1983
Theodore Reff, Cézanne: The Severed Head and the Skull, in: *Arts Magazine* 58, 1983, S. 84–100

Reff 1989
Theodore Reff, Cézanne et la perspective: quelques remarques à la lumière de documents nouveaux, in: *Revue de l'art* 86, 1989, S. 8–15

Regnier 1865
Jean D. Regnier, *De la lumière et de la couleur chez les grands maîtres anciens*, Paris, 1865

Rewald 1975
John Rewald, Some Entries for a new Catalogue Raisonné of Cézanne's Paintings, in: *Gazette des Beaux-Arts* 86, 1975, S. 157–168

Rewald 1978
John Rewald (Hg.), *Paul Cézanne. Correspondance*, Paris, 1978

Rewald 1979
John Rewald (Hg.), *Paul Cézanne. Briefe*, Zürich, 1979

Rewald 1983
John Rewald, *Paul Cézanne. The Watercolors. A Catalogue Raisonné*, London, New York, 1983

Rewald 1985
John Rewald, *Studies in Impressionism*, London, 1985

Rewald 1986
John Rewald, *Cézanne. Biographie*, Köln, 1986

Rewald 1990
John Rewald, *Die Geschichte des Impressionismus, Schicksal und Werk der Maler einer großen Epoche der Kunst*, Köln 1979, 5. Auflage 1990

Rivière/Schnerb 1905
R. P. Rivière, Jacques-Félix Simon Schnerb, L'atelier de Cézanne, in: La Grande Revue, 25. 12. 1905, S. 811–817. Abgedruckt in: Doran 1978, S. 85–91

Rosenberg 1979
Pierre Rosenberg (Hg.), *Chardin 1699-1779*, Kat. Ausst. Galeries nationales du Grand Palais, Paris, 29.1.–30. 4. 1979, The Cleveland Museum of Art, 6.6.–30. 4. 1979, Museum of Fine Art Boston, 18.9.–19. 11. 1979, Paris, 1979

Rosenblum 1989
Robert Rosenblum, *Paintings in the Musée d'Orsay*, New York, 1989

Rouart/Wildenstein 1975
Denis Rouart, Daniel Wildenstein, *Edouard Manet. Catalogue raisonné*, Genf, 1975

Rubin 1977
William Rubin (Hg.), *Cézanne: The Late Work* (mit Beiträgen von Th. Reff, L. Gowing, L. Brion-Guerry, J. Rewald, F. Novotny, G. Monnier, D. Druick, G.H. Hamilton, W. Rubin), The Museum of Modern Art, New York, 1977

Schapiro 1956
Meyer Schapiro, *Paul Cézanne*, Köln, 1956

Schapiro 1968
Meyer Schapiro, Cézannes Äpfel – Ein Essay über die Bedeutung des Stillebens (1968), in: M. Schapiro, *Moderne Kunst, 19. und 20. Jahrhundert*, Köln, 1982, S. 7–48

Seiberling 1981
Grace Seiberling, *Monet's Series*, New York, London, 1981

Sennett 1983
Richard Sennett, *Verfall und Ende des öffentlichen Lebens. Die Tyrannei der Intimität*, Frankfurt a.M., 1983

Shiff 1984
Richard Shiff, *Cézanne and the End of Impressionism. A Study of the Theory, Technique and Critical Evaluation of Modern Art*, Chicago, London, 1984

Sloane 1951
Joseph Sloane, *French Painting Between the Past and the Present: Artists, Critics and Traditions from 1848–1870*, Princeton, 1951

Sterling 1985
Charles Sterling, *La nature morte de l'antiquité au XXe siècle*, Paris, 1985

Sully-Prudhomme 1883
Armand Sully-Prudhomme, *L'expression dans les Beaux-Arts*, Paris, 1883

Sykora 1983
Katharina Sykora, *Das Phänomen des Seriellen in der Kunst. Aspekte einer künstlerischen Methode von Monet bis zur Pop-Art*, Würzburg, 1983

Teuber 1982
Marianne Teuber, Formvorstellung und Kubismus oder Pablo Picasso und William James, in: *Kubismus. Künstler, Themen, Werke 1907–1920*, Kat. Ausst. Josef-Haubrich-Kunsthalle, Köln, 26.5.–25. 7. 1982, Köln, 1982, S. 9–57

Venturi
Lionello Venturi, *Cézanne. Son art – son œuvre, catalogue raisonné*, 2 Bde., Paris, 1936, unveränderte Neuauflage San Francisco, 1989

Vollard 1938
Ambroise Vollard, *En écoutant Cézanne, Degas, Renoir*, Paris, 1938

Weisberg 1979
Gabriel P. Weisberg, *Chardin and the Still-life Tradition in France*, The Cleveland Museum of Art, Cleveland, 1979

Weisberg 1980
Gabriel P. Weisberg (Hg.), *The Realist Tradition: French Painting and Drawing 1830–1900*, Kat. Ausst. The Cleveland Museum of Art, 12. 11. 1980–18. 1. 1981 u.a., Cleveland, 1980

White 1965
Cynthia und Harrison C. White, *Canvases and Careers. Institutional change in the French painting world*, New York, 1965

Wildenstein 1974
Daniel Wildenstein, *Claude Monet. Biographie et catalogue raisonné*, Paris, 1974

Zola 1970
Emile Zola, *Mon Salon, Manet. Écrits sur l'art*, Paris, 1970

VERZEICHNIS DER ABBILDUNGEN

1 *Stilleben mit Brot und Eiern*, 1865, signiert und datiert 1865 unten links, Öl auf Leinwand, 59 x 76 cm, Cincinnati Art Museum, Gift of Mary E. Johnston, Cincinnati, Ohio, Venturi 59

2 *Stilleben mit Lammhaxe*, um 1866, Öl auf Leinwand, 27 x 35,5 cm, Kunsthaus Zürich, Venturi 65

3 *Stilleben mit Totenkopf und Kerze*, um 1866, Öl auf Leinwand, 47,5 x 62,5 cm, Privatbesitz, Venturi 61 (Foto: Kunsthaus Zürich)

4 Thomas Couture, *Der Realist*, 1865, Öl auf Holz, 55 x 45 cm, Van Gogh Museum, Amsterdam (Foto: Collection Vincent van Gogh Foundation/ Van Gogh Museum Amsterdam)

5 *Ofen im Atelier*, 1865–68, signiert unten rechts, Öl auf Leinwand, 42 x 30 cm, The National Gallery, London, Venturi 64 (Foto: Reproduced by courtesy of the Trustees, The National Gallery, London)

6 *Stilleben mit blauer Tasse und Birnen*, um 1866, Öl auf Leinwand, 30 x 41 cm, Musée d'Orsay, Paris, als Depositum im Musée Granet, Aix-en-Provence, Venturi 62 (Foto: © R.M.N.)

7 *Portrait Louis-Auguste Cézanne*, 1866, Öl auf Leinwand, 198,5 x 119,3 cm, National Gallery of Art, Washington, Collection of Mr. and Mrs. Paul Mellon, Venturi 91 (Foto: © 1995 Board of the Trustees, National Gallery of Art, Washington)

8 *Stilleben mit grünem Topf und Zinnkanne*, um 1870, Öl auf Leinwand, 63 x 80 cm, Musée d'Orsay, Paris, Venturi 70 (Foto: © R.M.N.)

9 *Stilleben mit grünem Topf und schwarzer Flasche*, um 1871, Öl auf Leinwand, 64 x 81,5 cm, Staatliche Museen zu Berlin – Preußischer Kulturbesitz, Nationalgalerie, Venturi 71 (Foto: © bpa, Berlin 1995)

10 Philippe Rousseau, *Chardin und seine Modelle*, 1867, Öl auf Leinwand, 177,5 x 226 cm, Musée d'Orsay, Paris (Foto: © R.M.N.)

11 François Bonvin, *Stilleben mit Rindfleisch*, 1859, Öl auf Leinwand, 99 x 80,5 cm, The Wadsworth Atheneum, Hartford, Conn., Ella Gallup Sumner and Mary Catlin Sumner Collection Fund (Foto: Courtesy Wadsworth Atheneum, Hartford, E. Irving Blomstrann, New Britain, Conn.)

12 Jean-Baptiste-Siméon Chardin, *Der Silberbecher*, um 1767, Öl auf Leinwand, 33 x 41 cm, Musée du Louvre, Paris (Foto: © R.M.N.)

13 *Stilleben mit Muschel und schwarzer Uhr*, um 1870, Öl auf Leinwand, 55,2 x 74,3 cm, Privatbesitz, Venturi 69 (Foto: Scott Bowron, New York)

14 Edouard Manet, *Portrait Emile Zola*, 1868, Öl auf Leinwand, 146 x 114 cm, Musée d'Orsay, Paris (Foto: © R.M.N.)

15 *Eine moderne Olympia*, um 1869/70, Öl auf Leinwand, 56 x 55 cm, Privatbesitz, Venturi 106

16 Camille Pissarro, *Portrait Paul Cézanne*, 1874, Öl auf Leinwand, 74 x 61 cm, Privatbesitz (Foto: Sotheby's London)

17 *Stilleben mit Suppenterrine*, um 1877, Öl auf Leinwand, 65 x 81,5 cm, Musée d'Orsay, Paris, Venturi 494 (Foto: © R.M.N.)

18 *Stilleben mit Gipsmedaillon*, um 1872/73, Öl auf Pappe, auf Holz montiert, 60 x 81 cm, Musée d'Orsay, Paris, Venturi 67 (Foto © R.M.N.)

19 *Blumen in Delfter Vase*, genannt *Petit Delft*, um 1873/74, signiert unten links, Öl auf Leinwand, 41 x 27 cm, Musée d'Orsay, Paris, Venturi 183 (Foto: © R.M.N.)

20 *Sieben Äpfel und Farbtube*, um 1877, Öl auf Leinwand, 17,1 x 24,1 cm, Musée Cantonal des Beaux-Arts, Lausanne, Venturi 195

21 *Zwölf Äpfel*, um 1877, Öl auf Leinwand, 22 x 44 cm, Privatbesitz, Venturi 203 (Foto: Wildenstein Ltd.)

22 *Vier Äpfel vor Rautentapete*, um 1877, Öl auf Leinwand, 17 x 33,5 cm, Privatbesitz, Venturi 364 (Foto: Christie's Images, London)

23 *Acht Äpfel vor Blättertapete*, um 1877, Öl auf Leinwand, 18 x 23 cm, Stiftung Langmatt, Sidney und Jenny Brown, Baden, Venturi 355 (Foto: R. Fischli, CH-5400 Baden)

24 *Fünf Äpfel*, um 1877, Öl auf Leinwand, 12,7 x 26,6 cm, Sammlung Thaw, New York, Venturi 191 (Foto: E.V. Thaw & Co., Inc., New York)

25 *Sechs Äpfel/vier Äpfel*, um 1877, Öl auf Leinwand, 22,9 x 33 cm, The Metropolitan Museum of Art, New York, Mr. and Mrs. Henry Ittleson Jr. Fund, 1961 (61.103), Venturi 508 (Foto: Photograph Services, The Metropolitan Museum of Art, New York, N.Y. 10028)

26 *Sieben Äpfel*, um 1877, Öl auf Leinwand, 19 x 27 cm, Kings College, Cambridge, England, Venturi 190 (Foto: By kind permission of the Provost and Scholars of King's College, Cambridge. Copyright Fitzwilliam Museum, Cambridge)

27 *Sieben Äpfel*, um 1877, Öl auf Leinwand, 17 x 36 cm, Privatbesitz, nicht in Venturi (Foto: E.V. Thaw & Co., Inc., New York)

28 *Compotier mit Gebäck*, um 1876/77, signiert unten links, Öl auf Leinwand, 45 x 54 cm, Privatbesitz, Venturi 196 (Foto: Routhier – Document Archives Durand-Ruel)

29 *Compotier mit Bisquits*, um 1877, Öl auf Leinwand, 53 x 63 cm, Privatbesitz, Japan, Venturi 209 (Foto: Courtesy Galerie Nichido, Tokyo)

30 *Das Dessert*, um 1876/77, signiert unten rechts, Öl auf Leinwand, 60 x 73 cm, Philadelphia Museum of Art: The Mr. and Mrs. Carroll S. Tyson Collection, Venturi 197 (Foto: Philadelphia Museum of Art)

31 *Compotier mit Brot und Messer*, um 1878/79, Öl auf Leinwand, 55 x 74,5 cm, Sammlung Oskar Reinhart, Am Römerholz, Winterthur, Venturi 344

32 *Compotier mit Apfelteller*, um 1878/79, Öl auf Leinwand, 43,5 x 54 cm, Ny Carlsberg Glyptotek, Kopenhagen, Venturi 342

33 *Compotier mit Glas und Messer*, um 1879/81, signiert unten links, Öl auf Leinwand, 46 x 55 cm, Privatbesitz, New York, Venturi 341 (Foto: © Malcolm Varon, New York City 1982)

34 *Hortense Fiquet im roten Sessel*, um 1877, Öl auf Leinwand, 72,5 x 56 cm, Museum of Fine Arts, Boston, Venturi 292

35 *Stilleben mit Kommode*, um 1886, Öl auf Leinwand, 73,3 x 92,2 cm, Bayerische Staatsgemäldesammlungen, Neue Pinakothek, München, Venturi 496 (Foto: Pinakothek München)

36 *Stilleben mit Früchten*, um 1885–90, Bleistift und Aquarell auf Papier, 27,3 x 21 cm, Privatbesitz, Courtesy Galerie Jan Krugier, Genf

37 *Stilleben mit Pfirsichen* (verso von Abb. 36), 1885–90, Bleistift und Aquarell auf Papier, 27,3 x 21 cm, Privatbesitz, Courtesy Galerie Jan Krugier, Genf

38 *Äpfel auf einem Teller*, 1885–87, Öl auf Leinwand, 22 x 26 cm, Stiftung Langmatt, Sidney und Jenny Brown, Baden, Venturi 509 (Foto: R. Fischli, CH-5400 Baden)

39 *Stilleben mit Ingwertopf und Korb*, um 1890, signiert unten rechts, Öl auf Leinwand, 65 x 81 cm, Musée d'Orsay, Paris, Venturi 594 (Foto: © R.M.N.)

40 *Stilleben mit Milchkrug, Zuckerdose und Obst*, um 1890, Öl auf Leinwand, 61 x 90 cm, Puschkin Museum, Moskau, Venturi 619

41 *Ingwertopf mit Früchten und Tuch*, 1888–90, Aquarell und Bleistift auf Papier, 28 x 45 cm, Privatbesitz, Schweiz (Foto: D. Widmer, Basel)

42 *Blumen in blauer Vase*, um 1887/88, Öl auf Leinwand, 62 x 51 cm, Musée d'Orsay, Paris, Venturi 512 (Foto: © R.M.N.)

43 *Blumentopf mit Birnen*, um 1890/92, Öl auf Leinwand, 46 x 55 cm, The Courtauld Institute Galleries, London, Samuel Courtauld Collection, Venturi 623

44 *Stilleben mit Ingwertopf und Obst*, um 1890, Öl auf Leinwand, 33 x 46 cm, Stiftung Langmatt, Sidney und Jenny Brown, Baden, Venturi 595 (Foto: R. Fischli, CH-5400 Baden)

45 *Stilleben mit Ingwertopf, Obst und Büchern*, um 1894/95, Öl auf Leinwand, 46,5 x 55,5 cm, The Phillips Collection, Washington, Gift of Gifford Phillips in memory of his father, James Laughlin Phillips, 1939, Venturi 733

46 *Stilleben mit Amor*, um 1895, Öl auf Papier, aufgezogen auf Holz, 70,6 x 57,3 cm, The Courtauld Institute Galleries, London, Samuel Courtauld Collection, Venturi 706

47 *Amor*, 1886–89, Bleistift auf Papier, 29,5 x 23 cm, Verbleib unbekannt, ehem. Kunsthalle Bremen, Chappuis Nr. 985

48 *Amor*, um 1888–90, Bleistift auf Papier, 46 x 28 cm, Verbleib unbekannt, ehem. Wroclaw Museum, Chappuis Nr. 989

49 Gipsabguß des ehem. Pierre Puget zugeschriebenen *Amor* (Foto: Copyright John Rewald)

50 *Amor*, um 1890, Bleistift auf Papier, 49,7 x 31,9 cm, British Museum, London, Chappuis 988 (Foto: © British Museum)

51 *Amor*, 1895–1900, Bleistift und Aquarell auf Papier, 47 x 22 cm, Sammlung Thaw, New York, Rewald 1983, Nr. 558 (Foto: E.V. Thaw & Co., Inc., New York)

52 *Écorché*, um 1879–82, Bleistift auf Papier, 21,7 x 12,4 cm, Skizzenbuch des Art Institute of Chicago, Seite 20 recto, Chappuis Nr. 570 (Foto: © 1995, The Art Institute of Chicago. All Rights Reserved)

53 *Écorché*, um 1879–82, Bleistift auf Papier, 21,7 x 12,4 cm, Skizzenbuch des Art Institute of Chicago, Seite 37 verso, Chappuis Nr. 572 (Foto: © 1995, The Art Institute of Chicago. All Rights Reserved)

54 *Écorché*, um 1881–84, Bleistift auf Papier, 20,2 x 12,7 cm, The Cleveland Museum of Art, 1995, Bequest of Leonard C. Hanna, Jr., 58.14, Chappuis Nr. 574

55 *Écorché*, um 1887–90, Bleistift auf Papier, 31,2 x 47,7 cm, Oeffentliche Kunstsammlung Basel, Kupferstichkabinett, Chappuis Nr. 980 (Foto: Oeffentliche Kunstsammlung Basel)

56 *Écorché*, 1893–96, Bleistift auf Papier, 31,1 x 25,5 cm, Sammlung Jon Streep, New York, Chappuis Nr. 1086

57 *Stilleben mit Pfefferminzlikörflasche*, um 1893/95, Öl auf Leinwand, 62,5 x 82 cm, National Gallery of Art, Washington, Chester Dale Collection, Venturi 625 (Foto: © 1995 Board of Trustees, National Gallery of Art Washington)

58 *Stilleben mit Äpfeln und Orangen*, um 1899, Öl auf Leinwand, 74 x 93 cm, Musée d'Orsay, Paris, Venturi 732 (Foto: © R.M.N.)

59 *Drei Totenschädel auf einem Teppich*, um 1904, Öl auf Leinwand, 54 x 64 cm, Kunstmuseum Solothurn, Dübi-Müller-Stiftung, Venturi 759 (Foto: Mario und Beatrix Schenker, Günsberg, Schweiz)

60 *Drei Schädel*, 1902-04, Bleistift, Aquarell und Gouache auf Papier, 47,7 x 63 cm, The Art Institute of Chicago, Mr. and Mrs. Lewis Larned Coburn Memorial Collection, 1954.183, Rewald 1983, Nr. 611 (Foto: © 1995, The Art Institute of Chicago. All Rights Reserved)

61 *Schädelpyramide*, um 1901, Öl auf Leinwand, 37 x 45,5 cm, Privatbesitz, Venturi 753

62 Stillebengegenstände in Cézannes Atelier in Aix-en-Provence, um 1935 (Foto: Copyright John Rewald)

Gedruckt mit Unterstützung des Förderungs- und Beihilfefonds Wissenschaft der VG Wort

ISBN 3-7757-0539-2

Printed in Germany

Gesamtherstellung:
Dr. Cantz'sche Druckerei, Ostfildern-Ruit bei Stuttgart

Reproduktionen:
Repro-Technik Ruit GmbH, Ostfildern-Ruit

Gestaltung:
Peter Steiner

Lektorat:
Maria Platte

Abbildung auf dem Umschlag:
Compotier mit Brot und Messer, um 1878/79
(Abbildung 31)